圖說中國的文明

編著 劉 煒／張倩儀

顧問 李學勤／葛兆光

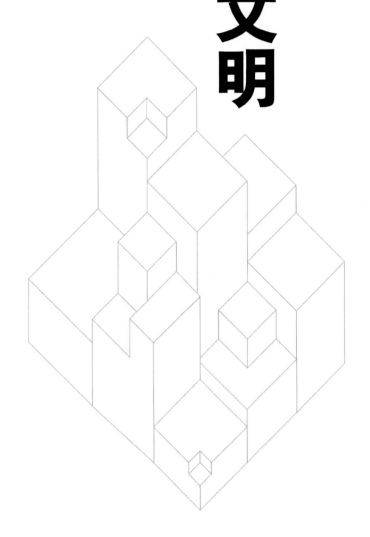

商務印書館

本書獲以下單位提供資料及圖片，特此鳴謝：

日本松浦史料博物館

日本宮內廳正倉院事務所

香港歷史博物館

澳門特區政府民政總署

澳門藝術博物館

上海戲劇學院舞台美術系劉永華先生

圖片提供：

商務印書館（香港）有限公司及其出版之
《中國地域文化大系》之《東北文化》、《吳越文化》、《河隴文化》、
《草原文化》、《楚文化》、《齊魯文化》，《中國近代珍藏圖片庫》
之《袁世凱與北洋軍閥》，《胡適及其友人》，《敦煌石窟全集》之
《本生因緣故事畫卷》、《佛教東傳故事畫卷》、《阿彌陀經畫卷》、
《科學技術畫卷》、《飛天畫卷》、《舞蹈畫卷》、《尊像畫卷》、
《彌勒經畫卷》等

圖說中國的文明

出版人　：陳萬雄

顧　問　：李學勤　葛兆光

編　著　：劉　煒　張倩儀

責任編輯：蘇　榮　李德儀

封面設計：呂敬人

版式設計：陳穎欣

出版　：商務印書館（香港）有限公司
　　　　香港筲箕灣耀興道 3 號東滙廣場 8 樓
　　　　http://www.commercialpress.com.hk

印刷　：美雅印刷製本有限公司
　　　　九龍觀塘榮業街六號海濱工業大廈四樓 A

版次　：2002 年 12 月第 1 版第 1 次印刷
　　　　© 2002 商務印書館（香港）有限公司
　　　　ISBN 962 07 5397 6
　　　　Printed in Hong Kong

當你打開這部《圖說中國的文明》時，會感受到五千年中華文明的歷史盡收眼底。書並不厚，然而圖文並茂，豐富多彩，恰如一卷"長江萬里圖"，將中華文明的古遠淵源、曲折傳流，盡情地展現出來，使你一覽無餘，興"逝者如斯"之歎。

編成這部好書，也不是偶然的。記得一年以前，香港商務印書館與上海辭書出版社聯手，曾推出一套《中華文明傳真》。那套書因其內容與形式都具有特色，富於新意，迅即博得廣大讀者的歡迎。歲末在北京舉行座談會，許多皓髮的專家學者、年輕的各方人士，對書的成功交口讚許，氣氛熱烈，我至今記憶猶新。不過《中華文明傳真》書共十卷，還是比較繁重，在普及上有一定限制。現在香港商務印書館的這部《圖說中國的文明》，篇幅凝縮到一冊，內涵更精粹，敘述更簡要，適合在現代生活節奏中的社會公眾，其能廣泛傳播，自然不難預想。

中國古人常說"左圖右史"，可見以形象的圖來彌補史書文字的不足，是史家長時期的理想。當時也有過若干嘗試，例如明朝人編著《三才圖會》，但是在照相等技術出現以前，這一點是無法完美達到的。《圖說中國的文明》的文字僅十八萬，照片及各種電腦繪圖竟多至千幅，在圖文配合上可說已提高到最高的地步，稱為"圖說"，當之無愧。

這大量圖片的特點，是體現了中國考古學的最新成果。大家知道，現代考古學自20世紀20年代在中國建立，有大量震驚舉世的發現，特別是近二三十年，成績更是顯著。學者常說，中國的考古學和歷史學，如車之兩輪、鳥之雙翼，然而實際上，由於考古、歷史學界彼此分離，怎樣使二者溝通，在歷史研究中充分而正確地運用考古成果，一直是有待探索的問題。在《圖說中國的文明》這樣的書裡，系統展示考古發現的物質遺存，用以說明文明的歷史進程，無疑是很有意義的嘗試。

中華文明，正在引起世人越來越大的注意。人類怎樣由原始的蒙昧狀態跨進到文明社會，從而自天然的動物界徹底超脫出來，本來是十分重大的科學課題。而中華民族崛起亞洲，在人類歷史上有過重要貢獻，其文明在何時何處，經過如何途徑而興起，又怎樣傳播與發展，這不僅對於中國歷史研究，對於整個人類歷史的研究也是非常關鍵的。尤其是 16 世紀以後，經過歐洲人的"地理大發現"，其力量及於東方，中西文明開始直接接觸、碰撞、交流與融會，形成了壯闊的波瀾，這一過程迄今仍在延續中，關係着今後世界的歷史和文化。中國正在進一步走向世界，因此，關心中國的過去和未來的人，應當了解中華文明的歷史，關心世界的過去和未來的人，也有必要知道中國的文明歷史。

《圖說中國的文明》的兩位作者，一為中國文物考古界的中堅學人，一為香港出版界的資深編輯，我幸而和她們都有多年交往，深知其才識經驗的卓越宏富，能於這樣一部通俗讀物之內小中見大，深入淺出，把讀者導進中國燦爛輝煌的文明殿堂，於是敢在此贅言，以作推薦。

2002 年 11 月 17 日

顧問介紹：著名歷史學家、考古學家、文字學家。國務院學位委員會委員、中國社會科學院學術委員會委員、中國社會科學院古代文明研究中心主任、清華大學思想文化研究所及國際漢學研究所所長、"夏商周斷代工程"專家組組長及首席科學家。

序言二

葛兆光

在越來越全球化的今天，溯源尋根，通過關於古代歷史的敘述，來界定個人、民族的身份認同，是常有的事情，正如一個歷史學家說的，"為了證明我們是一個國家和一個民族，先要證明我們曾經擁有共同的歷史和文化"，這讓我想起近代中國人常常沉重地說起的那句話，"欲亡其國，必先亡其史"。現在，擺在我們面前的，是一部用心編纂起來的，關於古代中國文化的入門書，雖然它敘述的主要是古代中國文化和歷史，但是，它卻讓我們看到自己共同的"根"，"根"是很重要的，只有"根深"，才能"葉茂"。

這部關於古代中國文明的書編得很有特點，不能細細地說，這裡只舉出三點。首先，讀者可以注意的是，它常常是在世界歷史的背景下論述中國，像古代埃及、波斯、印度、希臘、羅馬，都時有提及，成為理解中國的參照，這不像過去的一些中國歷史書，只是在孤獨地敘述一個封閉的文明，這樣，不僅敘述歷史有一個較大的視野，而且只有這樣，才能使讀者恰如其分地理解中國的文明，因為"只知其一，等於一無所知"。特別值得稱讚的是，這部關於古代中國文明的書，常常能夠兼顧活動在這一空間裡的各個民族，使文化史不再像過去的一些著作只是以漢族文化為單一線索，其他民族的文明彷彿只是點綴。

其次，這部書的文字敘述很有可讀性。我想，所謂"可讀性"並不僅僅是文字技巧的問題，它既是一個敘述內容的問題，更是一個歷史理解的問題。所謂"好看"並不等於一定通俗，就好像"枯燥"並不一定等於深刻一樣。我一直強調，要把歷史入門書寫得好看，讓人想讀還願意讀下去，在於如何理解"歷史"，以及如何經由歷史敘述傳遞"歷史的精神"，這是一件很難的事情。其實，像費正清（John King Fairbank）的《偉大的中國革命》（The Great Chinese Revolution）和史景遷（Jonathan D. Spence）的《知識分子與中國革命》（The Chinese and Their Revolution，1895~1980），何嘗因為它寫得生動而成了通俗？我相信，這部書雖然不能說寫得已經很有趣很可讀，但它盡量避免過去常用的套語術語和慣有的訓誡語氣，這已經很不容易。再次，應當提出的是，這部書的組合形式設計得相當精心，圖文配合之外，小知識欄與圖片解說對正文的補充很有意思，使全書有了立體感和縱深感。據說，現在是一個"讀圖時代"，不過，我以為圖片最大的價值並不在讓人看圖識史，這樣的話，就把圖像資料的意義限制在解釋和說明文字上，等於只是文字歷史的延長了。其實，如果加上適當的說明文字，圖像本身是可以向閱讀者提出更多的問題和更深的思路的，書裡的小知識欄和圖片下面的解釋，很值得一讀，因為歷史和文明太豐富，正文也許不能完全承擔起全面的敘述功能，所以，讀這些插入的文字和圖片，也許能讀出正文所不能表達的豐富意蘊。畢竟，文明史本來就是複雜的。

2002 年 11 月 1 日寫於北京清華園

顧問介紹：中國宗教、思想及文化史學者。北京清華大學人文學院教授，清華大學校務委員會委員。

目錄

第三單元　中古時代

秦至唐

單元一　原始時代

• 公元前 800 萬年~前 700 萬年
雲南祿豐古猿生活在密林邊緣，體型屬於"正在形成中的人"，是人類的直系祖先。

• 公元前 300 萬年
非洲東部及南部出現開始直立走路的南方猿人

• 公元前 200 萬年~前 160 萬年
在華北、華南和長江流域發現這時期的古猿人化石和製作粗糙的石器

• 公元前 22000 年~前 12000 年
北京周口店出現"山頂洞人"，腦容量接近現代人。喪葬、審美觀念、原始信仰已經形成。

• 公元前 52000 年~前 32000 年
加工精巧的細石器在各地出現。已發明弓箭和投矛器。

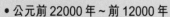

• 公元前 12000 年~前 6000 年
新石器時代早期，氣候轉暖，人類由山洞移居到台地和平原。中國華北、長江中游和華南等地的人開始定居，並着手耕種、飼養家畜和製造陶器。

• 公元前 6000 年~前 5000 年
新石器時代中期，農業從刀耕火種過渡到鋤耕階段，黃河、長江流域形成兩大農業區。

• 公元前 6000 年~前 4000 年
母系氏族的繁榮階段，他們以血緣關係結成氏族，並聚居在一起，專業巫師出現。

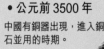

• 公元前 3500 年
中國有銅器出現，進入銅石並用的時期。

• 公元前 4000 年~前 3000 年
東北及長江太湖地區出現祭壇和貴族墓地，標誌集神權與軍權的部落聯盟首領出現。

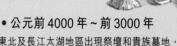

• 公元前 4000 年
尼羅河流域文明開始

• 公元前 3500 年~前 2000 年
新石器時代晚期，父系社會來臨。黃河和長江流域進入酋邦式古國時代，傳說中的五帝即是各酋邦的首領。

• 公元前 3000 年
埃及發展出象形文字

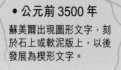

• 公元前 3500 年
蘇美爾出現圖形文字，刻於石上或軟泥版上，以後發展為楔形文字。

• 公元前 3000 年
巴比倫將一天分為 24 小時

公元前 100 萬年～前 65 萬年

陝西藍田出現直立人，打製而成的石片和用來砍砸的石器成為主要的勞動工具。

公元前 70 萬年～前 20 萬年

北京人出現，體質與現代人相近，是由猿到人進化的明證。他們結成群體，懂得製造用來砍砸、刮削、錘擊等的工具，也會人工取火。

公元前 170 萬年

舊石器時代早期，雲南地區的元謀人進入直立人階段，開始運用火和製造簡單石器。

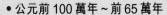

公元前 30 萬年～前 52000 年

進入早期智人階段，腦容量增大，手靈巧，更接近現代人。已掌握製造石球技術，進入舊石器時代中期。

公元前 6000 年～前 3000 年

黃河及長江流域不少地區的陶器上已有記事符號，被認為是原始文字的雛形。

公元前 5000 年

長江、黃河流域紡織技術發達，生產出柔軟細密的棉布。

公元前 5000 年～前 3300 年

長江流域河姆渡文化稻作農業發達。石器、陶器、骨器、木器製作達到很高水平。

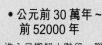

公元前 5000 年～前 3000 年

黃河中游的仰韶文化發展到頂峰

公元前 4241 年

埃及初有曆法，以三百六十五日為一年。

公元前 5000 年

玉米種植首見於墨西哥地區

公元前 4500 年

蘇美爾人在西亞的美索不達米亞平原建立最早的城市

公元前 2700 年

長江良渚文化遺址發現最早的家蠶絲織品殘片

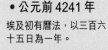

公元前 2900 年

埃及人開始建築金字塔，墓祠石刻反映當時埃及社會的生活狀況。

公元前 2500 年～前 2000 年

進入原始社會末期，各古國形成若干政治集團，其中夏族首領大禹治水成功，夏族強大，統治黃河中游大部分地區。

中國人從哪裡來？

我們是誰？我們從哪裡來？自古以來，人類對自身起源的探索從未停止過。今天世界各地仍然流傳着各種神人式的英雄創造人類的神話，內容很相似，這些就是祖先們為人類起源所作的解釋。在中國民間傳播最廣泛的，是遠古英雄女媧，用黃土捏出泥人，製造人類的故事。

古遠的神話雖然歷久不衰，但隨着科學的發展，人類對自身的起源又有新的理解。20世紀以來，從非洲、亞洲等地的重要考古發現證實，原始古猿是人類和現代類人猿的共同祖先。西方科學家通過基因測定和研究，曾經認定非洲是早期人類的唯一起源地，最早的人類是由非洲森林出發，走向全世界的。但也學者提出，世界上分佈有多處人類的起源地，古猿是在各地區先後完成進化過程的。中國也是世界上發現百萬年前的古人類化石和生活遺存豐富的地區，是人類其中一個重要的起源地。

最早的人類出現在約四百萬至一百萬年前的更新世早期。當時正處於冰河期，環境寒冷而惡劣，人類大多生活在密林中，靠採集

──所造的人
──女媧

▲ **女媧造人剪紙**
傳說女媧以黃土捏人，吹入仙氣後，泥人即能行走說話，變成真人。這幅民間剪紙便描繪了女媧造人的情景。

黃種人　　白種人

黑種人

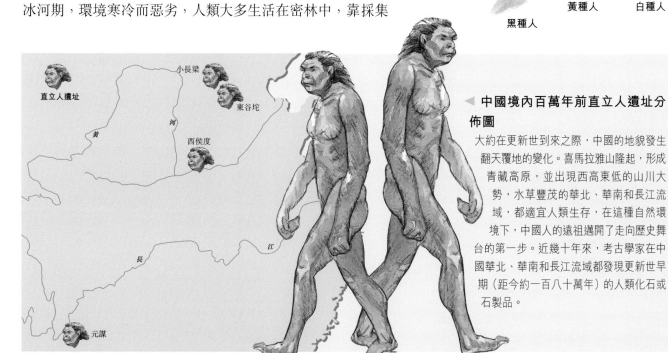

◀ **中國境內百萬年前直立人遺址分佈圖**
大約在更新世到來之際，中國的地貌發生翻天覆地的變化。喜馬拉雅山隆起，形成青藏高原，並出現西高東低的山川大勢，水草豐茂的華北、華南和長江流域，都適宜人類生存，在這種自然環境下，中國人的遠祖邁開了走向歷史舞台的第一步。近幾十年來，考古學家在中國華北、華南和長江流域都發現更新世早期（距今約一百八十萬年）的人類化石或石製品。

小長梁

直立人遺址

黃　河

東谷坨

西侯度

長　江

元謀

野果和捕獵小動物維生，人類終於完成了從爬行到直立行走，從使用石頭砍砸果實和野獸，到製造專用石器的過程。人的腦量逐漸增多，並且出現了語言，使十幾或數十人相互依賴的群居生活趨於鞏固。這樣，當大量動植物因為不能適應冰河期的氣候驟變而滅絕的時候，聰明的人類卻頑強地活下來，並完成了體質的進化。

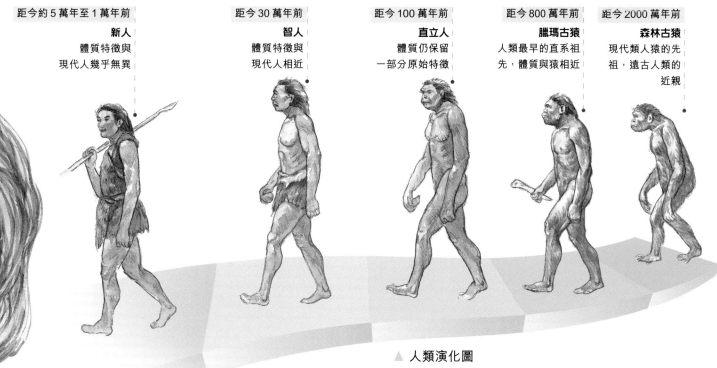

距今約5萬年至1萬年前	距今30萬年前	距今100萬年前	距今800萬年前	距今2000萬年前
新人 體質特徵與 現代人幾乎無異	**智人** 體質特徵與 現代人相近	**直立人** 體質仍保留 一部分原始特徵	**臘瑪古猿** 人類最早的直系祖 先，體質與猿相近	**森林古猿** 現代類人猿的先 祖，遠古人類的 近親

▲ **人類演化圖**

非洲曾被認為是人類的起源地，因此埃及古猿被視為人和現代類人猿的共同祖先。二千萬年前埃及古猿分兩支進化，一支經森林古猿演化成現代類人猿，另一支在一千五百萬年前從非洲走向世界各地，經臘瑪古猿、南方古猿演化成現代人的模樣。從猿到人的歷程大約從一千五百萬年前到三百萬年前。

◀ **世界上的三大人種**

在五萬年前的新人階段，在世界各地形成了三大人種：黃種人（蒙古人種），主要分佈在亞洲和美洲地區；白種人（歐羅巴人種），主要分佈在歐洲；黑種人（尼格羅人種），主要分佈在非洲地區。這是由於各地區的人長期適應不同的自然環境，形成不同的人種現象。

◀ **薄尖狀石器**

製造石器是由猿向人演變的重要一步。這是人類最早打製的工具，用來挖掘、砍砸或刮削，幫助人類在茂密的山林中採摘野果、捕獵成群的小動物或驅趕虎豹猛獸。以打製石器為主要工具的時代，稱為舊石器時代。

◀ **火種罐**

火帶來光明和溫暖，從此人類不受寒冷氣候和地域的限制，更加擴大了活動範圍。而熟食的習慣促使人類體質增強，脫離茹毛飲血的時代。在中國，約在七十萬年前的人類已經掌握人工取火和保存火種的技巧。這個保存火種的陶器則是新石器時代的工具。

北京人的家園

北京人復原頭像

北京人頭骨外形比四肢發展緩慢，還保持着原始性，但是腦量增多，善於利用思考來應付各種災難，這是人類進化中的關鍵。

我們的祖先懂得站立行走以後，視野開闊起來，放棄了築巢居住的生活，勇敢地走出密林，尋找新的家園。

20世紀初，中國的考古學家宣佈了震驚世界的重大發現。他們在北京周口店風光秀麗的龍骨山上，發現了五十至七十萬年前的北京人遺址，以及一萬八千年前的山頂洞人遺址。遺址內的人骨化石和生活遺跡，記錄了人類走出蒙昧時代，從猿人向新人轉變過程中的重要信息。

北京人選擇在大自然資源豐盛、山林與河流相鄰的龍骨山下建立家園，比生活在原始森林中的古猿了顯著的進步。他們住在大洞穴中，既便於野外捕獵，又可以躲避嚴寒和猛獸的侵襲。他們以狩獵和採集植物為生，過着群居的生活，學會了用火燒烤食物，又懂得製造原始的石器、骨器和木棒等工具。在長期的勞動中，他們的體質發生了重大變化，腦量增多，手腳的功能已經分化，用以製造工具的雙手變得靈活。下肢專門用於行走，使身體直立起來。北京人在這裡生活了二十多萬年後，由於氣候驟變被迫遷徙遠方。目前，人類學家還無法證實北京猿人就是中國人的直系祖先。

真正走出蒙昧時代的，是居住在北京人洞穴附近的山頂洞人。他們屬於黃種人，即蒙古人種，可以確定是中國人的祖先。山頂洞人屬於新人的典型代表，體質特徵遠遠超越了北京人，與現代人相似。他們可以製造多功能的石器，捕獵和採集的效率大為提高。骨針的發明，更使人類結束了赤身裸體的蒙昧狀態。山頂洞人已進入舊石器時代晚期，以血緣為紐帶的母系社會使氏族更穩固，他們與相鄰的氏族通婚，人口不斷增加。

周口店龍骨山

在龍骨山1000平方米的範圍內，共發現五個古人類居住過的山洞，北京人和山頂洞人都留下豐富的石器和生活遺跡。這裡氣候溫暖濕潤，北部群山疊嶂，森林茂密，東南有寬闊的草原，山下湍急的河流中有各種魚蝦。優美的環境和豐富的動植物，吸引人類在這裡生息、繁衍達數十萬年。

文明的葬禮

山頂洞人的生活比較安定，居住的洞穴按照功能分為居住區、倉庫和墓地三個區域。倉庫中存放剩餘的食物。這時已經產生了喪葬觀念和宗教信仰，將死去的祖先或同伴埋葬在墓地中。

◀ **北京人的生活**

為了生存，北京人往往十幾人或幾十人結成群體，相互協作，共同捕獵，共同分享。但是，內部的關係鬆散，沒有固定的兩性關係，更沒有家庭，這就是最早的人類社會組織。

▶ **骨針**

山頂洞人的婦女承擔起採集食物、製造食物、縫製衣服和養育後代的工作。這是縫衣服的骨針，表面磨製光滑，針孔用極尖銳的利器挖成，製作技術的進步可見一斑。

▶ **赤鐵礦**

赤鐵礦被山頂洞人視為血液的象徵，在宗教活動中，多在死者的四周撒赤鐵礦粉末，以祈求死者在另外的世界復活。

弓箭的時代

▲ 石箭頭

這是用石英石打磨製成的最早的弓箭頭。在發現石箭頭的遺址中，一般都有大量的大型動物化石出土，說明人們在使用弓箭以後，大大提高了捕獲猛獸的能力。

五萬年至一萬年前，地球上最後一次大冰河期結束，我們的祖先終於熬過了漫長的嚴寒，迎來了溫暖的陽光。隨着自然氣候的改善，他們再次放棄原有的生活方式，這次是從了山林間的洞穴，走向更加廣闊的平原，在河流之畔搭建草屋，逐水草而居，活動的範圍擴展到黃河和長江沿岸。這次遷徙預示着農業革命的新時代即將來臨。

我們的祖先從最初用笨拙的雙手打製粗糙而簡陋的石器，到用靈巧的雙手熟練地製作精細而實用的石器，經歷了長達百萬年的磨練。此時大多開闢了專門的石器製作場，造各種專用功能的石器，例如用於砍伐樹木的手斧、分割動物骨骼和獸皮的刮削器、鑽孔的石鑿等等。尤其是磨光和鑽孔技術的應用，更是石器製作技術劃時代的進步，成為跨入舊石器時代晚期的標誌。農業出現以後，打製石器逐漸被更加精細的磨製石器取代了。

狩獵和採集仍然是衣食之源，但是由於平原與山林旳環境不同，獵手不僅要有高超的捕獵技能，更要有強大殺傷力的武器。投擲石球、標槍和弓箭等新型武器相繼發明出來，尤其弓箭成為最具威力的武器。

要提高捕獵效率和生產力，氏族內部就要穩固，成員互相協作，還要求各個氏族密切聯繫，於是氏族之間相互通婚，一種以血緣為紐帶聯合起來的氏族部落產生了，並且不斷壯大。

◀ 製造細石器的石英石原料

舊石器時代晚期，隨着製造的石器變得精細小巧，對石料質地的要求也越來越高。尤其是弓箭普及，廣泛應用石箭頭，更需要質地堅硬的石料。這種產於華北地區的石英石就是加工精細石器和箭頭的優質石料。

◄ **使用弓箭圖**

弓箭是速度快、射程遠，又最具殺傷力的狩獵武器，發明弓
箭需要長期積累狩獵的經驗和發達的智力。人利用臂力拉起
弓和弦，將石箭頭射出去，擊中目標，是學會將物體的彈
力與自身的臂力巧妙結合的結果。

► **使用石球圖**

石球是舊石器時代一種新型的狩獵武器，最大的重 1.5 公斤以上。使用石球的方式很奇
特，除了用力投擲，擊中野獸外，還可以用絆索方式狩獵。用繩子一端拴石球，投擲石球
帶動繩子纏住野獸的腿，將野獸捕獲。另一種方式是飛石索，用繩套或皮帶套包住石球，
甩出帶子將石球投出，擊中野獸。在黃河中游一個遺址中，發現了三百多匹野馬的遺骨，
相信是獵人使用石球捕獵的戰利品。

石器製造場

這是位於黃河流域西北地區的一處典型的石器製造
場，選址在遍佈鵝卵石的河灘上，便於就地取材。當
時，無論男女都參加打製石器。打製過程有明確的分
工，石器經過多道工序的加工和修整，表面光滑平
整。產品種類很多，有專門用於挖掘的尖狀石器，還
有用於狩獵的石球等。

穿孔蚌器

這是用盛產在長江流域的大
河蚌製造的工具，可以用來
挖掘鬆土或刮削野獸的骨
骼、皮毛。中間的圓孔是用尖的
石經過鑽孔和研磨而成的。可見磨製和
鑽孔技術在中國的南、北方都相當普及。

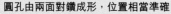

圓孔由兩面對鑽成形，位置相當準確

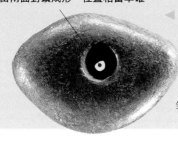

◄ **穿孔石耳墜**

舊石器時代晚期，磨製和鑽孔技術問世。磨製石器一般是在砂石上加
水，經過打磨後，出現光華圓潤的效果。鑽孔也是利用尖的工具加
上，砂石和水的作用，鑽研出圓孔。這些新技術最先用在裝飾品上，
山頂洞人佩戴的各種石耳墜，就是經過選材、打磨成形、拋光、鑽孔
等多道工序製成的。

農業革命引發的巨變

一萬年前，中國發生了一場由技術改革而爆發的經濟大革命。

此時遍佈在大江南北的先民，選擇在土地平坦而肥沃的河流之畔營建村落，過着平靜的定居生活。尤其在黃河和長江流域密集的氏族村落裡，先民已經從獵人和採集者變為以種植稻穀為生的農民。農業成為主要的衣食來源，狩獵和採集轉為輔助性生產，這為日益稠密的人口提供了可靠的生活保障。

配合農業的發展，石農具相當發達，開墾荒地的石斧、石鏟、石錛，收割糧食的石鐮，加工糧食的石磨盤等，都在農業革命中發揮了巨大的作用。石器產品表面平整光滑，刃口鋒利，是中國邁入了嶄新的新石器時代的標誌。

農業革命的規模和意義並不比工業革命為低，它使從事農業的氏族進入嶄新的社會。農業產量增加，有了剩餘糧食用來飼養家畜，豐富了食物的來源。各種盛放糧食和烹煮食物的日

▲ 石鐮
隨着農業的革命性發展，農具也相應發達。石鐮是收割糧食的工具，表面精緻光滑，刃口鋒利，說明曾經過精細的磨製加工。

▶ 鳥巢演變的陶屋
這個紅陶質的房屋模型，是新石器時代黃河中游過着定居生活的氏族建築形式之一。屋頂模仿茅草覆蓋，並開闢窗口，與鳥巢相似。下面的圓口是供出入的，通口很小，可是房屋還很原始。中國古代傳說中的有巢氏，據說是生活在密林中，在樹上建巢為居的祖先。這種房屋就是由祖先的巢居造型演變而來的，證實了人類居住形式的演變過程。

▼ 陶窰圖
陶器是隨着農業而出現的。燒製陶器的方法最初很原始，在露天的火堆中燒陶。由於溫度低，受熱不均勻，陶器質地粗糙而鬆軟，容易滲水和破碎。陶窰發明以後，將爐溫提高到攝氏960度，受熱均勻。可以燒製紅陶、黑陶、灰陶等豐富的品種，質量和產量大為提高。

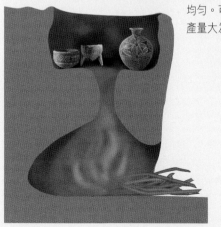

▶ 中國最早的絲織品殘片
這是在長江流域一個遺址中發現的絲織品殘片，距今四千七百年。絲織品呈黃褐色，平紋編織，表面細緻光潔。每一條絲線都是由二十多條蠶絲合併而成，每條蠶絲呈半透明狀，寬度為15.6微米。經線和緯線沒有經過捻合，而是借助蠶絲自身的黏着性合併成絲線的，是比較原始的線織技術。

用陶器，成為定居生活的必備物品。製陶業蓬勃發展起來，彩繪陶器的藝術水平達到驚人的高度。紡織技術更改變了夏着樹葉、冬着皮毛的舊習。用葛或麻織布製衣的技術廣泛傳播，甚至還出現了養蠶技術和絲織品。紡織技術出現，男耕女織的社會分工即將到來。

這一切巨變，以及社會分工，都是在糧食富足以後，有更多的勞力分離出來，並專門從事農業以外的勞動所引發的。中國特有的自給自足的小農經濟也是建立在這種基礎之上的。

這是目前中國保存最完整、年代最早的史前聚落遺址，位於內蒙古東部的草原上。這裡的先民已發展農業，開始了定居生活。整個聚落是一個氏族居住地，共有二百多居民，單個房屋由一個家庭居住，一排房屋則是一個家族，表明氏族成員之間親密的血緣關係。在聚落的附近還有兩處佈局相同的聚落遺址，應屬有婚姻關係的氏族，這些關係密切的氏族共同組成了氏族聯盟。

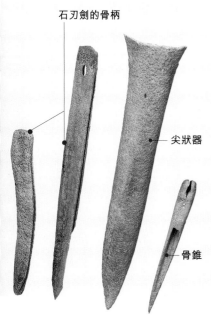

石刃劍的骨柄

尖狀器

骨錐

▶ **玉蠶**

新石器時代紡織技術剛剛成形，紡織品原料來源於動物和植物兩大類。動物纖維主要有獸毛和蠶絲；植物纖維主要有葛和麻。這些原料的來源都相當廣泛，其中用蠶吐出的絲紡織而成的織品屬於最高級的。這是用玉精心雕琢的一對形象逼真的蠶，反映了新石器時代的先民對養蠶紡織的重視和依賴。

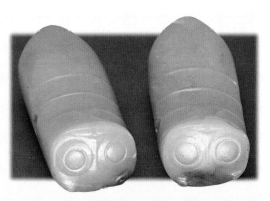

◀ **各種骨製工具**

骨器是新石器時代普遍使用的工具。這幾件是用動物肢骨製成的骨器：骨錐是多用途的鑿刻工具；尖狀器專用於農業的播種；骨柄石刃劍的劍身兩側有凹槽，原本鑲嵌有薄而鋒利的石製刀刃，是隨身攜帶的兵器或工具。

南北兩大農業系統

▲ 儲糧的彩陶缸

新的鋤耕耕作，使農產量增加，糧食的儲藏問題逐漸受人注意。這是放置糧食的大型陶缸，大約盛放糧食25～30公斤。

農業初興時，是刀耕火種的粗作階段，在荒地上焚燒草木後，挖坑撒種，等待陽光、雨露和收穫。這種耕作方法，產量很低。六千至九千年前，改進的磨製農具大量用於農業，深挖土地，耕耘農田，引水澆灌，這種鋤耕技術增加了糧食產量，很快在各地傳播開來。

中國同古印度、古埃及、巴比倫一樣，發達的文明孕育於大河流域，黃河和長江流域是中國最早邁進鋤耕農業的地區，成為引導農業新技術的先鋒。黃河流域疏鬆的黃土，大量種植耐乾旱的粟和黍。長江流域河流縱橫，水源充沛，大量種植適宜潮濕的水稻。這兩個地區都是糧食高產地區，由此形成了各具特徵的北方旱作和南方水作的兩大農業區，直至今天依然延續着這樣的模式。

糧食產量的提高，加工和儲藏穀物成為農業生產的重要環節。最初都是在房

▶ 黃土高原

旱作農業起源於黃河中游。這裡地處黃土高原，地勢高敞，海拔1000～1600米，黃土層厚。由於黃土風化，土質疏鬆，表土流失，形成溝壑縱橫的特殊地貌。土壤蘊藏着天然肥力，適宜旱地作物粟和黍的生長，是農業最發達地區。這一帶出土豐富的新式石農具和加工糧食的工具，窖穴中還發現大量的穀物遺存，說明旱作農業已具有較大的規模。

◀ 北方主要作物粟的前身 —— 狗尾草

中國北方旱作農業主要以生產粟為主。粟是由狗尾草的同科植物經過優化栽培演化而來的。今天野生的狗尾草有長圓形的穀粒，生命力很強，遍佈中國大部分地區。

▶ 碳化稻穀

中國南方的水作農業主要種植稻米。這是長江下游發現的七千年前的穀粒，很多還保持原來的外型，連穀殼上的稃毛都清晰可辨。中國近年還發現了超過一萬年的稻穀遺存。

屋中挖掘的地下窖穴儲藏糧食，有的村落有窖穴多達數百個。後來又在地面上建造了便於通風防潮、儲藏時間更久的糧倉。改善食物質量的糧食加工技術也日趨精細，石磨盤和石杵臼是專門用於去殼、脫粒、碾磨，直至將糧食磨成粉的工具，在南北農業區普遍使用。

大量剩餘的糧食還帶來了興旺的飼養業。最初是將豬、羊、牛等溫順的動物散放在野外，派人馴化和看管。以後又設立了專門的畜欄，用剩餘的糧食飼養家畜，優化良種。家畜提供肉食，補充了人體對蛋白質和脂肪的需求。以糧食為主，肉蛋為輔的飲食結構，至今還是東方人的習慣。

▲ **南北兩大農業經濟區**

在七千至九千年前，黃河流域以及北方的廣大地區形成以種植粟和黍為主的旱作農業區。同時長江流域的中下游地區形成以種植水稻為主的水作農業區。兩大地區都是農業高產區，也是新技術的起源地。

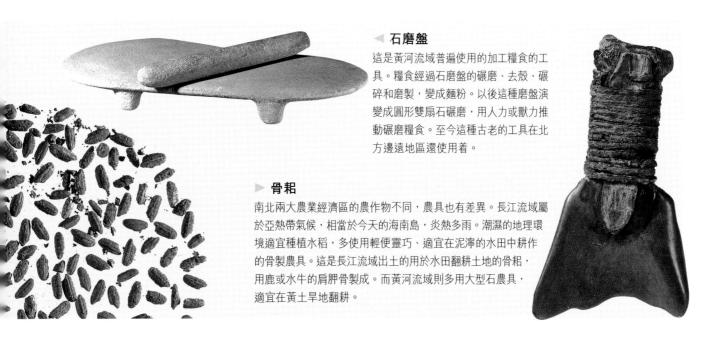

◀ **石磨盤**

這是黃河流域普遍使用的加工糧食的工具。糧食經過石磨盤的碾磨、去殼、碾碎和磨製，變成麵粉。以後這種磨盤演變成圓形雙扇石碾磨，用人力或獸力推動碾磨糧食。至今這種古老的工具在北方邊遠地區還使用着。

▶ **骨耜**

南北兩大農業經濟區的農作物不同，農具也有差異。長江流域屬於亞熱帶氣候，相當於今天的海南島，炎熱多雨。潮濕的地理環境適宜種植水稻，多使用輕便靈巧、適宜在泥濘的水田中耕作的骨製農具。這是長江流域出土的用於水田翻耕土地的骨耜，用鹿或水牛的肩胛骨製成。而黃河流域則多用大型石農具，適宜在黃土旱地翻耕。

中國人的母親河 —— 黃河

黃河孕育出高度發達旳農業文明，是中國文明的一個
重要源頭。黃河和幾條重要支流潤澤了沿岸的土地，
讓人得到安身立命之本。同時，它的憤怒咆哮，泛濫
改道，數千年來也給中國人帶來了無盡的苦難。

▲ 黃河及河道旁的農田

平等的女權社會

大約在六千年至八千年前，在黃河中游旱作農業發達的中原地區，遍佈繁盛而活躍的母系村落，這裡是由女人主宰的世界。

以血緣關係為基礎組成的母系氏族，數十人甚至上百人聚居在獨立的村落裡。男女分工明確，男人仍然從事着舊石器時代的老本行 —— 狩獵和捕魚。而女人從事的勞動都是農業革命帶來的最新技術，例如先進的農業耕作技術、製陶、紡織等。她們的收穫比男人穩定，可以保障氏族的日常生活需要，在整個經濟活動中佔據主導地位，成為氏族的主宰者。

氏族中沒有尊卑等級和私有觀念，人與人之間平等和睦的關係，滲透到整個社會生活中。婦女受到普遍的尊重，每個氏族都由一位具有親和力的年長女人擔任首領，主持日常事務。氏族成員的世系是按照母系血統計算的，人們只知其母，不知其父。由此組成了能夠給每個氏族成員帶來溫情的、以老祖母為中心的氏族社會。氏族的全部財

▲ 表達對女性崇拜的陶塑壺

陶器是母系氏族創造的最絢麗的藝術，也是農業發展以後，最早興起的手工業。燒製陶器最初多是由女性負責的。這件紅陶壺似少女頭像，面帶微笑，作訴說之態，表達了對女性崇拜的理念。

▶ 氏族首領房屋復原圖

這是母系氏族首領的住房，也是首領主持會議和進行宗教活動的場所。從本圖可透視出屋內間隔，前半部分是燒飯的地方，後半部分是氏族成員開會的場所。氏族首領住的房屋雖然面積大於普通成員的房屋，但是她沒有任何特權，遇到重大事件需要召集氏族會議決定。如果首領不稱職，氏族成員可以罷免她。

魚紋

人面紋

▲ 人面魚紋彩陶盆

母系氏族受到萬物有靈觀念的影響，崇拜祭祀的對象繁多，除了傳統的自然崇拜以外，還有圖騰崇拜、靈魂崇拜等。人面魚紋與神秘的生育巫術有關。人面紋代表正在分娩的嬰兒；魚則以產卵多、繁殖快、生命力強而象徵生育與繁殖，整個畫面寓意子孫繁盛。

◀ 彩繪圖騰陶缸

母系氏族社會中，未舉行過成年禮的兒童，不得進入氏族公共基地，而是埋葬在住房周圍，以便於親人"照顧"。因此，每個氏族都燒製專門用於埋葬兒童的陶器。這件葬具上繪有寓意豐富的圖案。鳥和魚是分別代表兩個氏族的圖騰，把鳥畫得雄壯有力，魚則俯首就擒，暗示繪畫這圖案的氏族極力顯揚鳥族強盛與魚族衰弱的主題。

產屬於公有,大家一起勞動,共同分享。財產的管理權由女子繼承,即外祖母傳給母親,母親傳給女兒。每個氏族都是一個相互依存、自給自足的團體。

為了繁衍和擴大人口,母系氏族實行不同氏族之間通婚的群婚習俗,以後逐漸轉變為男女關係較為固定的對偶婚,正在向一妻一夫制過渡。

圖騰的出現

原始人類相信,每個氏族都與某種物類有特別的聯繫,該種物類具有超自然力,可以保護氏族及其成員。於是,各個氏族分別認定不同物類為本族的保護神,並把這個保護神作為氏族的標誌或圖徽,後人把這些族徽稱為"圖騰"。圖騰最初多是單一的形象,後來越來越複雜,出現混合幾種動物特徵的神化形象。相傳黃帝是以熊為圖騰的。

◀ **母系氏族的村落**

位於黃河中游一處典型的母系氏族村落,南依驪山,北臨渭河,佔地2萬平方米,經過悉心規劃,外圍有防護野獸侵擾的壕溝,內有五十多座房屋,分五組,每組是一個母系家庭,由大房屋和若干小房屋構成。五個母系家庭構成百多人的母系氏族。所有的房屋面向中央廣場,這裡是舉行集會的公共活動場所。村落中還有窰場和家畜圈欄。在壕溝外有五處公共墓地,是五個氏族家庭最終的歸宿。

◀ **紅陶獸形壺**

在母氏族社會,製陶和飼養家畜都是婦女的重要工作,因此陶器中有大量模仿家畜的作品,表達對富足生活的祈盼。豬和狗是南北方普遍飼養的家畜,這件紅陶壺巧妙地將這兩種形象合一。

▼ **骨笛**

安定的農耕生活,使母系氏族社會對藝術的追求更強烈。在中原地區一處遺址的墓葬中,隨葬了十六支用鳥骨製成的骨笛,是耕作之餘的娛樂樂器。笛長22厘米,有七個孔,可以吹奏六個音階。

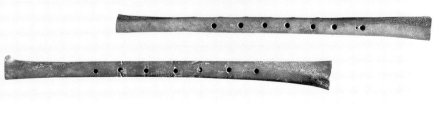

不平等的男權社會

髮髻
橄欖形眼睛
穿繩的圓孔

▲ 氏族首領的形象
這個玉人頭，是一件裝飾品，
應為氏族首領的形象。

五千至四千年前，在黃河和長江流域農業先進的地區，身強力壯的男人逐漸從狩獵和捕魚的輔助性生產，轉為從事農業耕作的主力。複雜的手工業更適合沒有家務之累的男人，他們又有許多創新和發明，例如將製陶工藝的手製陶坯，改變為機械原理的輪製陶坯，從而增加了產量。男人除了在生產勞動中發揮技能外，還在繁雜的集體勞動中發揮重要的組織和指揮作用，備受氏族成員的尊敬。因此，男人與女人的地位轉換了，女人在生產中被排擠到次要地位，導致父系氏族制度取代了母系氏族制度。這是人類歷史上激烈的大變革，也是邁向文明社會的門檻。

父系社會同母系社會一樣，依然維繫着以血緣關係為基礎的氏族群體。但是世系改變為按照父系計算，男子享有特權，在氏族中佔據主導地位，氏族的首領由男性擔任。氏族的管理最初還維持民主制度，重大事情由氏族會議決定。隨着一夫一妻婚姻關係的確立，穩定的個體家庭出現了。氏族

獸面紋

▶ 玉鏟
這是模仿農具石鏟製造的禮器，是氏族首領舉行重大禮儀活動時使用的，代表了神聖的權利。在玉鏟上雕刻獸面紋，應該與氏族的宗教信仰或圖騰有關。早期出現的禮器，大多與農具相關，證實農業在氏族社會中有舉足輕重的地位。

◀ 鑲嵌松石骨雕筒
這是貴族首領的隨葬品，用象牙骨雕刻及綠松石鑲嵌而成，是安裝在象徵氏族首領權力的器物 —— 麾的柄首上。這種工藝複雜的鑲嵌技術，只有在具有相當規模的手工業作坊中才能夠完成。

▶ 黑陶高柄杯
社會出現了貧富分化，氏族首領不僅擁有財富，還主宰權利。為了顯示其至尊地位，享有各種精緻的禮器和用品。這隻杯壁薄如蛋殼，裝飾素雅，是高級飲酒器，應是氏族首領所用。

的全部財產由男性後代繼承。為了
生育嫡親子女繼承財產，出現了私
人佔據氏族財產的現象。私有制
無情地佔據了主導地位，公有制
度崩潰了。氏族首領主宰了權利
和財富，成為高高在上的貴
族，普通氏族成員的地位降到
社會底層，尊卑等級越來越明
顯，最終沖毀了平等的氏族家
園。而由男人主導的自給自足
的家庭式經濟模式，對中國社
會的影響長達四千年。

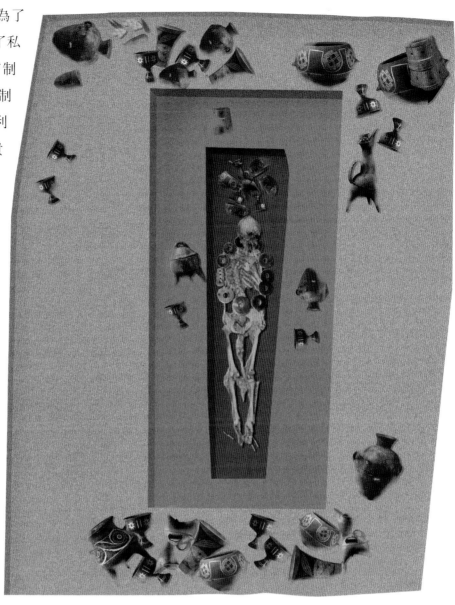

▶ 氏族首領大型墓葬復原圖

父系社會的氏族首領，不僅生前居住在
壯觀的房屋，死後還不屑與族人埋葬在
一起，而是另擇風水寶地，修建巨大的
墓葬，期望在死後仍然享受生前的風
光。中國山東一個氏族首領的巨大墓葬
中，隨葬百多件精美的陶器、玉器、象
牙製品，大部分是專門製造，用來顯示
權貴身分的禮制用器。

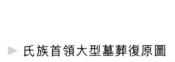

◀ 彩陶紡輪

長江中游的製陶手工業發達，這種陶製紡輪有旋轉
的彩紋，當紡輪轉動時便會產生動感的花紋，反
映了彩陶藝術之高。而輕薄小巧的紡輪，能織出
細軟的布，又表現了紡織業的進步。

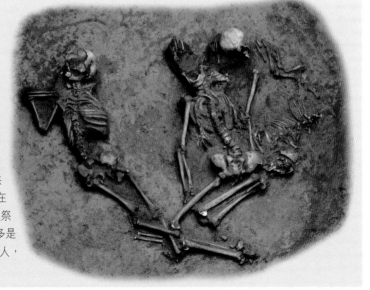

▶ 同葬一處的人與獸骨

父系社會的氏族，為了爭奪土地和財產，經
常爭戰。戰俘成為氏族中地位最低下的人，
甚至與牲畜同等。最初用牲畜作為祭祀的供
品，繼而最殘酷的殺人祭祀和殉葬出現了，在
建設房屋的典禮上，還用人頭作為奠基。殺人祭
祀被視為是對神靈的最大崇敬。而被殺戮的多是
戰俘。這是在房屋旁的垃圾中被扔棄的兩個人，
他們與一隻狗同葬。

至高無上的巫師

農業帶來安定的生活，也帶來了農業民族特有的精神世界。在母系社會時代，祈求神靈保祐豐收，消災賜福，已經成為日常生活的重要內容。每個氏族在從事農業、狩獵和建築房屋等活動中，都必須舉行隆重的祭祀儀式。此時脫離生產的專職巫師產生了，氏族可以有充足的糧食供養他們。任何重大的決策，都由巫師占卜決定。他們主宰着整個氏族的命運，社會地位很高，都是由氏族中德高望重的女性擔任，有的還由女氏族首領兼任。但是她們沒有任何特權和物質享樂，與普通的氏族成員同甘共苦。

隨着父系社會的來臨，男性又佔據氏族的主導地位，巫師多由男人擔任，並賦予了新的政治

▲ 女神頭像

遼河牛河梁遺址女神廟中，供奉很多用泥土燒製的女神像。這是人們供奉的土地神，以祈求農業豐收。女神的面部和嘴唇塗紅彩，眼睛用青玉鑲嵌，頗具神采。

▶ 占卜工具 ── 龜甲與石子

直至新石器時代，人們對大自然的威力仍然難以理解，希望借助巫師的超凡神力，預測未來，把握命運，於是占卜出現了。在河南一個新石器時代的遺址中，發現一座男巫師的墓葬，隨葬有八組占卜用的龜甲。龜甲上刻有各種占卜記事的符號，龜甲內還裝有數量、顏色、大小、形狀不同的小石子。這是目前發現最早的一套占卜工具。

▲ 牛河梁宗教遺址

在東北遼河流域牛河梁一帶，發現距今五千年前的宗教聖地遺址 ── 祭壇、女神廟和墓葬群，佔地50平方公里，組成蔚為壯觀的建築群，實際上是邦國最高政治中心。祭壇是圓形高台，墓葬群有圓形和方形兩種，象徵了天圓地方的觀念。這種佈局是商周時代都城中宗教禮制建築的雛形。

◀ 巫師的法器

這件玉琮是巫師作法時必備的法器。在良渚大墓中，不分性別，一墓出土一件。

色彩。巫師具有與天地溝通的神力，又憑藉神的力量建立起自己的威嚴和統治邦國的權力，成為集神權、軍權、王權於一身的統領一方的統治者，至高無上的地位與後世的皇帝相似。

新石器時代，北方和南方的廣大區域已經形成勢力強盛的邦國，高度發達的宗教與統治權力合而為一。例如在南方的長江流域良渚地區和北方遼河流域牛河梁地區，統治者的政治中心興建了規模壯麗的、顯示高貴地位的大型祭壇建築和陵墓。良渚人盛行供奉玉琮，祭祀觀念以溝通天地之神為最高境界。而牛河梁人是崇拜女神的氏族，體現了在農業發達的原始社會，人們視土地如母親的理念。

▶ 穿靴子的巫師

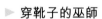

這是具有宗教意義的神器。製作者有意誇張了一雙厚重的大靴子，獨具匠心地突出了穿靴人的特殊身份。當時一般氏族成員多赤腳，也有少數穿草鞋，只有地位顯赫的人才能夠穿靴子。因此，這人的身分很可能是巫師或氏族首領。

▼ 陪葬玉器

這是牛河梁遺址一個大墓的隨葬玉器，包括有玉璧、玉環、玉龜等，墓主人死時手握與占卜有關的玉龜，顯示他是掌握神權的宗教領袖。

▼ 玉琮之王

原始社會晚期，玉器被賦予特有的宗教意義，最高貴的玉器是玉琮。在隆重的祭祀禮儀中，玉琮成為巫師奉獻給天神和地神必不可少的禮器。玉琮外圓內方，表示天圓地方的意思，中間的圓孔表示天與地的溝通，中間穿過的繩子，就是"天地柱"。

此外，玉琮越大，代表擁有者的地位越高，這件玉琮重 6.5 千克，被稱為"琮王"，未知持有它的巫師，法力是否特別高超？

▶ 玉琮上的神人獸面紋

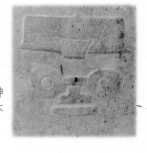

玉琮上刻有良渚人崇拜的主神形象 —— 神人獸面紋，這個圖案在良渚禮器上無處不在，是象徵權勢和威嚴的神徽。

邦國征伐的時代

▲ 三苗古國遺留的人頭像

傳說時代的夏朝創始人堯和禹，曾多次討伐位於長江流域的勁敵三苗古國。這是三苗古國遺留的玉製人頭像，穿戴嚴肅，表情莊重，佩戴耳環，大概是三苗的巫師。

四千至五千年前，在黃河、長江和遼河流域等經濟發達地區，聚集着眾多勢力強大的部落聯盟。他們或聯合，或對抗，終於形成了由若干部落聯盟組成的獨霸一方的邦國。

為了抵禦敵人的入侵，各個邦國都興建城堡。城內有顯示政權和神權的宮殿區、祭祀區，邦國首領在此治理政務，是邦國的政治、宗教、軍事中心，實際已經成為最初的王都。在大城堡的周圍護衛着許多小型軍事城堡，形成進可攻、退可守的軍事防禦體系。城堡群的四周有密集的村落，屬於邦國的勢力範圍，氏族成員要向邦國首領提供糧食和家畜。至此，高聳林立的城堡標誌着平等民主的氏族社會已經走到盡頭，國家即將出現。

在黃河、長江兩大河流域活躍的諸多邦國，再次作為原始社會最後一場革命的先鋒，帶動了周邊地區奔向文明時代。

此時標誌着先進文明的神秘文字和青銅器也在黃河流域產生。文字、青銅器和城堡，被認為是文明發展的重要標誌。

邦國時代一批具有強大政治勢力的領袖和與天災抗爭的英雄，例如

火塘，除用來生火做飯，更重要的功能是讓眾人圍在一起進行宗教活動

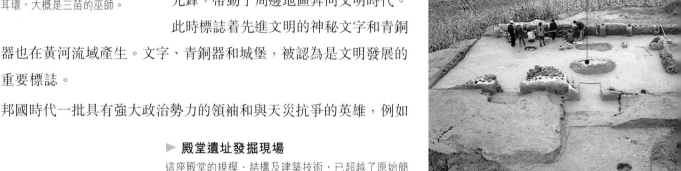

▶ 殿堂遺址發掘現場

這座殿堂的規模、結構及建築技術，已超越了原始簡單庇護所的概念，代表了原始社會建築技術的最高水平。

黃帝集團
（漁獵經濟）

牛河梁

燕山

神農氏華族集團
（旱作農業）

黃

河

西安

泰山

長

江

夷夏集團
（沿海水作農業）

■ 黃帝集團中心區
■ 神農氏華族集團中心區
■ 夷夏集團中心區

▶ 陶器殘片上的文字

中國在八千年前已出現文字的萌芽，是刻畫在陶器上的符號。這是在山東發現的刻在陶盆底部的文字，共十一字，排列規整，獨立成字，應該是一個有語法規律的短句，與甲骨文同屬於一個文字系統。證實了邦國時代已有人創造出與商朝甲骨文一脈相傳的文字。

◀ 五帝時代的三大集團勢力範圍分佈圖

五帝時代已進入原始社會末期，其時國家尚未建立，各個邦國首領在不同地區活躍發展，北方、中原、東南地區出現了三大勢力集團。因文化的交匯和不斷組合與重組，三大集團逐漸匯聚一體，形成文化共同體。這是中國、中華民族以及多民族統一國家的奠基時期。

▲ **殿堂復原圖**

這是一座超大規模建築的復原,房子加上廣場,佔地 420 平方米,是一座五千年前的部落聯盟首領居住的殿堂,也是他召開部落聯盟會議和舉行重要宗教活動的場所。

❶ 西廂
❷ 後室
❸ 主室
❹ 主室內火塘位置的透視圖
❺ 東廂
❻ 廣場上十二根安置族徽等的柱

黃帝,他們為民造福的功績受到人們的愛戴,以後被尊奉為"五帝",成為創造中華文明之神。而西方同樣也流傳着創造世界的神,但都是虛幻的人物。五帝產生於國家誕生前的三大政治勢力集團,即中原的神農氏華族集團、東南沿海的夷夏集團、燕山南北的黃帝集團。這幾個集團在各自地域活躍發展,也不斷相互征戰、融合,終於一同向着華夏文化共同體邁進。

▼ **陶排水管道**

這是一個城堡遺址出土的排水管道,證明古城中設計了完善的排水系統。陶管道一頭大,一頭小。小口套在大口中,連接成管道。這種排水設施一直沿用到近代,才由水泥管道取代。

穿孔供繫繩懸掛之用

◀ **七角星紋鏡**

銅器的發明是古國時代先進文明的標誌之一。人們最初只用自然銅加工成器,稱為紅銅,由於質地較軟,只適宜作小型工具或裝飾品。後來發明了青銅,比紅銅熔點低、硬度大,可以用來製造各種生產工具和武器等。這是中國最早的青銅鏡。

玉豬龍

▲ 三孔玉豬龍

龍 的 故 鄉

龍與中華文明一脈相承。早在七千年前，它已經出現在中華大地，在五帝的傳說中，創立世界、戰天鬥地的領袖，幾乎都曾得到龍的神力相助。由那時起，龍的蹤跡遍佈大江南北，成為各民族共同崇拜的神靈，後來更演化成中國皇帝的象徵。

▲ 紅陶罐上的浮雕龍紋

單元二　上古時代

• 公元前 2070 年

禹將首領職位傳給兒子啟，啟建立中國第一個王朝夏朝。禪讓制從此廢止，實行王位世襲制。

• 公元前 2000 年

山東龍山文化產生真正意義上的文字

• 公元前 10 世紀末

十二律體系出現，是樂律學方面的重大建樹。磚的發明及榫卯接合技術的普遍應用，建築技術突進。

• 公元前 9 世紀中

周人開始使用鐵農具、鐵兵器。

• 公元前 1100 年

希臘由青銅時代進入鐵器時代。

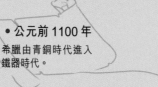

• 公元前 776 年

希臘舉行第一屆奧林匹克。希臘人以這年作為自己的歷史年代的開始。

• 公元前 753 年

羅馬城建立，羅馬人以此年為羅馬史之元年。

• 公元前 722 年

中國最早的編年體史書《春秋》開始記事，春秋時代亦因此書得名。

• 公元前 394 年

希臘柏拉圖主要著作《理想國》著成

• 公元前 356 年

秦孝公任用商鞅進行變法，統一度量衡，頒佈法律等重要措施，奠定秦國統一天下的基礎。

• 公元前 450 年

羅馬將成文法典刻於十二銅牌上，置於城市的主要廣場。

• 公元前 476 年

《考工記》成書，是中國最早的工業技術專著。

• 公元前 336 年

馬其頓阿歷山大大帝在位至前323年，期間征服波斯和遠征印度。

• 公元前 322 年

印度孔雀王朝興起，笈多國王後來統一北印度與阿富汗。

● 公元前 16 世紀

成湯建立商朝，定都於亳，建立了當時最宏偉的都城。

● 公元前 1312 年～前 1285 年

商王盤庚把都城遷到殷，殷成為商後期全國政治經濟文化中心；在殷墟出土的甲骨文，是中國最早的文字體系。青銅農具於這時期開始廣泛應用。

● 公元前 1894 年

巴比倫王國建立，此後三百年成為兩河流域最重要的國家。

● 公元前 1038 年

周公攝政並建立典章制度，即周禮。

● 公元前1046年～前1043年

周武王打敗商紂王，建立周朝，以鎬京為首都。

公元前 10 世紀初

原的西周宮室建築群，最早的四合院建築。

● 公元前1200年

經過十年戰爭，希臘摧毀特洛伊城。

● 公元前 656 年

楚國建立了最早的長城，長千餘里，以後各國相繼興築長城。

公元前660年

本神武天皇即，是日本傳統紀之始。

● 公元前 594 年

魯國推行"初稅畝"，是中國歷史上徵收田稅的開始。

● 公元前 479 年

孔子逝世，他創立的儒家思想影響中國數千年。

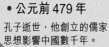

● 公元前 510 年

羅馬貴族政變，實行共和統治，國家由執政官和元老院管理。

● 公元前536年

春秋時代鄭國鑄刑書，為中國成文法典之始。

● 公元前 483 年

印度佛教的創始人釋迦牟尼逝世

● 公元前 307 年

趙武靈王創建騎兵隊，是戰國七雄中最早開始胡服騎射的國家。

● 公元前 320 年

齊宣王在位，齊國的官辦學府稷下學宮達到鼎盛，成為戰國的論學中心。

邁進國家之門的夏朝

大約在五千五百年前，西亞兩河流域美索不達米亞的蘇美爾、北非尼羅河下游的埃及，都出現了文明程度很高的"城市國家"。而五帝在黃河和長江流域翻天覆地的變革，並未趕上這次全世界第一次國家誕生的浪潮。到四千至四千五百年前，在南亞印度河流域、南歐地中海和東亞的黃河流域都建立了國家，推動了全世界第二次國家文明的浪潮。

在"五帝"旗幟下集結的邦國中，以先進的農業和青銅技術堪稱強勢的夏族、商族和周族，最先邁進國家之門，在黃河中下游演繹了長達千年的群雄逐鹿的戰事。

公元前 2070 年，中國歷史上的第一個國家 —— 夏朝建立，從此延續了數萬年的原始社會以血緣關係為基礎的氏族公社解體了，更高一級的文明社會誕生了。

夏朝國王啟是在一次政權革命中即位的。當時邦國的首領要經過民主推舉產生，夏族的治水英雄大禹被推舉為首領，他死後，沒有經過民主選舉，就由兒子啟繼承父位，成為國家的最高統治者，是中國的第一位國王。

▲ 鑲嵌綠松石牌飾

這是夏朝用鑲嵌工藝製造的青銅牌飾，將綠松石鑲嵌成獸面紋，是貴族神器上的裝飾物。

渤海

河

黃

夏

黃海

河

淮

◀ 夏朝地域圖

夏朝統治區域位於黃河中游的洛陽平原和山西汾水下游一帶。該處有肥力充沛的黃土，適宜發展旱作農業，為夏朝爭奪"共主之國"的地位積蓄了強大的經濟實力。

▼ 塗朱石璋

這是夏朝舉行重大典禮的儀仗禮器。造型仿兵器，塗有紅色硃砂，象徵鮮血，具有辟邪降魔的威力。在夏朝都城中出土大量用青銅、玉、漆、象牙、骨等製造的儀仗禮器，證明當時王室貴族很重視禮儀，典禮活動頻繁。

夏朝管轄了十二個同姓氏族部落和眾多異姓氏族部落，國王是各族的共主，也是貴族利益的代表。夏王打破了舊有的氏族組織，將國土按照地區劃分成"九州"，設置官吏管理，使國家對地方的統治增強了。

但是，剛剛從邦國時代脫胎出來的夏朝，依然被沉重的舊勢力的鏈條束縛着，國家重大決策要經過貴族議事會通過。國王深深感到自己的權力受到很大制約。為了爭取更大的王權，他們與原始民主制殊死較量，但是，夏朝沒有完全實現這個願望。直至商朝和周朝以王權為中心的國家體制逐漸健全了，國王才確立了至高至尊的統治地位。

大禹治水與國家統一

距今四千年前，黃河泛濫對中國人造成巨大的威脅。大禹因為成功指揮治河，成為英雄，被推舉為部落聯盟首領。大禹動員各部落的人合力治水，反映當時的社會組織已經成熟。到他的兒子啟繼承其位後，終於建立了中國歷史上的第一個國家。此後幾千年，黃河水患從未止息，促使中國人團結力量應付，亦推動了中國向着大一統之路進發。

▲ **夏朝都城的宮殿復原圖**
夏朝的都城位於河南偃師二里頭。二里頭的遺址佔地300萬平方米，相當於現今四百多個足球場。其中有宮殿區、居住和生產區以及葬地等。宮殿區的規模很大，這是其中一座宮殿的復原。

◀ **青銅爵**
夏朝以發達的青銅業獨霸中原。不僅能夠製造各種青銅工具和兵器，還發明了複合陶範鑄造容器的技術。這件夏王室使用的飲酒器，具有禮制的意義，就是利用這種先進技術鑄造的，也是中國最早的青銅容器。

▶ **后羿射日圖**
夏朝眾多方國中，文明程度較高的東夷族，勢力強大，其首領曾被推舉為大禹的繼承人，但大禹違背禪讓制，讓位兒子，東夷族因而成為夏朝最大的政敵。啟去世後，東夷族首領后羿打敗夏王朝，並奪去王位。后羿被歷代讚揚為勇猛的英雄，傳說天上有十個太陽，引發乾旱，后羿射落九個。這戰國時代的衣箱上，描繪了后羿射日的神話。

神權與王權合一的商朝

當夏朝統治黃河中下游地區時，臣服於夏朝的商族，已經在東北方躍躍欲試了。公元前 1600 年，夏王桀暴虐無道引發內亂，商族乘機推翻夏朝，建立商朝。

商王作為各族的共主，鞏固了王位世襲制。商王自稱"余一人"，意思是普天之下，唯此唯大。商王的統治方式與埃及法老政權極相似，都是用神權與王權合一的統治方式管理國家，他們自恃既是世俗人間的最高領袖，又是天帝或太陽的子孫，具有溝通上帝意志的神力。商朝和埃及政府的高級官員也都兼有神職，還有大量專門負責宗教和祭祀事務的神職官員，他們形成了最顯貴的階層。

商王奉行的最高原則，就是依據天帝的意志治理國家，神權甚至高於王權。"國之大事，唯祀（祭祀）與戎（戰爭）"。商王處理政務，都要占卜吉凶，並形成規範的程序。占卜師在獸骨上占卜以後，要在骨上記錄占卜的事因和結果，作為王室檔案，由專人保存，傳世後代。保留至今的王室卜辭有十六萬片之多，內容涉及征戰、天象、收成，以及國王祭祖、田獵、疾病等。王室的占卜師，權力僅次於商王，不僅參與祭祀和征戰等國事的決策，而且幾乎所有與王事有關的活動都要參加，地位顯赫。在商王的感召下，整個王朝都瀰漫着鬼神崇拜的氣氛，神權政治滲透到社會生活的每個角落。

在古埃及、羅馬、希臘的歷史上，曾出現過神權政治，但因王權與神權分立，引發了國王與教主、教會

▲ **雙面人面形神器**
這是一件祭祀用的禮器。祭祀時，巫師拿着放在臉前，表示巫師就是神，人神相通，巫師代表神權。

高台式的台基有助防止潮濕，也可增加氣勢

商王專用台階

▲ **鄭州商城宮殿復原圖**
鄭州商城是至今發現規模最大的商朝前期都城遺址，時間約在公元前 1600 年。城內有多座大型宮殿遺址，是商王室和貴族的生活居住區。這是商城宮殿的復原圖，屋頂是重簷式的，是當時最高等級的宮殿形式。

與俗民之間的巨大分裂，甚至發生國家暴亂。而商王本人具有神權和王權的雙重身份，所以商朝沒有出現宗教動亂。

但是商朝殘酷的神權政治繼承了邦國時代的統治方式，顯露了政權的原始性和幼稚狀態，所以後來的周朝便推行另一種統治模式，以適應複雜而多元化的國家體制。

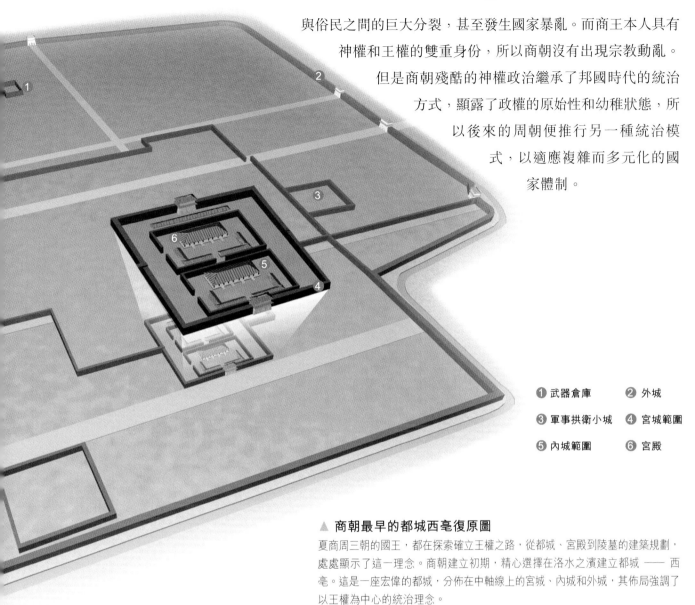

❶ 武器倉庫　　　❷ 外城

❸ 軍事拱衛小城　❹ 宮城範圍

❺ 內城範圍　　　❻ 宮殿

▲ 商朝最早的都城西亳復原圖

夏商周三朝的國王，都在探索確立王權之路，從都城、宮殿到陵墓的建築規劃，處處顯示了這一理念。商朝建立初期，精心選擇在洛水之濱建立都城 —— 西亳。這是一座宏偉的都城，分佈在中軸線上的宮城、內城和外城，其佈局強調了以王權為中心的統治理念。

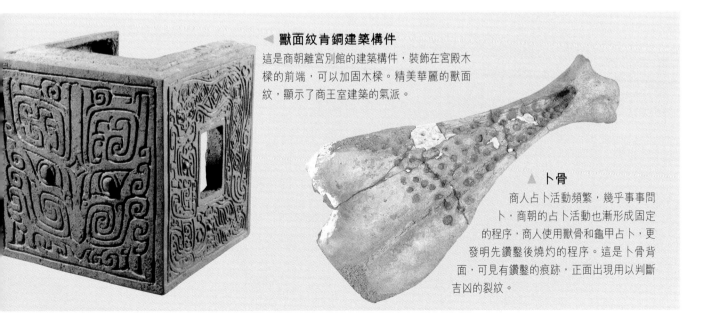

◀ 獸面紋青銅建築構件

這是商朝離宮別館的建築構件，裝飾在宮殿木樑的前端，可以加固木樑。精美華麗的獸面紋，顯示了商王室建築的氣派。

▲ 卜骨

商人占卜活動頻繁，幾乎事事問卜，商朝的占卜活動也漸形成固定的程序，商人使用獸骨和龜甲占卜，更發明先鑽鑿後燒灼的程序。這是卜骨背面，可見有鑽鑿的痕跡，正面出現用以判斷吉凶的裂紋。

神權統治下的臣民

▲ 受過刖刑的奴隸

刖刑是商朝最流行的五種刑法之一，一般是用銅鋸從腳踝骨以上鋸斷下腿。這種殘忍的酷刑主要用來對付奴隸，使他們無法逃跑。在這件西周的青銅器上，鑄出一位受過刖刑的奴隸在守門，活現了受刑者的真實形象。

夏朝着手建立的社會秩序，到商朝才初步凸顯出來。商王及其有血緣親族關係的王族是最高貴族階層，其下是與商王血緣疏遠的同姓貴族和異姓貴族，他們佔據了全國大部分土地、人口、財富。而社會下層是被稱為"眾人"的勞動者，分別隸屬於商王和各級貴族，他們從事農業和手工業生產，創造社會財富。地位最低微的是戰爭的俘虜，他們淪為貴族的奴隸，失去人身自由，可以任意買賣和殺戮，甚至作為人殉和人祭的犧牲品。

商王依照天帝的旨意治理國家，為表示對先王的尊敬，極重視厚葬和祭祀。除以牲畜和珍貴禮器陪葬外，還有商王的近臣、嬖妾、侍衛以及奴隸殉葬，以供祖先在死後的世界裡役使。殉人最多的達到數百人。此外，商王還重視用人作祭祀，凡是舉行供奉神靈或祖先的儀式，都殺戮或活埋奴隸作祭品。這種慘無人道的人殉人祭風氣，在貴族階層也相當盛行，凸顯了商朝神權至上的觀念。

商王為了更有效控制民眾，設立了監獄和各種酷刑。常見的刑罰有砍頭、剖腹、割鼻、活埋、刖足和剁成肉醬等，都是非常殘酷的肉刑。

商朝的統治，殘留着邦國時代的野蠻色彩，被後世所鄙棄。人殉、人祭和酷刑在西周已經遭到遏止，到秦漢更加衰退了。

◀ 商人祭祀祖先的情況

商人崇拜的神，分為天上諸神、祖先神和地上諸神，各有不同的祭祀方式。他們相信天神主宰萬物生滅和人的禍福，已去世的商王則傳達天神的意志，也對人間降福禍，因此很重視祭祖，大量用人和牲畜來獻祭。

❶ 巫師
❷ 被坑埋作祭品的人和牲畜

▶ 銅鏃與人頭骨

商王室和貴族使用的骨器，大量是用奴隸或戰俘的人骨製造的。這個在商朝都城製骨作坊骨料中發現的奴隸頭骨，還插着一支箭鏃。

地下的奴僕

春秋以後的大型墓葬中，通常都會發現陶俑，這些俑是專門為死者製造的。古人相信死後另有世界，所以要有金銀珠寶、錦衣華服隨葬，當然少不了可供役使的"奴婢"。在商周時以人隨葬或以人獻祭都很普遍，但隨着社會發展，這種風氣已漸漸消失，改為用模仿人的泥塑俑放進墓裡陪葬，秦始皇的兵馬俑就是最著名的陪葬俑。

◀ **商朝社祭意想圖**

商朝的祭祀活動幾乎無所不在。商王和貴族的宮殿、宗廟、住宅在建築開工時，都舉行隆重的奠基儀式，殺戮奴隸作祭品。在江蘇省銅山縣丘灣發現一處祭祀土地神的社祭遺址，在作為社主的四塊大石周圍，有人骨二十具、狗骨十二具，人與狗混合埋葬。奴隸的葬式都是俯身屈膝，而且多是雙手被縛在背後。這是其中一次祭祀的意想復原圖。

▲ **商朝銅器上的虎食人圖案**

商朝青銅器常以一些猙獰可怕的圖案作裝飾，是為了產生震懾人的恐懼感，顯示統治者的權威。這個虎食人圖案，就以抽象而誇張的手法，顯示一種威懾力。

象形文字所見的刑罰舉例
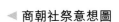

中國文字一字一義，有不少文字是從真實的形象演化而來。看看文字的最原始形態，可以約略猜出它的意義來。

象形文字	漢字	解釋
	幸	古代的手銬
	執	把雙手用"幸"銬起來
	劓	用刀割掉鼻子
	伐	用戈砍掉人頭
	刖	鋸去一隻腳

鞏固王權的分封運動

在商朝的封國中，以農業著稱的周族勢力最強大，佔據黃河中游關中地區的沃土，吸納周邊民族，組成與商朝對抗的政治聯盟。公元前1046年，周族一舉滅商，建立周朝，建都鎬京(今西安)。開始了西安作為千年古都的歷史。

周朝是強調宗親血緣政治的王朝。周王除直接管轄都城周圍的王畿之地外，在新佔領的土地進行大規模的分封。周王根據受封者與自己血緣關係的親疏，授封土地和人口，建立諸侯國。全國授封大小諸侯國數百個：周王的同姓宗親封國最大、最多，其次是異姓功臣的封國，這兩類佔據了東方、中原和長江中下游的農業富庶地區，既得天然地利，又形成拱衛都城的軍事屏障。另外列入封國的有夏、商朝王室後裔和歸附的邊疆部族，封地多是邊遠或貧瘠之地。周朝分封強調普天之下莫非王土的新意念，利用分封強化自上而下的關係，與商朝的性質不完全相同。此外周王還授予諸侯特定的官服和象徵軍權的兵器。諸侯也要與周王舉行祭祀典禮，訂立盟誓，通過神聖的禮儀確立君臣關係。這種分封制與歐洲中世紀的封建制度有近似之處，諸侯國要對周王承擔鎮守疆土、出兵勤王、交納貢賦等義務。周王室還通過與異姓諸侯聯姻，將所有貴族納入宗親的範圍中，加強周王室的政治勢力。

▲ 周初諸侯國分佈圖

周初分封諸侯國七十一個，其中五十三個屬於周王宗親的大諸侯國。以後又大規模分封，號稱八百諸侯歸附周王。分封運動極大地開拓了周朝的疆域，向北擴大到燕山，向東擴大到山東和江蘇的沿海，向南到達長江沿岸。

▼ 周原

周族佔據關中平原的周原，面積約5000平方公里，地勢高敞平坦，土層深厚而肥沃，河道縱橫，《詩經》讚美説：肥沃的周原，使本來性苦的野菜，長出來也是甜的。尚農的周族在這裡如魚得水，依靠農業，儲備了征伐商朝的經濟實力。

▲ 稷

周族以種植稷為主，他們的農官稱"稷"。稷是小米的一個品種，顆粒大而飽滿，耐旱力強，適宜在黃土高原生長，產量高，是北方最主要的農作物。此外周族還引入大豆種植，可使人體吸收必需的蛋白質。穀物和大豆合理的食品搭配，使中國農耕地區的人從農作物中就解決體質的需求，而沒有像遊牧民族以肉食為主吸收蛋白質的飲食習慣。

同時，各諸侯也紛紛仿效周王，在自己的封國內分封宗親貴族，使他們得到封邑，成為卿、大夫。而卿、大夫又繼續分封最低一級的士。形成自上而下的層層分封，使社會等級制度建立起來，實現了周王朝家天下的統治，周王真正成為國家的主宰。這是周朝政治制度超越商朝的重大進步。但是後來周王衰微，諸侯坐大，引發了列強爭霸四百年的混戰局面。

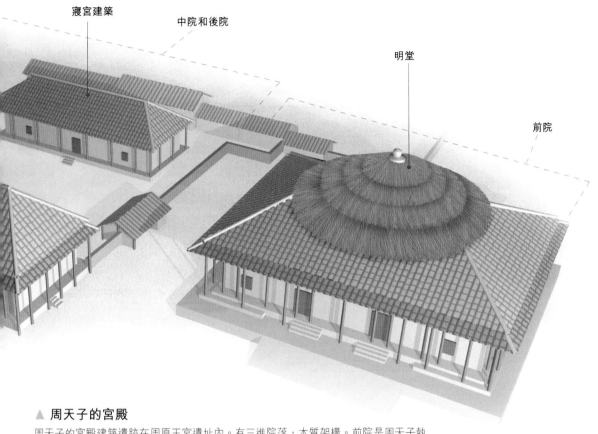

▲ 周天子的宮殿
周天子的宮殿建築遺跡在周原王宮遺址內。有三進院落，木質架構。前院是周天子執政的殿堂，有圓形重屋頂，室內明亮，稱明堂，也是規格最高的建築。中院和後院是周王的寢宮，嚴格按照禮制規定的"前朝後寢"的格局建造。

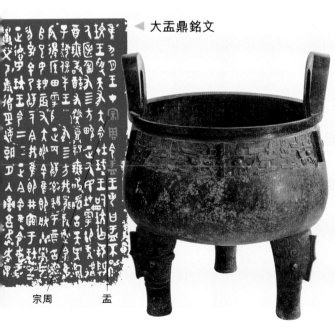

◀ 大盂鼎銘文

◀ 大盂鼎
這是西周著名的禮儀重器。鼎內有銘刻了文章，記載了周立國的艱辛，表達了周王對宗親的信任與依賴。

▶ 鳳鳥紋玉飾
商人崇尚燕子，周人則崇尚鳳鳥，因此周人的玉珮和銅器上的紋飾，很多都以鳳鳥為主題。

禮制化的社會新秩序

周王親眼看到天神並沒有為商朝保住國家社稷，不再相信神權政治。於是周朝創立了嶄新的禮制化、等級嚴密的社會秩序來規範和治理國家，以確保王權至上的地位。

這是宗親貴族當家作主的時代。周王利用宗法制度，嚴格確立從國家到每個家族內的嫡庶、長幼、尊卑之序。嫡長子為大宗，以下的餘子為小宗，小宗必須絕對服從大宗，由此確立了王位的嫡長子繼承制的法統地位。周王是天下大宗，作為諸侯國的共主，稱為"周天子"。與周天子同姓的姬姓宗親是小宗，分封為諸侯。但他們在封國內又是同族的大宗。

這樣，天子、諸侯是貴族最高階層，卿、大夫是貴族中等階層，士是貴族最低階層，以下是眾多的平民和奴隸，構成金字塔式的社會結構。周朝還制訂了繁縟而精緻的周禮，根據每個人的階層和等級，從衣、食、住、行到舉止行為全面加以區別和制約，任何人不得逾越這套無處不在的禮制。

整個社會的階層、官職和爵位都是世襲的，周禮維護了世代延續的貴族世家利益。而小農家庭在禮制有序的年代裡得到衣食，社會秩序相對穩定。因此，從夏、商以來對國王集權的國家架構不斷探索，到周朝才真正完善起來。這套早熟的貴族王朝體制和社會秩序，非常適合重視家族血緣和禮儀的農耕社會，在周朝延續長達八百年。尤其受到孔子和儒家的推崇，以後始終貫穿在幾千年的大一統的帝國制度中，更對延續中國人的倫理道德至關重要，周禮的遺風至今在廣大農村尚存。當然，中國人也為此背負了沉重的精神桎梏。

▶ **召公鼎**

中國的青銅器主要做成禮器。九鼎是國家和周王權力的象徵，被供奉在都城宗廟中最顯赫的位置，只有周王舉行重大國家典禮時才能使用，是周朝最神聖的禮器。這個鼎屬於周成王的叔父召公，召公地位僅次於周王。這是至今所知地位最高的鼎，形制估計與周王的鼎十分接近。

②

▲ **簋**

這是用來盛放糧食的器皿，與鼎配套，是禮儀重器之一。用簋數目有限制，天子用八簋，諸侯、大夫、士以偶數遞減。這個簋是周朝屬王為祭祀先王而製，是唯一可知的周王禮器。

◀ **鬲**

禮器是用於祭祀宴會等禮儀活動的器皿。鬲與鼎一樣，是用來烹煮肉食的。這件鬲則是諸侯王對貴族的賞賜之物。

▼ **盤**

這是在舉行重要禮儀活動前的洗手器。

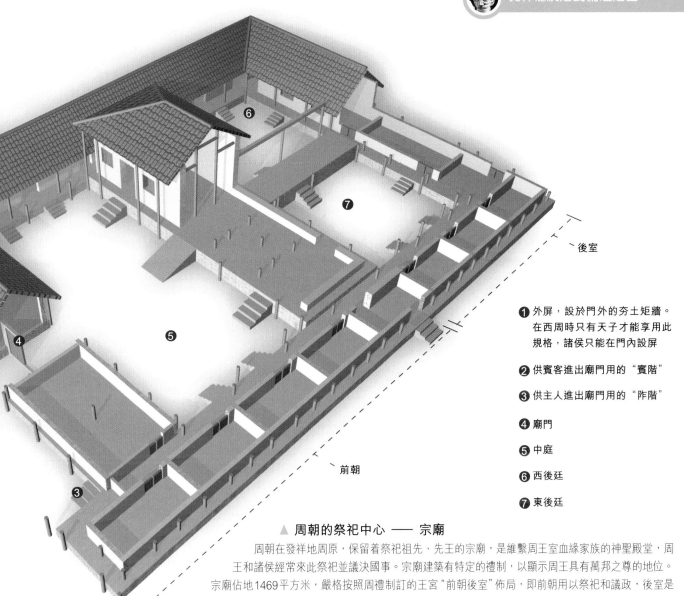

後室

前朝

❶ 外屏，設於門外的夯土矩牆。在西周時只有天子才能享用此規格，諸侯只能在門內設屏

❷ 供賓客進出廟門用的 "賓階"

❸ 供主人進出廟門用的 "阼階"

❹ 廟門

❺ 中庭

❻ 西後廷

❼ 東後廷

▲ 周朝的祭祀中心 —— 宗廟

周朝在發祥地周原，保留着祭祀祖先、先王的宗廟，是維繫周王室血緣家族的神聖殿堂，周王和諸侯經常來此祭祀並議決國事。宗廟建築有特定的禮制，以顯示周王具有萬邦之尊的地位。

宗廟佔地1469平方米，嚴格按照周禮制訂的王宮 "前朝後室" 佈局，即前朝用以祭祀和議政，後室是居室。商周兩朝都重視祭祖，但動機不同。商王是為了與祖先溝通對話，尋求治國良策。而周王則利用血緣關係將同姓或異姓貴族團結在同祖同宗的旗幟下，構成周王朝的基石。

◀ 觥

禮儀用器中，屬於酒器的很多，觥是其中一種，此外還有壺、罍、盂、卣、爵、觚、勺等。這件觥是一位周朝王臣的祭祀用器，裝飾很講究，蓋造成龍頭形，器身上也有龍紋和獸紋。

▲ 分封制與宗法制關係圖

貴族與平民的兩個世界

周朝貴族在禮制的籠罩之下，優越顯赫的地位使他們飽享無微不至的特權和富足，也承擔着不可推卸的義務。舉行各種禮儀是他們最重要的日常活動，也是必修課，以此表達自己對於祖先、周王和國家的忠誠，省視道德行為是否符合禮制。貴族的衣食住行、生老病死，都受到金字塔式的等級約束，也是每個貴族身分的標誌。任何逾越的行為，都被視為大逆不道。

與西周社會大致相似的古埃及、印度雅利安等國，也都為培育貴族階層而制訂各種等級禮制，使貴族更具優越感。但是，周朝貴族生活得更加精緻和理性。"鐘鳴鼎食"的貴族宴會，是重要的禮儀場合，在典禮上將各種青銅禮器盛滿酒肉，貴族伴隨着舞樂之聲，飲酒助興。地位越高的貴族，享用的青銅禮器越多、形體越大。表演的音樂和舞蹈，是專門為貴族創作的禮樂 —— 雅樂，從樂曲、舞蹈，到樂器品種和數量，也有禮制規範。這套一成不變的禮儀形式，使貴族之間的尊卑一目了然，大大減少了上層社會的競爭與衝突。

周禮也約束着社會下層的人。居住在城裡的平民，是與諸侯公卿血緣疏遠的族人，稱為"國人"，他們擁有議論國政的權利和出征

▲ 周朝的貴族形象

周朝各階層按身分及官職穿着不同的服裝，從冠冕、衣服、鞋，到隨身佩戴的玉飾，都有規定的款式和顏色。周人的冠帽比商朝的高，有些竟然比人頭高兩倍，這位貴族穿戴的應是其中一種冠帽。

▶ 陶罐

相比於貴族，平民的飲食極為簡單，飲食器具也以陶質為主。

▶ 編鐘的懸掛方法

▼ 諸侯使用的編鐘

編鐘是周禮中重要的禮樂器，在典禮上演奏雅樂之用。不同等級的貴族，享用編鐘的數量有嚴格限制。

作戰的資格，是周王鞏固政權必須依靠的力量。居住在城外鄉野的平民，稱為"野人"，是被周朝征服的土著居民和商朝遺民。他們從事繁重的農業生產，收穫後向國家交稅，不得參與政治和軍隊，但屬於自由人。奴隸生活在社會最底層，沒有人身自由，可以被隨意買賣。但是商朝隨意殺戮和殉葬奴隸的現象到此已經逐漸消失了。

周朝創造的禮制籠罩着社會的每一個人，無論貴族還是平民，都必須將忠誠、順從、虔敬、孝悌的倫理觀念滲透在血脈中，這就是周禮的真諦所在。

中國人與筷子

用筷子進食是中國人傳統的飲食習慣。早在商周時期，飲食器洋洋大觀，筷子也已經出現，據記載，商朝紂王是使用象牙筷子的。究竟筷子是怎樣發明的？較合理的推測是自原始人類懂得用火後，要把烤熟的食物撕開來吃，最初用兩根樹枝助餐，後來演變為運用槓杆原理的筷子。中國人以米飯和蔬菜為主食，適宜用筷子，但西方人吃肉和麵包，用刀叉則方便多了。

▶ 斿觥
飲酒器是重要禮器。周朝汲取了商朝酗酒誤國的教訓，周初嚴格禁止貴族飲酒。因此，青銅禮器中重食器、輕酒器的傳統確立下來。食器品種和數量大增，酒器數量銳減。
酒器講究精美華麗，以適應禮儀場合溫文爾雅的氣氛。這件觥做成獸形，頭部有獸角，全身由大獸面紋和夔龍紋組成，是周朝酒器的新品種。

▶ 筒瓦
當時宮殿流行四坡式屋頂，是用縱架與斜樑配合的木構架建成。瓦頂和磚牆的技術也很成熟，使建築既美觀，又堅實。

▼ 貴族的居室
貴族居住的宮室，面積很大，建築闊達 5.6 米。

◀ 平民的房屋
周朝平民的房屋十分簡陋，比原始社會的房屋沒有進步多少。多為半地穴式的夯土屋，距地面深 1～3 米，面積 7～10 平方米。牆壁塗有黃土細泥，地面用火燒烤得平整而堅硬，屋內有火灶和存放糧食的窖穴。

商朝的封國與方國

商朝對地方的管理和控制，遠沒有達到周朝的完善程度。商王作為天下共主，將勢力所及的地方分為內服、外服，服內有大小封國，他們與商王的關係較為密切；勢力稍不及的周邊地區則有方國，他們與商朝若即若離。

劃分"內服"和"外服"，表示中央與地方的行政等級。內服包括都城王畿地區和邊疆軍事要地，商王將同姓宗親封到王畿，保衛王室。外服劃分"四土"，設置官制，按官職稱為侯、伯、子、男，構成貴族的高低階層。外服地區多是被商朝征服的小國或部落，也被封國。商王根據封國的大小，授予首領相應的官職。這些封國負責戍守邊疆，隨王征戰，為王墾田農耕，完成商王指派的各種雜役，向商王繳納貢賦等。為了拱衛疆土防禦外敵，商王還在邊疆重要的軍事據點冊封封國，東部有山東蘇埠屯，南部有湖北盤龍城，北部有河北邢國等，由商王

▲ 醜亞鉞
醜是商朝冊封的異姓貴族，封國在今山東青州的蘇埠屯，是商朝在東方的重要據點。這是君主在禮儀大典上使用的兵器，雕鏤人面，雙目圓睜，齜牙咧嘴，形象猙獰，具有威懾作用。擁有此器的君主，可以代表商王行使征伐大權。

的同姓貴族或有戰功的異姓貴族管理這些封國。但是，商王對外服地區的控制並不嚴密，各封國有相當大的自治權，或自主聯合，或相互發動戰爭，對王權構成潛在的威脅。

此外，在商朝周邊還有很多關係比較疏遠的方國，他們或是獨霸一方的少數民族部落，或是與商朝若即若離的異姓諸侯國。商朝與方國之間戰事頻繁，武功顯赫的商王武丁在位的五十九年中，與商朝交戰過的方國或部落就達七十個，主要強敵來自北方和西北方的遊牧民族。而南方又有經濟發達的方國逐漸強盛起來，鄱陽湖的新淦方國和四川成都平原的蜀方，都是積極吸納中原先進文明的地方勢力。

▶ 金銅面具
擁有以金箔裝飾的人面具可以與神靈溝通。這是蜀王在舉行祭祀大典中獻給神靈的禮器，應是蜀人祖先的形象。在蜀方祭祀坑中發現大量的青銅面具，以金箔裝飾的很少，更顯擁有者的尊貴。

高冠

右衽長袍

◀ 巫師立像

蜀方同商朝一樣，具有高度發達的青銅文明，重視祖先崇拜和祭祀。這是在蜀方祭祀坑出土的青銅巫師像，高 1.7 米，象徵"群巫之長"，正在指揮盛大的祭祀場面。因蜀方也實行神權與王權合一的統治，應當就是蜀王的形象。祭祀坑還出土大量金器、玉器和青銅器，都是奉獻給神靈的禮器。但是，他們並沒有殉人祭祀的現象，比商朝的禮制更加文明。

腳環

▶ 大玉戈

盤龍城位於湖北省黃陂縣，是商朝南下拓邊的橋頭堡，也是邊界的軍事要地。附近盛產銅礦，這裡又成為供應商王室銅礦資源的據點。商王通過在此封國，加強了對長江流域的控制。戈是商朝的主要兵器，這件盤龍城出土的玉戈，雖然是儀式性的用具，但也反映出盤龍城在當時的軍事地位。

▲ 虎逐羊杓

鬼方是商朝西北最強的方國，商朝與鬼方戰爭的規模最大，持續時間最長，經過長期征伐，鬼方曾一度成為商朝的盟國。這是一件挹酒的器具，以動物裝飾，具有少數民族色彩。

▲ 雙尾虎

鄱陽湖的新淦方國是政治上追隨商朝的方國，國力與商朝相當，並有發達的宗教禮儀。許多青銅禮器以虎裝飾，這件青銅雙尾虎應當是氏族崇拜的圖騰。

▼ 商朝重要的封國與方國位置圖

鬼方

羌方

河

黃

安陽

蘇埠屯

鄭州

盤龍城

蜀方

長

江

新淦

■ 封國　　■ 方國

禮制下的諸侯國

周朝建立了較商朝完整的分封體制，在"普天之下，莫非王土"的前提下，把全國土地分封予諸侯。與周王血脈相連的諸侯國，在自己的封國內建立與中央相配的國家體制，有同王室一樣的國君、官員、都城、宗廟、臣民和疆域，還具有相對的獨立性和自治權。周王為了強化對諸侯國的制約，提倡"敬德保民"，以周禮治國，所有權利和義務都有明確的規定，上下尊卑有序，這是周朝統治比商朝高明的地方。

周朝的諸侯國與歐洲中世紀封建制下的城堡體系十分相似。周王配合國土分封制，將全國的國民分為階層和等級。對王族、功臣和官員授予爵位，有公、侯、伯、子、男五等。諸侯以封國大小而定爵位，也在封國內層層授爵。周禮規定，諸侯國的國土和人口分為三等，城市佈局、城牆、宮室、宗廟、街道都有嚴格

▲ **諸侯國太子的玉人佩飾**
周朝貴族都佩戴玉飾，諸侯國虢國的太子的身分與卿大夫相等，所佩的玉飾為做蹲踞的人形，以人龍合體作裝飾，在周朝很流行。

▼ **虢國列鼎之一**
周禮規定周王之禮數是"九"；諸侯禮數是七，其宮室、車旗、禮器都以七為禮。虢國國君屬公侯級，隨葬的禮器都是七件為一套，這是一套七件青銅列鼎之一。

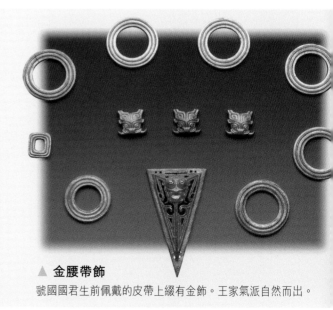

▲ **金腰帶飾**
虢國國君生前佩戴的皮帶上綴有金飾。王家氣派自然而出。

規定，包括諸侯在內的各級官吏、貴族和平民
的居室形式、服裝式樣、出行馬車數量、祭祀
禮器、陵墓葬制等，都由周禮層層規範。一旦
發生逾越禮制的現象，將被視為背叛周
王，要受到周王以及眾諸侯的討伐或
封殺。每個諸侯國的都城中，還建
立供奉諸侯祖先的神聖宗廟，全
諸侯國的臣民都祭祀拜謁，以
此維繫君主與臣民之間的準宗
親關係。

在全國，與周王室血緣越親
密、距離王畿越近的諸侯
國，受周禮影響較深，一般較
守禮制；而邊遠地區的異姓諸
侯國，與少數民族融合，禮制
觀念比較淡薄，時有逾越禮制的
混亂現象。

◀ 諸侯的玉面飾

玉被認為是自然界的精華，能夠使屍體
不腐，因此統治階層用玉器殉葬成為禮制的
一部分。這組仿人的面部特徵特製的玉件，綴
聯在一塊布帛上，蓋在虢國國君的面部，古代
稱為幎目。

▲ 虢國國君墓復原圖

虢國是周王分封的同姓諸侯國，封邑在王畿區內，與周王關係密切。國君
是最高等級的公，地位僅次於周王，在執行禮制上比其他封國更嚴格。在
國君虢季的墓室中，發現五千多件隨葬品，以銅器和玉器為主，全部隨葬
品的種類和位置與周禮完全相符。

▼ 七璜聯珠組玉珮

虢季佩戴的大型組玉珮，由七璜組成，代表諸侯國君的
高貴身分。其夫人佩戴五璜連珠玉珮，而太子和其他高
級貴族都沒有佩戴。周禮規定，僅限於有封號的諸侯和
高級貴族佩戴玉珮，周天子的組玉珮用黑色絲帶串連，
諸侯用紅色的絲帶串連。

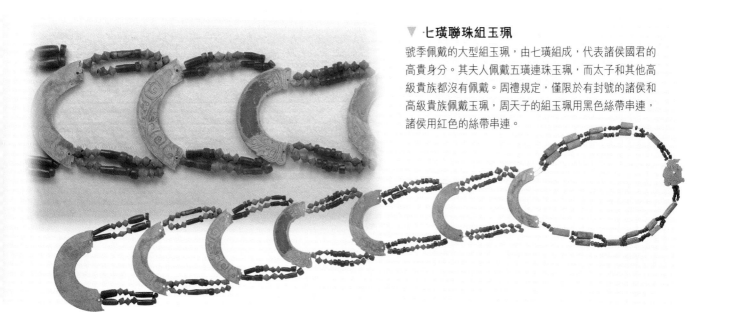

商周共主的戰車部隊

商朝時，國家還沒有正規的常備軍，國王身邊只有數百人的王室衛隊。一旦發生戰爭，國王臨時集結各諸侯國的族人出征作戰，戰爭結束後，他們仍然回家勞動。重大戰役都由商王親自率軍出征，參戰最多可達萬餘人，最長的戰爭耗時達三年。

直到周朝才建立起中國第一支常備軍，兵力約四萬二千人，直屬周王。平時駐守在都城鎬京有六師、成周洛邑有八師，每師有兵力三千人，以後增加到二十二師。周王在征伐時，除了中央常備軍參戰外，還要徵召諸侯國和王臣的軍隊。為了防止諸侯勢力坐大，地方軍隊的兵力有嚴格限制。各諸侯國不得隨意出兵征伐，必須服從周王的調遣。

▲ 商朝獸面紋胄
車戰時代，車兵站於車上，目標明顯，較難躲避攻擊，商朝已經出現了各種防護裝備。這件青銅胄可保護頭部，是江西新淦方國國君或高級將領的防護裝備。

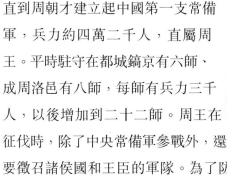

▶ 車戰基本陣式示意圖
車戰基本陣式以五輛車為一個編隊，有車兵十五人，步兵十五人，分成中、左、右三組。中組三輛車在前，縱列衝擊敵方，左、右組各一輛車在後，分為兩翼，策應攻擊。

◀ 銅骹玉矛頭
矛也是商周車兵的主要武器。這矛頭用銅與玉合製，不是實用兵器，是象徵權力的儀仗性禮器。

▶ 銅戟
戟是矛與戈結合的格鬥兵器，兼有橫擊和砍刺的功能。

▶ 柳葉狀銅劍
劍是周朝發明的武器，它在車兵下車搏鬥時發揮重要作用，也是後世短兵器的主要器類。

商周時代，戰爭的中心一直在黃河中下游廣闊的平原地帶，那裡特別適合戰車馳騁，所以車戰盛行，大戰役的戰車達到三千乘。車兵是主要兵種，步兵是輔助兵種，與車兵配合作戰。

在兵源方面，在當時的貴族社會裡，軍人是高尚的職業，野人、商人和奴隸沒有資格參戰。常備軍多來自貴族下層的"士"，而臨時參戰的國人，平時耕種，戰時打仗。由於車戰對軍人的素質要求很高，平時國人通過學校教育和軍事演習進行訓練，同時還接受禮制教育，使軍人既知禮，又善戰。

當時的車戰是一種貴族式的戰爭，軍陣有一成不變的陣式，擊鼓為號，發動攻擊。交戰時雙方都保持禮儀風度，崇尚勇武和信義，輕蔑狡詐和懦弱。這種不講謀略兵法，講究道德和武力，是禮制競技化的戰爭，與中世紀歐洲的騎士精神極其相似。到春秋戰國時代，貴族精神的戰爭已經蕩然無存了。

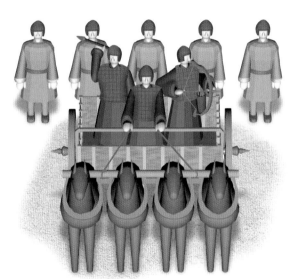

◀ **戰車兵士配置圖**

每輛戰車配備三人，左是弓箭手，右是攻擊手，持戈或矛，中間一人是駕車的馭手。車兵頭戴青銅胄，身披皮甲，裝備精良，而且每人都經過嚴格訓練，可以在奔馳的車上戰鬥。步兵與車兵配合作戰，車兵在前衝鋒陷陣，將敵軍擊落車下，步兵隨後斬殺。

▲ **銅戈**

商周軍隊大量使用適宜車戰的青銅武器，戈是車戰中的常規武器，戈裝上柄使用，屬長兵器。這件銅戈是商王武丁后妃婦好的兵器，婦好是商朝赫赫有名的大將軍。

▶ **車馬坑**

這是一座周朝大型墓葬的附屬部分，有一輛四馬戰車和一輛兩馬座車。周朝的戰車比商朝的更精良堅固。高、長、寬有嚴格的尺寸標準，且上落方便、行進穩快、在澤地行駛不沾泥。

青銅業帶來的生機

夏商周三朝，在鞏固王權的政治革命過程中，還進入了一場技術革命，由石器時代進入了金屬時代，這是農業革命以來的又一次飛躍，輝煌的青銅文明使中國一躍而進入世界的前列。

青銅的發明和使用，被視為文明進程的重要標誌。邦國時代只能製造小型銅工具，夏朝已能冶鑄青銅容器，這是由王室壟斷的尖端技術，並未在各地傳播。商朝的王室和勢力強大的諸侯國、方國都開始冶鑄相當精美的青銅器，產品以禮器和兵器為主，其中不少還具有神秘色彩。周朝進入青銅業的鼎盛期，原來由王室壟斷的青銅業向貴族擴展，不僅都城內有大規模的銅器作坊，連地位不高的諸侯和卿大夫也可以自鑄銅器。青銅業分佈相當廣泛，產品從傳統的禮器和兵器擴大到工具、農具和生活用品等領域，青銅器的神秘色彩也逐漸淡化，風格變得較人文化。青銅器盛行，為貴族階層享受精緻典雅的禮制生活，提供了物質基礎。

▶ **商朝的禮器 —— 四羊方尊**

商周時期，人們對青銅器非常珍視，把它作為祭祀和禮制的主要用器。商人喜歡飲酒，所鑄的青銅器以飲酒器具為主。這是盛酒的禮器，紋飾繁縟，有高浮雕的裝飾，突出的羊首造型生動逼真，是商朝青銅鑄造工藝的傑出代表。

▶ **周朝禮器 —— 㝬簋**

簋是盛器，配合鼎組成禮的主件。周朝青銅器的種類與商朝不同，商朝的銅器中較多酒器，周朝則較多食器，可能是與周人汲取商人好酒亡國的教訓有關。

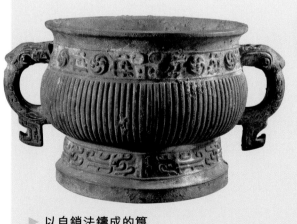

▶ **以自鎖法鑄成的簋**

這個簋是用裝嵌的方式把簋耳鑄合起來。鑄造簋身時，在與簋耳連接的位置鑄有凸出的鎖釘，再把簋耳套上去，鑄接鎖緊，這樣便不易鬆脫。

▶ **鴨形的銅盉**

這件酒器仿鴨型，鴨尾上有一圓雕銅人站立，此外亦有其他細節裝飾，可見工匠的心思。而器皿呈青綠色，光潔明亮。

◀ **以鑄焊鉚法製造的甗**

甗甑是用來蒸煮食物的炊器，分兩層，上層用來盛放食物，下層注水。上下兩部分分開鑄造，完成後才用鑄焊的方法接駁而成。

先進的青銅工具激發百業俱興。發達的手工業又做成周朝一個特殊的階層 —— 專門從事貿易的商人出現了。大都市中建有官方市場，商人一律在市場內交易商品，並由王室官員監督和徵收商稅。商品流通到各諸侯國和方國，甚至有一條商路通向西域的中亞地區，是漢唐絲綢之路的前身。

但是，商周時期商人的命運與歐洲希臘、羅馬大不相同，歐洲商人是體面的職業。而商周以來，在以農為"本"的社會裡，商人被視為"末"業，處於社會的最底層，鄙視為自私、詭計之人。周禮規定，商人沒有議政和參軍的資格，地位與野人相當。這種"重農抑商"的觀念，對後世影響深遠。

▶ **商朝禮器 —— 人面紋方鼎**
用人面紋裝飾的青銅鼎，有威嚴和沉重之感，是祭祀山川河流的禮器。人面表情堅毅而冷峻，給人一種威懾力，應當是巫師或天神的形象。

◀ **提柄酒壺**
西周青銅冶鑄技術出現許多新工藝，酒壺多有提柄，工藝要求相當高。

▶ **貴婦的化妝盒**
這是周朝諸侯國虢國國君夫人的化妝盒。周朝的青銅器產品已更廣泛地應用到日常生活領域。

貴族壟斷的文字

▲ 金文的族徽

書寫金文首先用毛筆反寫在鑄造青銅器的內範上，然後用雕刀契刻，澆鑄銅器時便鑄成正寫的銘文。這是其中一個刻在鼎上的圖案，估計應是族徽。對座的兩人之下有"父癸"二字，是祭祀對象的名字。

自商朝的國王極度依賴巫師用漢字記述的占卜辭治國理政以後，巫師在創造漢字的歷程中發揮了巨大的，無可替代的作用，中國人從此進入了漢字記事的時代。這種象形紋字是中國深厚文化的載體，綿延數千年。直至今日，天南海北的中國人，儘管語音千差萬別，仍可以無阻隔地以漢字溝通。

商朝的文字完全由王室的巫師壟斷，大多鐫刻在龜甲、牛、羊等動物骨上，記載了巫師占卜的內容，稱為"甲骨文"。迄今已發現的甲骨文卜辭有十六萬片以上，總共四千多字，能夠識別的有一千字。記載的國家大事有祭祀、田獵、征伐、天象和農業等；小事有商王耳鳴、牙痛等。

甲骨文與拼音文字有很大差別，巫師運用象形、會意、形聲、假借四種造字方法，用來記錄相當繁雜的事物，顯示了高度的智慧和組織能力。甲骨文只限於祭祀占卜中使用，掌握它的人必定是王室的精英人才。由於掌握

▷ 甲骨文中的鳥字

甲骨文是現今所知最古又初具體系的文字。大部分甲骨文都有象形的特點，好像這個"鳥"字，非常具象地摹繪出一隻鳥的形貌。

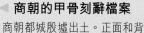

甲骨文字形舉例

商朝創造了象形、會意、形聲、假借四種造字方法，象形是最基本的造字方法，輔以會意、形聲和假借字等。以形聲字最為進步，克服了象形和會意兩種造字法的局限性，用聲符來注音，能夠造出無窮的新字，今天的漢字絕大多數是形聲字。在甲骨文中，象形字佔37%，會意字約佔40%，形聲字只佔18%。而在金文中，形聲字已經佔了70%以上。

象形字		會意字		形聲字		假借字	
日	⊝	明	◑	盂	盂	我	我
圓形代表太陽，中間一劃或是書寫時的習慣，用以區分不同的字		日和月都會發出光輝，把兩個字合起來表示光亮		上部表音，是個"于"字，下部表意，形如盛器		原指有柄的鋸，與用來指稱自己的"我"，意義完全無關，是同音借用	

◁ 商朝的甲骨刻辭檔案

商朝都城殷墟出土。正面和背面共刻一百六十字，內容記載商王祭祀父王武丁，並乘車狩獵等事。卜辭多是先用刀刻出字體，然後用毛筆蘸墨或紅色顏料填寫。這塊刻辭則是直接用毛筆書寫的，字體蒼勁有力。

這種形音義兼備的文字有相當的難度，從此注定了漢字是世界上最難學的文字的命運。至於二千多年以後，隨着隋唐帝國的強盛，漢字對東亞諸國文字產生了巨大影響，這是漢字創造者沒有預料的。

商朝後期，青銅禮器上開始鑄刻銘文，稱為"金文"。周朝的金文又成為禮制的重要工具，禮器上的長篇銘文驟然增多，百字以上的很常見。銘文內容多涉及政治、軍事和社會制度，尤其大量記載周王分封與賞賜、各國戰爭、土地交易、經濟案件等，實際是周王室和貴族的家族檔案庫。

當然，漢字為周朝確立和傳播倫理道德，發揮了巨大的作用。西周只有官府學校，可謂真正的貴族教育，學生要通過必修課 —— 周禮，必須掌握文字。因此與商朝一樣，文字仍然屬於貴族階層智力交流的專利，無法在沒有資格接受教育的平民中傳播。

漢字構造基本法 —— 六書

由於漢字構造的特殊，由商周到東漢，研究文字的學者歸納出六種漢字的創造和構成的法則，稱為"六書"。六書分別是指事、象形、會意、形聲、轉注、假借。指事和象形指在字形上表現出直觀的事理（如"上、下"）和物體（如"日、月"）；會意是指用兩個或以上的字組合以表意（如"武"是"止"和"戈"）；形聲指字體由表義和表音兩部分構成（如"江"）；轉注是把意義相同的字互相借用；假借是指借用同音的字替代那些不易在字形上表現的字義。

◀ 金文中的鳥字
金文已慢慢脫離甲骨文那種圖形風格，寫法雖仍有許多變化，但漸趨固定。周朝金文字體多呈長方或圓扁形，以圓勻、規整的筆劃寫成。這個是金文中的"鳥"字，寫法遠較甲骨文抽象。

▶ 周朝的匍鴨銅盉銘文
這是周朝中期禮器，銘文字體是流行的"玉箸體"，圓潤優美，完全擺脫了甲骨之風。

◀ 史牆盤
這是一位周朝貴族為紀念受周王表揚而製作的禮器，銘文二百八十四字，歷述周朝六王的功業，是典型歌功頌德的贊文。

淪落的周天子

公元前770年，是周王朝永記的恥辱年代。昔日位居諸侯共主地位、不可一世的周王，在王室內訌和戎狄入侵的沉重打擊下，被迫放棄都城鎬京，東遷洛邑，史稱東周。周天子號令天下的時代從此一去不復返，開始了中國歷史上最漫長的戰亂時代。

周室勢力衰落後，僵化而刻板的禮制秩序，已經無法束縛諸侯的政治野心，使金字塔式的統治從根基上發生了動搖。東遷後勢力衰微的周王，在諸侯眼中只不過是毫無價值的小擺設，國土不斷遭到蠶食。由於貧窮和軟弱，他不得不放棄天子的尊嚴，蜷縮在都城，勢力範圍只有都城周圍的一、二百里。他只有依附於勢力強大的諸侯國，常年靠借貸度日，地位比三等小諸侯還要卑微。

強大起來的列國諸侯早已不把周王放在眼裡，對支撐周朝根基的《周禮》猛烈的衝擊，繁縟的禮制成為廢紙。他們掙脫周王約束，再也不用

▲ 仿青銅禮器的陶壺

在周禮崩潰、禮制混亂的狀況下，昔日地位超然的青銅禮器，也改為用陶仿製，專門用於隨葬。

▶ 嵌金銀捲雲紋青銅鼎

鼎是周禮中位居首位的禮器，東周王室的鼎，已經完全失去了昔日威嚴拘謹的風格，造型也改變了周禮的舊模式，標誌着維繫周王朝命脈的周禮走向衰亡，新興的政治體制即將出現。

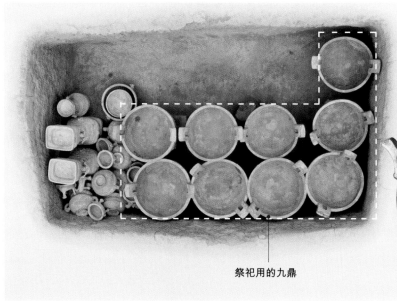

◀ 鄭國公的祭祀坑

鄭國是周王室的同姓宗族，深受周王信任，封國與都城鄰近，是周王的護翼。號稱"小霸"的鄭莊公最早反叛周王，與周天子並立"共主"的地位。這是他舉行祭祀大典的祭祀坑，公然享用天子九鼎的最高禮儀規格，顯示自己與周天子平起平坐的尊威。

祭祀用的九鼎

◀ 鄭國公舉行大典的鼎

向周王定期納貢和朝覲述職了。首先向周王發難的，竟然是周王的同姓諸侯。他們從祭祀大典到陵墓葬制，都爭相採用周天子的禮儀，肆意擾亂周禮。後來，連周邊的弱小諸侯也紛紛仿效。周王朝精心建立數百年的以宗法血親為核心的社會等級制度，被宗親摧毀了。

以後戰亂紛爭的五百年，是列國爭霸圖強的年代，新興的政治家和哲學家衝破周朝的精神枷鎖，在混亂中尋求新的國家體制和治國之道。

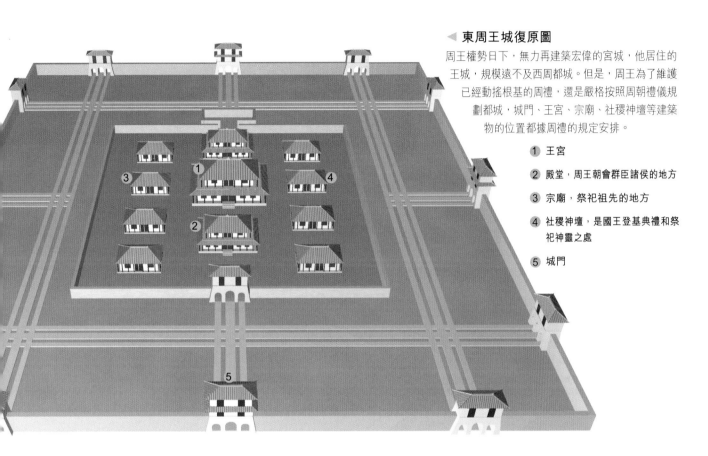

◀ **東周王城復原圖**

周王權勢日下，無力再建築宏偉的宮城，他居住的王城，規模遠不及西周都城。但是，周王為了維護已經動搖根基的周禮，還是嚴格按照周朝禮儀規劃都城，城門、王宮、宗廟、社稷神壇等建築物的位置都據周禮的規定安排。

① 王宮

② 殿堂，周王朝會群臣諸侯的地方

③ 宗廟，祭祀祖先的地方

④ 社稷神壇，是國王登基典禮和祭祀神靈之處

⑤ 城門

▼ **青銅編鐘坑**

編鐘是禮制大典中演奏禮樂的重要樂器，鄭莊公享有一套天子規格的禮樂器。

昂首展翅的鶴

飛龍

▶ **蓮鶴方壺**

這是鄭國君主享用的盛酒禮器。從造型到紋飾，已經完全擺脫了周禮的束縛。設計奇巧，鑄造技藝卓越，開創了新興的藝術風格。只有在自由開放的時代，才能造就這種堪稱時代精神的作品。

吐舌的獸

弱肉強食的世界

▲ **陸軍攻戰場面**

這是戰國時代一個銅壺上的攻戰圖，正表現一場攻城場面，城上的士兵在城頭抗擊進攻者，城下的士兵登雲梯攻城。

周室衰落後，命運多難的周王不能再號令天下了，強勢的諸侯也不滿足於光是享用天子的禮儀，他們要爭奪發施號令的權力，初時，他們都有所顧忌，一面打着尊重周王的旗幟，一面爭取成為霸主，實行"狹天子以令諸侯"，慢慢就按捺不住了，楚國諸侯率先撕破面紗，公然稱王。後來，連弱小的諸侯也都稱王，於是辟王並起，爭霸戰爭一觸即發。大國不斷攻打弱小的國家，掠奪土地、人口、財富，以至吞併整個國家。在春秋時期的二百四十二年中，發生頗具規模的戰爭達四百八十多次。戰爭的結果是：小國被兼併，大國疆域迅速擴大，周王分封的一百四十多個諸侯國，最終形成了秦、楚、齊、韓、趙、魏、燕七個佔地千里的"超級大國"。戰國時代的七國霸主野心日益膨脹，統一天下是他們的夢想，七雄爭霸天下的戰火繼續燃燒了二百多年。

超級大國的兼併更使戰爭不斷升級，越演越烈。城市的防禦系統成為抵禦敵國進攻的保障，各國競相構築高大的城牆。隨着新兵種——騎兵的出現，大軍團作戰的戰場更加廣闊。北方各國又紛紛沿國境修築了綿延數百里以至上千里的高牆，稱為長城。七國開拓疆土運動像滾雪球一般，越滾越大，國土比西周時擴大了幾倍，為後世秦漢大帝國的版圖疆界奠定了基礎，同時新的國家形式也逐漸展現出它的輪廓來了。

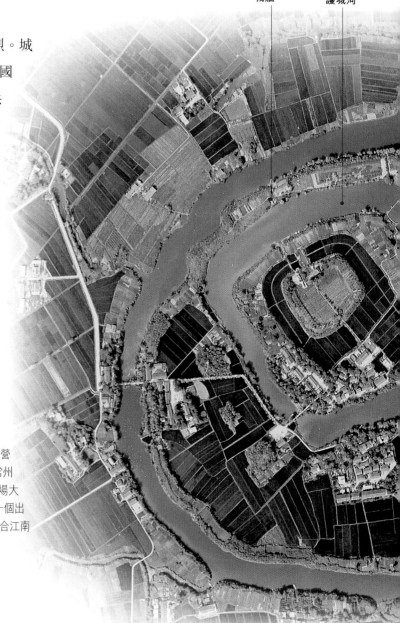

城牆　　　護城河

▶ **吳國軍事城堡鳥瞰**

戰國構築臨時性的野戰城壘，規模比城池小，適合軍隊野外宿營或長期陣地對峙之用。這是吳國建造的軍事城堡，位於江蘇常州市湖塘鎮。全城總面積78萬平方米，相當於一百零六個足球場大小。以城牆和護城河構成環形的嚴密防線，內外的城牆各開一個出口，護城河的河道互不相通。其佈局體現了軍事防禦功能，適合江南水軍的攻防戰術。

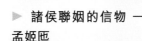

▼ 諸侯兼併的物證 —— 越王勾踐劍

▶ 諸侯兼併的物證 ——
吳王夫差矛

春秋時期，長江流域的吳、越、楚三國
展開殊死的兼併戰爭，尤其吳越兩國更是世
仇。先是吳王夫差攻破越國，俘虜越王勾踐，後
來勾踐臥薪嚐膽，蓄積力量，終滅吳國，並把夫差的
隨身武器 —— 吳王夫差矛作為戰利品帶回越國。一百年
後，越國被楚國滅亡。越王勾踐劍與吳王夫差矛都作為戰利品
帶回楚國。這兩件兵器是諸侯爭霸的物證，也是難得一見的寶物。
吳、越鑄造的兵器以刃部鋒利、裝飾華麗著稱。兵器表面飾有菱形暗
格紋，是經過金屬膏劑塗層工藝，證明中國早在二千五百年前就已掌
握這種精湛的表面合金技術。

◀ 青銅鑲嵌虎噬鹿屏風插座
這是戰國的時代中山國的製品。中
山國是少數民族建立的國家，具有
勇悍民風，與周圍的大國長期對
峙。這件青銅器塑造成一隻威猛的
老虎叼着一隻鹿，呈現了征戰而歸
的勝利者形象。

▶ 諸侯聯姻的信物 ——
孟姬匜

諸侯國之間為了爭取可靠的盟友，經常
利用聯姻爭取聯盟。男女雙方都出身於貴
族。女方為了顯示高貴的身分，由女方的父親
傾盡財力製造青銅禮器作為陪嫁，並在禮器上鑄有銘文，鄭重記載兩國
聯姻關係。春秋時期蔡國與北方的燕國有政治聯姻，這件在禮儀大典時
盛水洗手的禮器，是燕國嫁女到蔡國的嫁妝。

◀ 被爭奪的青銅禮器 ——
重金絡壺

在兼併戰爭中，戰勝國
除了吞併國土、強佔
財富和人口以外，還
搶奪都城中象徵地位
和權力的青銅禮器。
重金絡壺原屬燕國重
器，齊國打敗燕國後，
成為齊國的戰利品。在壺
口和壺足有銘文，記載了此壺在
戰亂中輾轉易主的經歷。

大變革的時代潮流

在諸侯爭相稱霸的舞台上，各階層的政治家都乘機登台亮相。從貴族中層的卿大夫到貴族下層的士，甚至國人和野人也不甘寂寞，他們將更加廣泛的社會勢力捲入到政治潮流中，幾乎每個人都在動蕩中尋找自己發展的機會。由此引發了各國政變頻繁，各級政權下移，西周數百年建立的統治秩序崩潰了。

在社會混亂中脫穎而出的改革先鋒，推動了無法逆轉的改革大潮。

各諸侯國為了爭霸圖強，衝破了講究家族血緣的舊制度，向各地廣招治國領軍人才，有才華的知識分子跨國大流動，活躍於各國政壇，由此出現了人才輩出的新時代。處於貴族底層的士是最前衛的知識階層，觀念更新很快，他們陸續控制了諸侯和卿大夫的權力，對各國新制度產生了決定性的影響，被新政權視為中堅政治力量。西周時國人與野人之間的等級界限也被打破了，處於社會最底層的野人的政治地位逆轉，各國權貴興起養士之風，大量養士多來源於提高了社會地位的野人。

新興統治者銳意進行社會改革，推行各種新國策。各國的變法運動如同雨後春筍。尤其秦國是七國中最具超前意識的國家，推行全新的國家體制，將國民直接控制在君主的權力之下，並以雄厚的國力成為七國之首，由此奠定了秦國統一中國的基礎。

▲ 刺秦王的客卿荊軻

被各國君主招攬的養士，崇尚"士為知己者死"的情操。戰國後期，燕國太子派遣義士荊軻去刺殺秦王政（即秦始皇）。失敗，荊軻被殺，但荊軻作為義士的典型代表則廣為傳頌。

荊軻　　飛擲中的匕首　　秦叛將的人頭　　秦王政

▶ 燕國黃金台招賢場面

戰國七雄，在爭奪和重用人才方面用心至極。當時人才流動頻繁，被跨國任用的一流人才，往往有影響一國興衰的實力。異國人士被選做官，得到卿的爵位，通稱"客卿"。他們活躍於政壇，具有舉足輕重的政治地位。當時，燕國曾經高築招賢台，上置黃金，以招天下賢人。

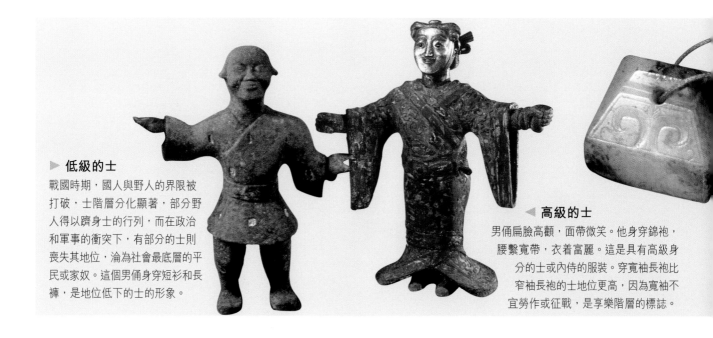

▶ 低級的士

戰國時期，國人與野人的界限被打破，士階層分化顯著，部分野人得以躋身士的行列，而在政治和軍事的衝突下，有部分的士則喪失其地位，淪為社會最底層的平民或家奴。這個男俑身穿短衫和長褲，是地位低下的士的形象。

■ 高級的士

男俑扁臉高顴，面帶微笑。他身穿錦袍，腰繫寬帶，衣着富麗。這是具有高級身分的士或內侍的服裝。穿寬袖長袍比窄袖長袍的士地位更高，因為寬袖不宜勞作或征戰，是享樂階層的標誌。

◀ 諸侯國君的印璽

戰國時期，七大強國都推行中央集權制度。國君作為一國的主宰，擁有最高的軍政大權，重要命令都由他發出。這是某諸侯國君的印璽。戰國諸侯國君都佩帶印璽，凡有竹簡文書往來，便在封泥上打印，作為國君的憑信。

▼ 變法運動的產物 —— 商鞅方升

在戰國的變法運動中，秦國的商鞅最成功。他在秦國執政達二十一年，制訂的新法，使秦國一躍成為富強大國。

統一度量衡制並將此作為法律頒佈執行，是商鞅變法的重要內容，可使秦國徵收賦稅得到保障。這是商鞅製造的1升容積的標準量器，容積約合202毫升。商鞅制訂的標準器一直沿用到秦朝。

新兵種與新戰術

配合新國家形式醞釀的趨勢，列國在爭霸戰爭中，不斷改革軍隊體制和兵種，西周由貴族壟斷的戰爭時代一去不復返了。

戰國時代，為了及時而準確地掌握戰爭主動權，所有將領都由國君親自任免。同時為了擴大兵源，應付大規模的軍團作戰，也打破了由貴族血統的國人壟斷兵役的傳統，衝鋒陷陣的數十萬士兵，多來源於地位低下的窮苦野人和奴隸。這樣，分封制下貴族世襲的兵權被徹底廢除了，戰爭不再是貴族的專利。

兵種的革新是劃時代的變革。商朝以來，一直流行車戰，春秋時期還發明了各類不同功能的戰車，靈活輕便的兩馬拉車在戰場上相當活躍，大國常備的戰車達數千輛，與戰車配套的專門武器更加強了軍隊的整體化和戰鬥力。但隨着春秋晚期主要戰場從開闊平坦、適宜大規模車戰的中原地區，擴展到西北的山林丘壑地帶和東南的河網密佈地帶，戰車的重要性便大大減低，代之而起的是更加適宜快速、遠距離作戰的步兵、騎兵，尤其機動而勇猛的騎兵奔馳於黃河以北直至西北荒漠地區，在戰爭中擔任偵察、奇襲、追擊、迂迴、包圍等作戰任務，成為獨立兵種。步兵、

▲ 授權將軍調兵的虎符

國君為了直接控制軍隊，實行兵符制度。代表國君率兵征戰的將軍，平時沒有調兵權，要取得虎符，才能調動並指揮軍隊。虎符分兩半，各有相同的調兵銘文。平時右半在國君手中，左半在兵營保存。戰時由國君親自發給將軍右半虎符，將軍憑此與兵營的左符相合，便可調動軍隊。兵符制度一直延續到秦朝，成為中央集權體制的措施之一。

▶ 戰馬

這是戰國趙王陵的隨葬品，是目前僅見的戰馬形象。趙國長期受到來自北方的匈奴的威脅，趙國國君看到匈奴騎兵在馬上來去自如，戰鬥力驚人，於是將胡人騎馬的服裝引入中原，趙國因而成為最早創建騎兵隊的國家，也是騎兵較發達的國家。

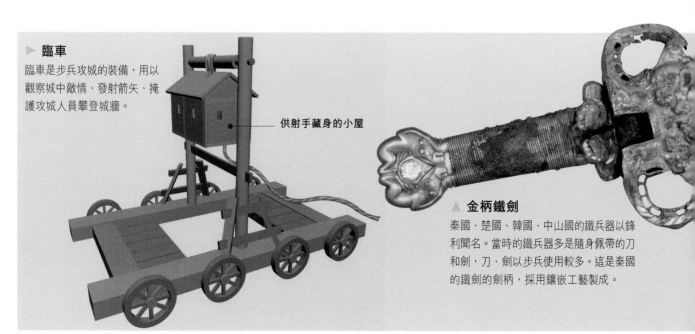

▶ 臨車

臨車是步兵攻城的裝備，用以觀察城中敵情、發射箭矢、掩護攻城人員攀登城牆。

供射手藏身的小屋

▶ 金柄鐵劍

秦國、楚國、韓國、中山國的鐵兵器以鋒利聞名。當時的鐵兵器多是隨身佩帶的刀和劍，刀、劍以步兵使用較多。這是秦國的鐵劍的劍柄，採用鑲嵌工藝製成。

騎兵、車兵混合編隊，協同作戰，成為新的戰爭模式，指揮如此複雜的戰爭已經成為專門的學問，具備豐富的軍事知識和謀略的新一代高級將領從戰火中產生出來，奪取了貴族的軍隊指揮權。西周那種講禮儀的貴族精神的戰爭慣例已被拋棄，各種兵法謀略更是層出不窮，關於攻戰兵略的著作湧現，《孫子兵法》是其中的典範。

在這個鬥智鬥力的征戰時代，掌握軍事發展趨勢，是國家生存及擴展的重要資本。秦國能夠充分發展騎兵這種新式兵種，建立起戰國七雄中最強大的騎兵隊伍，對秦始皇統一天下起着決定性的作用。

▲ **臨淄故城殉馬坑**

戰國衡量國家軍事力量的強弱，要根據騎兵數量決定。這是齊國貴族墓葬中的殉馬坑，全長約210米，殉馬六百匹，顯示了"千乘之國"的齊國強盛的國力。

▶ **武士的形象**

春秋後期，齊國在國人中選拔身體健壯和熟讀兵法者，終身服兵役。他們與其他人分開居住，世代相傳。這些人原來大多具有"士"的身分，因而成為武士，形成專職征戰的"武士階層"。後來，野人中的優秀人才也選為終身服役，成為武士階層的一分子。吳起、孫武、孫臏等名將都出身於武士階層。

進箭孔

箭匣，可容箭十九枚

▲ **連發弩機**

春秋末戰國初，出現了弩機。弩機是步兵在大兵團作戰時使用的武器，殺傷力大，在戰國時期已很普遍。這部弩機可以一次射出兩枚短箭。

鐵器革命與農業發展

大約公元前2400年，小亞細亞地區發明了最早的鐵器，以後傳播到歐亞大陸。新技術使西方的航海、商業、疆域向更廣闊的領域發展。而中國是後起直追的國家，大約西周至春秋之際（公元前1000年～前600年），黃河中游才初現鐵器，當時被視為貴重金屬，只有少數貴族能夠佩帶鐵劍。

戰國以前，鐵器冶煉採用鍛造技術，每次只能製造一件產品。戰國開始改進冶鐵爐，採用鑄造技術，並使用模具，可以同時成批生產多件產品。冶鐵技術在世界各國都經歷了從低溫鍛造到高溫鑄造的發展階段，歐洲人經歷了長達二千五百年鍛造技術的積累過程，直到中世紀才使用鑄造技術。而中國鍛造技術的起步雖然比歐

▲ 大鐵犁鏵

鐵犁鏵是利用牛力進行深耕的利器，使用 V 字形的鐵犁頭，有利於減少耕地時的阻力。它的出現標誌着農業生產進入深耕細作的階段。

▶ 穿有鼻環的耕牛

牛耕是春秋戰國時代先進的農業技術。這是春秋時期晉國的青銅牛尊，牛已穿了鼻環，説明已被牽引從事勞動，幫助農夫耕作。

▶ 鐵臿

春秋戰國的鐵農具大多數是"木心鐵刃"的，即在木器上套一層鐵製的鋒刃，具有高效省力的特點。這件鐵臿是安裝在木臿刃口上的。

◀ 鐵範

中國是世界上最早使用鐵範的國家，這是冶鐵業發達的標誌。戰國以前用的煉鐵爐溫度低，鐵礦石無法充分熔化，只能形成熟鐵塊，需經反覆鍛打才能得到較純的鐵。到了戰國，發明了高達攝氏1300度的鼓風鐵爐，能煉出雜質少的液態鐵水，把鐵水澆鑄到鐵範裡，冷卻後即可成為生鐵鑄件。鐵範可以器形複雜而規範的鐵器，而且可反覆使用。這件鐵範是用來製造鑄鐵斧的，上面刻了字，是官員監造的憑證。

洲晚，但只用了二百年，就完成了劃時代的技術革命的跨越，走在世界的最前列。新技術促使鐵器的成本降低，產量劇增，產品廣泛應用在農業和手工業領域，極大促進了整體經濟的騰飛，中國從此由青銅時代跨入先進的鐵器時代。

春秋時期的鐵器以兵器為主。到了戰國時期，七國政府都大力發展適合農田耕作的專用鐵農具。齊國更要求每個農民必備七種鐵農具。鋒利的鐵器取代了石木等低效能的工具，大力提高了深翻土壤、平整土地、開溝起壟、中耕鋤草和收割等主要農作環節的效率，精耕細作成為發展的方向。深翻土地的鐵犁鏵出現後，戰國各國政府還推廣牛耕技術，作為開拓荒地的主力。牛耕與人力耕田相比，效率高三倍。同時，各國也積極發展水利灌溉工程，配合牛耕和鐵農具的使用，農作物的產量大增，甚至有剩餘產品投入消費市場，刺激工商業的發展。

項圈

◀ **戴上項圈的牛**
這個戰國時代南方地區的容酒器，特別在牛的頸項處大一個項圈，應是被畜養的家牛。畜牛多用來拉車或耕田，減輕了人勞務之苦。

▶ **都江堰灌溉工程**
都江堰是世界上現存歷史最悠久的無壩引水工程，由戰國時期的秦國在公元前250年開鑿。發源於大雪山的岷江，順着四川盆地傾斜地勢沖入成都平原。都江堰不但使成都平原南部免除洪澇之苦，北部旱地得以灌溉，300萬畝土地受益，也促進了水路運輸。

◀ **鐵犁鏵使用示意圖**
鐵犁鏵是與牛耕同時出現的，並且是結合耕牛一起使用的，由畜力牽引將泥土翻鬆。

工商業大開放的新趨勢

進入鐵器時代以後，農產品及手工業產品產量增加，有剩餘物資可供市場出售，城市興起商品經濟浪潮。春秋戰國時代，新興的商業城市活躍起來，各國為了富國強兵，都稍改西周時對商業的歧視，重新調整鼓勵商業的政策，強化商業管理。

各國的都城普遍設有多處頗具規模的市場，上至王侯貴族，下至平民百姓，都在市場由貿易。許多西周嚴格禁止的商品，如珠玉珍寶、銅鐵兵器，甚至鐘鼎禮器等都可以在市場出售。

商業繁榮帶來巨大財富，商業利潤保持在百分之三十至五十，工商業稅收成為國家重要的財政收入。交通便利的大城市最先成為富庶繁榮的工商業中心，戰國時期許多戰爭就是以爭奪這些大城市為目標的。

商人急劇增加，擁有巨額財富的同時，也提高了社會地位，不再是最下等的人了。他們憑藉雄厚的經濟實力操縱行情，壟斷市場，甚至直接參與和影響國家決策。棄農經商的潮流使城市的居民中，工商業者佔有很大比例。城市的風俗和價值觀念發生突變，形成濃厚的好賈趨利風氣，"用貧求富，農不如工，工不如商"。當時民諺說："天下熙熙，皆為利

▲ 郢爰

戰國楚幣，是用黃金鑄造的金版，使用時從金版上切割一塊，根據重量定價。戰國時期，各國銅鑄貨幣標準不一，只有黃金質量均一，價值高而穩定，適宜大宗高額商品的交易，因此成為各國通行的標準貨幣。

舟節，規定運輸船隻不得超過一百五十艘

車節，規定運輸車輛一次不得超過五十輛

▶ 天秤與砝碼

這是楚國的衡器。已發現大量楚國天秤或砝碼，說明楚國是商業繁榮的地區之一。

◀ 貿易通行證

戰國時期，各國關卡林立，向商人徵收關稅非常嚴格，對運載的貨物也有限制。這是楚王發給一位大富商的通行證件。有效期是一年，嚴格限制商品種類、通行範圍。在通行證規定範圍內的商品，可以憑證免稅，國家緊缺商品嚴禁出關。

來；天下攘攘，皆為利往。"但是，各國獨立為政，使商品流通手段 —— 度量衡和貨幣，標準不一，兌換混亂，也嚴重限制了商業向更廣闊的地域發展。

▶ **鴛鴦形漆盒**
漆器是熱銷商品。這件漆器造型源於現實，又是日常生活用器。鴛鴦的頭部和身體分別用木雕成，頸部與身體以鉚連接，可以靈活轉動。

▼ **彩漆木雕座屏**
漆膜對木質器物有防腐和保護作用，使漆器有耐用的優點，故由戰國時期開始，迅速普及起來。戰國的楚、秦、蜀地是漆器生產的大本營。此漆屏以黑漆為地，透雕及浮雕出多種動物紋樣裝飾。

◀ **高奴石權**
這是秦昭王二年（公元304年）鑄造的衡器，秦制重120斤，相當於30.8千克，主要用於稱糧食。當時，秦國嚴格壟斷鐵器、糧食、鹽等軍需物資。少量流入市場流通的物資，政府也要專買、專賣。

▶ **戰國主要商業都市的分佈**
各國之間的連年戰爭並未割斷使節往來、軍隊運輸和跨國經商，全國形成了手工業產品經濟區和商業貿易網。

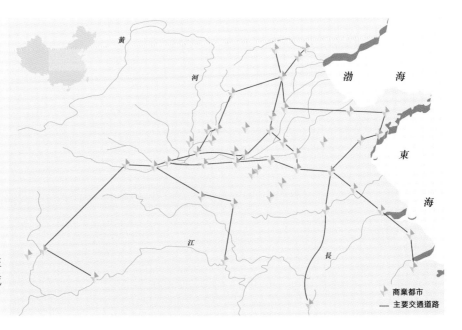

歐亞大陸互動中的東方哲學家

春秋戰國政治變革的浪潮，衝擊了周王室及貴族階層對文化教育的壟斷，使它從深宮走出來，向社會開放，形成空前絕後的"百家爭鳴"的局面。這是歷史上任何朝代都無法超越的思想解放的時代，也是新文化繁榮的標誌。

當時各國秩序混亂，統治者來不及構築完整的統治體系。大批有政治抱負的知識分子活躍穿梭於各國之間，尋求治國真諦，因此帶動了思想大解放。在統治者的支持下，寬鬆的學術環境形成了。以研究學術、傳播思想文化為宗旨的私立學宮成為學者聚集的場所，各種新思潮、新理念、新學派不斷湧現，衝破了固有的禮制等級和民族的界限。

各國學者為了推廣自己的學說，紛紛創辦私學。哲學家與教育家合為一體，著名私學大師創立的哲學流派就有二十多家，其中最有影響力的有儒

▲ 穀紋玉組佩

西周制訂了完整的佩玉禮制，周禮賦予玉器神秘而高貴的內涵。春秋戰國玉器成為君子的化身，並賦予了君子倫理的新內涵，仍是上至國君，下至卿大夫和士階層追求的精神象徵。這是春秋時期魯國貴族佩戴的玉組佩。佩戴時行走可以發出有節奏的聲音，表示君子行為光明磊落。

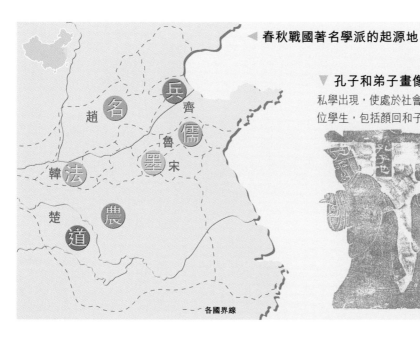

▶ 春秋戰國著名學派的起源地

── 各國界線

▼ 孔子和弟子畫像磚

私學出現，使處於社會下層的野人也有接受教育的機會，圖中是孔子和他的幾位學生，包括顏回和子路。子路就出身於野人階層。

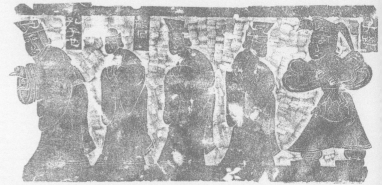

家、道家、法家、墨家四大流派，他們站在時代的最前列，議論時政，為統治者設計"治國安邦"的全新國策，尊重人性的尊嚴成為主旋律，以後秦漢大帝國的藍圖就是在新思潮的推動下誕生的。

發生在東方的思想文化高潮，其實是整個歐亞大陸文明帶互動中的一部分。當時從西方到東方的國家，都先後經歷了相似的政治變革和文化運動，偉大的宗教聖人釋迦牟尼、耶穌和中國哲學家孔子，大致都活躍於這一時期，此後作為影響世界東西文化二千年，直至今天和明天的三位大智者，都是歐亞大陸文明騰飛時代孕育出來的。

◄ **稷下學宮圖**
戰國時期，齊國創辦了新興的官學 —— 稷下學宮，集收徒講學、研究學術、參議國政於一體，是一個特殊的教育機構。學宮的主持者是學界泰斗，德高望重。教師不分貴賤，擇優而聘，被授予官爵，兼任國君的謀士，是國君的"智囊團"。此舉為齊國招募了各家各派有謀略的學術精英。稷下學宮因此聲望日隆，是戰國時期文化教育的中心。

◄ **彩繪佩玉飾木俑**
商周為顯示天命神權，神秘而怪誕的形象流行。春秋戰國思想解放，人的尊敬和地位受到重視，於是西周以來已逐步減少的人殉習俗，進一步被廢止，改為以俑隨葬。這是楚國王室顯貴的隨葬品。

裙上畫了兩串由玉璧、玉璜組成的玉組佩

手持雙戟

► **漆棺羽人圖**
這是長江流域曾國君主的漆棺上彩繪的羽人，表現的是道家宣揚的羽化升仙。有羽毛的神仙具有超自然能力，可以超度人升入仙境。羽化升仙的傳說到漢朝盛極一時。

羽翼

鱗片

哲 學 家 與 教 育 家 孔 子

孔子（公元前 551 年～前 479 年），是中國第一位以私人身分講學的
教育家。孔子主張每個人不論出身貴賤，都應有平等接受教育的權
利，被尊為"萬世師表"。他重視培養學生高尚的道德品質，宣揚嚴
以責己、忠恕待人、言行一致等自我完善的行為準則。

▼ 祭祀孔子的曲阜孔廟

明朝畫家筆下的孔子和弟子

四方民族邁向融合

▲ 華夷五方的概念

周王室衰微後，諸侯大國不斷擴展，勢力伸展到周邊民族地區，許多少數民族相繼被強國吞併，僅南方的楚國就兼併周邊五十多個小國。馳騁的騎兵使各國統治者的眼界更加開闊，更大領土的多民族統一國家的構想萌生出來，並逐步實現。

春秋時期，位於中原的各國自稱"諸夏"，居於四周的大量少數民族部落，按照地域稱為"東夷、南蠻、西戎、北狄"四大部族。由於華夏族傲視周邊民族，顯示居中的地位，自稱"中國"；少數民族居於四方，統稱為"四夷"，形成"華夷五方"格局。這些少數民族有自己獨特的語言、文化、生活習俗和生產方式，文明程度明顯落後於中原。頻繁的戰爭帶給他們苦難，也促進了各民族之間的雜居、通婚、會盟與商業貿易。四夷的政治、經濟和文化在戰火中不斷融合和發展。北方的北狄，東南的于越等民族，學會製造鐵器，並建立了強大的國家；西南的巴、蜀等民族進入了青銅文明。到戰國時期，一部分四夷與華夏已經融為一體，生活習俗、語言文字、倫理更加豐富並趨於一致，形成了人數眾多、地域遼闊的華夏族，這在中國歷史上是劃時代的大事。

這個時期整個歐亞大陸都處於大國兼併各民族的活躍期，羅馬帝國、貴霜帝國和秦漢帝國都孕育在新技術、新政體之中，終於在公元 1 世紀前後爆發出來，世界進入了一個新時代。

▶ 楚國的神人
神人腰部纏蛇，兩手執龍和兩頭獸，足踏日月，胯下有一條龍。與青銅怪獸一樣，體現着楚人充滿幻想的創造力。

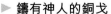

▶ 鑄有神人的銅戈

華夏族概念的成型

繼夏朝之後，聚居於中原地區的民族經歷商朝、周朝，以及春秋戰國的民族大遷徙與大融合，形成一個穩定的民族概念 ——"華夏"，又稱諸夏。在夏商周與周邊地區的交往中，更強化了中原華夏族的本體民族意識。由於文明程度明顯高於周邊地區，因此傲視周邊的民族，稱其為夷，產生了華夷有別的觀念。

▼ **東夷族的青銅酒壺**

東夷族生活在瀕臨大海、瀰漫着神仙方術的山東半島，信仰自然界的諸神，又以鳥為他們的圖騰和始祖神。這個青銅酒壺，以飛鳥作裝飾，體現東夷人對鳥的崇拜。

◀ **楚國的青銅怪獸**

分佈在長江流域的楚人，吞併了周邊數十個小國，融合中原華夏文明，成為戰國後期唯一與秦國相抗衡的強國。楚人久居南方荒蠻地帶，精神世界帶有更多的原始成分，藝術作品和文學作品都具有怪誕神秘色彩。這件青銅怪獸造型奇特，是楚人超越現實的藝術典範。

▲ **西南滇族的樂器**

春秋戰國在西南地區有數十個語言、風俗不同的部落，生活在滇池的滇族，農耕文明程度最高，勢力最強大，與中原的經濟、文化交流也最密切。牛是滇人賴以耕作的家畜，是家庭財富的象徵。在祭祀禮器和日常用品中有很多牛的形象。這個滇人的葫蘆形樂器，上面也有立體的牛。

▲ **北狄的鳥啄形金飾**

春秋戰國時代的狄族，曾與中原各國不斷發生爭奪地域的戰爭。同時也有密切的政治、經濟、文化交流。這件鳥啄形金飾，顯示出北方民族粗獷而自然的藝術風格。

▶ **南方吳越人的形象**

位於長江中下游、東南沿海、嶺南地區以及雲貴高原的眾多部族統稱為"百越"。春秋戰國時代，南方的強國吳國和越國都屬於百越。這人的，全身滿佈紋身，是吳越民族的習俗。

北方民族的強國 ——
北狄中山國

鑲嵌鳥紋雙翼獸

中山國國王生前專用的陳設品，圖案用金銀鑲嵌。獸昂首咆哮，四肢弓屈，兩肋生翼，造型矯健威猛，是史書中記載的龍雀，當為北方民族崇拜的神鳥，與南方楚國神鳥的形象，形成強烈對比。

在戰亂的年代，北方草原狄族同西北的匈奴一樣，是燕、趙、魏國的勁敵。狄族根據姓氏分為三大分支，其中白狄鮮虞氏經常大舉進攻中原，爭奪土地和財富，還建立了中山國。中山國大力推廣青銅工具和農具，並掌握了中原最先進的鑄造技術和鑲嵌工藝，創造出精美程度不遜色於中原大國的青銅器，即使在二千多年後的今天看來，也令人驚嘆。

中山國建立在具有先進文明傳統的商人聚居地，周王曾將此作為推行周禮的重點地區。這個特殊的地理位置，造就了遊牧民族與農耕民族的多元素文化的匯合點。中山國並未理會周禮在中原衰落的現實，仍尊奉為國家正宗禮制，中山王享有完整的周天子的禮器，還在禮器上鐫刻長篇銘文，引用儒學的《詩經》，以表明自己脫胎換骨為華夏正統的決心。

中國各民族的融合是一個複雜和漫長的過程，主要是農業民族與遊牧民族的觀念、性格和習尚都不相同，在融合中不斷產生碰撞，有時甚至是激烈的戰爭。

兆域圖銅板

中山國王陵墓復原圖

中山國國王是一位傑出的君主，他在位期間（公元前327年～前313年）國力興盛，曾與韓、趙、魏、燕等大國一同稱王。他去世後，中山國衰落。其墓地在河北省平山縣。根據陵墓隨葬的一方兆域圖銅板，可以完全復原陵園建築平面設計圖。陵園平面呈長方形，正中為王陵，左、右為后陵，還有看守陵墓者和墓祭的宮室，以及兩重圍牆。

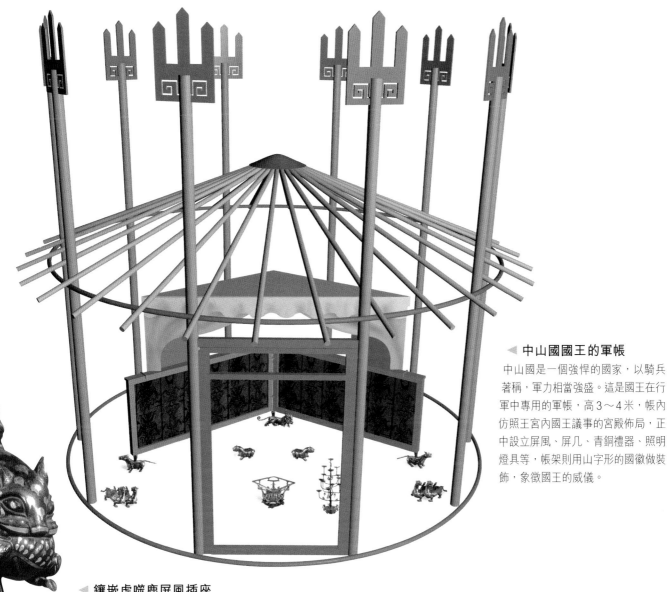

◀ **中山國國王的軍帳**

中山國是一個強悍的國家，以騎兵著稱，軍力相當強盛。這是國王在行軍中專用的軍帳，高3～4米，帳內仿照王宮內國王議事的宮殿佈局，正中設立屏風、屏几、青銅禮器、照明燈具等，帳架則用山字形的國徽做裝飾，象徵國王的威儀。

◀ **鑲嵌虎噬鹿屏風插座**

◀ **錯金銀龍鳳方案**

國王宮殿內放置禮器的方案，由四龍、四鳳、四鹿組合而成。龍居四角，托住方形案框。龍鳳造型寫實，以金銀鑲錯花紋，工藝十分精細。全器結構和造型複雜，反映了中山國高超的青銅工藝。

◀ **鐵足大鼎**

中山國國王隨葬的青銅禮器中，最重要有九個升鼎，周禮規定只有周天子才享有這個資格。這是中山國伐燕勝利後，用燕國的銅鑄製的鼎，也是戰國較大的銅鐵合鑄器物。鼎上壁刻有文字，記載了中山國伐燕的史實。

勇武的秦人從西方崛起

在七雄爭霸的戰場上，來自西北荒蠻之地的遊牧民族 —— 秦人異軍突起，憑着特有的崇尚勇武精神和戰無不勝的軍隊，經過數百年的奮戰，終於兼併東方六強，完成了統一天下的輝煌霸業。

商周之際，秦人還是馴養鳥獸的弱小民族，受到西北地理環境的限制，無法擴張勢力，生產技術遠遠落後於東方強國，是最晚被東周平王分封的諸侯國。但是秦人不甘心屈居在西北做牧馬人，讓子孫後代到文明發達的黃河之濱飲馬，成為世代秦王的夢想。秦國先後有三十三世秦王，他們雄心勃勃，前仆後繼，逐步向東方作戰略性大舉遷徙，決心佔據周王朝腹畿 —— 八百里秦川。為了實現稱霸東方的信念，秦人奮勇征戰，經過九次具有重大戰略意義的舉國遷都，從西戎遷到西周王室的故地。最終定都在最適宜稱霸爭戰的理想據點 —— 咸陽。在與農業發達的東方六國抗衡

▲ 鹿紋瓦當

秦人早在夏朝就以馴養鳥獸著名，加上原居於蠻荒之地，與大自然特別親近。秦國的建築構件“瓦當”，多以動物紋作裝飾，就反映了秦人與動物的天然親和，他們曾經共在藍天草原之間生活。

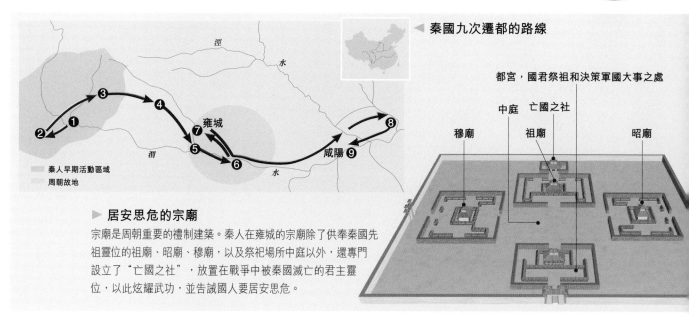

▲ 秦國九次遷都的路線

秦人早期活動區域
周朝故地

都宮，國君祭祖和決策軍國大事之處

穆廟　中庭　亡國之社　祖廟　　昭廟

▶ 居安思危的宗廟

宗廟是周朝重要的禮制建築。秦人在雍城的宗廟除了供奉秦國先祖靈位的祖廟、昭廟、穆廟，以及祭祀場所中庭以外，還專門設立了“亡國之社”，放置在戰爭中被秦國滅亡的君主靈位，以此炫耀武功，並告誡國人要居安思危。

中，秦人所特有的不循禮儀、開拓進取的精神和極度擴張的野心，都與農耕民族宣揚的人文精神相悖，也是崇尚禮儀的民族無力抗拒的。

秦國每次遷都，都開拓一片領土，建立一處軍事據點，勢力不斷向東擴張。並積極汲取中原先進的技術和文化，很快由落後的遊牧經濟過渡到發達的農耕經濟。秦國還推行以法治國，以軍事中央集權制和地方郡縣制取代了周朝的血親政治，是七國中變法最徹底的國家。從此國土由小到大，國力由弱而強，成為戰國時代的頭號軍事大國，奠定了兼併天下的基礎。

鴨形金方策

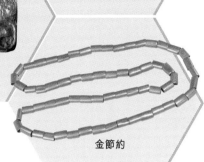

獸面形金泡

金節約

▲ **秦人的馬具**
在秦人的墓葬中，由帝王以至平民，都喜歡殉葬馬匹或馬具。這幾件隨葬馬匹佩戴的金質裝飾，在秦國王室大墓中出土，是秦人養馬、愛馬傳統的寫照。

◀ **騎馬俑**
秦人以牧馬著稱，馬為秦朝帶來輝煌的時代。秦國制訂法律保護養馬業，戰馬在統一六國的戰爭中，發揮了巨大的威力。這是發現最早的秦人騎馬形象，馬的形體渾圓健壯，腿短粗，屬於黃河流域的河套馬種，騎兵身穿胡服，是西北遊牧民族流行的適合騎馬作戰的輕便服裝。當時還未發明馬鞍和馬鐙，騎兵在騎馬時沒有支撐點，這是早期騎兵的特徵。

◀ **雍城宮殿的鋪首**
在秦人整個東遷過程中，雍城具有非常重要的意義。秦人在雍城建都的近三百年間，正是秦國的國力處於由弱而強的上升時期，為了顯示秦的強大國力，王室宮殿的規模比各諸侯國，甚至周天子更加輝煌。這是鑲嵌在雍城宮殿大門上的鋪首，以金和玉製成，與草創時期簡陋的的建築構件完全不同。

▶ **犀牛尊局部**
進入中原的秦國君主得意地標榜自己以禮樂詩書為施政立國的根本，實際上秦國缺乏宗法觀念，不循禮儀，漠視神權。只有王室和高級貴族才有少量的禮器，遠比東方六國遜色。而秦國的藝術品，卻完全脫離了禮器的本意，洋溢着清新自然的風格。這是宮廷專用的酒器，以寫實的手法作犀牛形，在青銅器中罕見。

單元三　中古時代

• 公元前 214 年
秦始皇建築西起臨洮、東至遼東的萬里長城，以防匈奴侵擾。

• 公元前 221 年
秦始皇統一六國，推行中央集權，全國統一幣制、度量衡、車軌和文字。

• 公元 67 年
東漢明帝派人到天竺求佛法，建洛陽白馬寺，佛教自此傳入。

• 公元 33 年
耶穌被釘死於十字架上

• 公元前 30 年
凱撒養子屋大維獲羅馬統治權，是首位羅馬皇帝。共和國滅亡，羅馬帝國開始。

• 公元 132 年
張衡創製的地動儀為世界上第一台探測地震儀器，次年又發明渾天儀。

• 公元 105 年
蔡倫發明植物纖維造紙術，使造紙術更為進步。

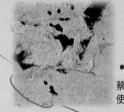

• 公元 395 年
羅馬帝國分成東、西兩部，從此未再統一。

• 公元 587 年
隋朝創立科舉制，通過考試選拔人才做官，延續千年。

• 公元 584 年
隋朝修築大運河，前後二十多年，打通南北水運，配合經濟重心南移趨勢，成為南北交通大動脈。

• 公元 618 年
隋煬帝被殺，李淵稱帝建立唐朝。

• 公元 630 年
唐朝平定西突厥、回紇等，西北少數民族擁戴太宗為最高領袖，上尊號為"天可汗"。

• 公元 645 年
玄奘遊學十六年歸來，從印度帶回的六百多部經翻譯成中文，並撰《大唐西域記》，記其遊歷過程。

● 公元前 213 年

秦始皇下令除醫卜、種樹之書外，凡私藏之書皆毀。翌年又坑殺四百六十餘名書生，即焚書坑儒。

● 公元前 202 年

劉邦打敗項羽，建立漢朝，改變秦朝苛政，採用寬鬆國策。

● 公元前 140 年

漢武帝以建元為年號，開創中國皇帝以年號紀年的傳統。

● 公元前 117 年

名將霍去病逝世。他先後六次出擊匈奴，與大將衛青一起打通了河西走廊與西域之間的交通。

● 公元前 124 年

漢武帝提倡定儒家經學為官方正統思想

儒

● 公元前 138 年

張騫出使西域，歷十三年而獲大量西域資料。

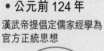

● 公元 399 年

法顯西行求法，412 年返國，著有《佛國記》，記載途中見聞。

● 公元 453 年

北魏開鑿雲崗石窟，成為北魏佛教中心。南北朝有大量石窟開鑿，包括著名的敦煌石窟。

● 公元 544 年

《齊民要術》成書，是最早、最有系統的中國古代農業科學專著。

● 公元 581 年

隋朝建長安城，是當時中國乃至世界規模最大的國際都會。

● 公元 570 年

伊斯蘭教創始人穆罕默德出生

● 公元 500 年

科學家祖沖之去世，他準確推算圓周率至小數後七位，比歐洲人早了一千年。

● 公元 672 年

龍門山鑿盧舍那大佛像，歷四年始建成，成唐朝佛教重地。

● 公元 726 年

基督教東西教會開始分立

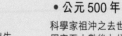

● 公元 751 年

唐軍被阿拉伯軍敗於怛羅斯城（今俄羅斯境內），軍中工匠被俘，中國的造紙術西傳。

● 公元 690 年

武則天廢帝自立，成為中國唯一一位女皇帝。

秦始皇創立的帝國制度

▲ 秦詔版

這塊青銅詔版，原應置於宮廷重要器具之上。詔令的意思是：秦始皇二十六年兼併天下，庶民安居樂業，立皇帝稱號。乃詔令丞相鬼狀（人名）、王綰，制訂法令統一度量衡，將混亂狀況統一起來。

公元前3世紀以後的六百年間，歐亞大陸進入了嶄新的大帝國時代，更是時勢造英雄的時代，東方秦漢帝國的秦始皇和漢武帝；西方羅馬帝國的凱撒、奧古斯都等傑出的統治者，相繼登上歷史舞台。

公元前221年，秦始皇實現了三十三世秦王數百年來浴血奮鬥的夢想，創建了中國第一個多民族的統一帝國，並給中國帶來翻天覆地的巨變。秦始皇面對統治下前所未有的幅員遼闊的國土和多民族的臣民，設計出一套治理帝國的構架：推行皇帝制度、郡縣制度、官吏制度、法律以及統一貨幣、度量衡和文字等全國一體化的措施。這套突出國家意志、以皇帝為中心的中央集權體制，在短短的幾年間，使大帝國的觀念深入民

心，無處不在。鐵一般嚴明的法律，更成為秦人生活的準則，令秦朝的社會秩序井然而冰冷刻板。但更重要的還是它對統一帝國產生的影響。秦朝滅亡後，皇帝唯我獨尊的觀念，以皇帝為首的中央政府體制，以至由皇帝任命地方長官的做法，都被沿用下來，並且持續發展，

有六個錢模，一次可鑄六個半兩錢

中間可以用繩串連，方便攜帶

▶ 秦半兩錢及錢範

秦始皇頒佈統一貨幣的詔令，貨幣由國家專責鑄造，保證了國家稅收，也促進了商品流通。漢朝百業興旺，秦始皇統一貨幣可謂功不可沒。新幣分兩等，黃金為上幣，銅錢為下幣，依其重量，稱"半兩"，價值單一，便於換算，在日常交易中流通使用。這種銅錢流通了二千多年，直至清朝。

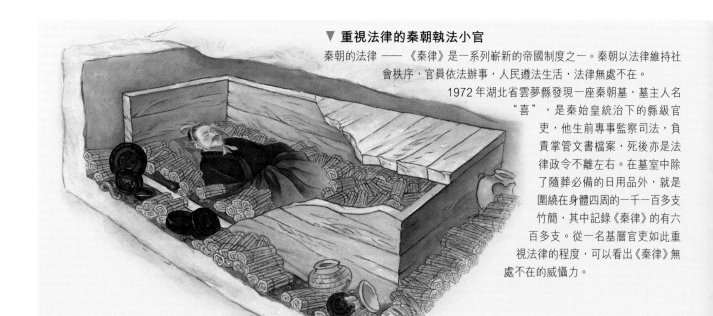

▼ 重視法律的秦朝執法小官

秦朝的法律 ——《秦律》是一系列嶄新的帝國制度之一。秦朝以法律維持社會秩序，官員依法辦事，人民遵法生活，法律無處不在。

1972年湖北省雲夢縣發現一座秦朝墓，墓主人名"喜"，是秦始皇統治下的縣級官吏，他生前專事監察司法，負責掌管文書檔案，死後亦是法律政令不離左右。在墓室中除了隨葬必備的日用品外，就是圍繞在身體四周的一千一百多支竹簡，其中記錄《秦律》的有六百多支。從一名基層官吏如此重視法律的程度，可以看出《秦律》無處不在的威懾力。

形成大一統、中央集權帝國的基本模式，一直貫穿在中國帝制的歷程中。而全國一體化的措施更是植根人心，往後的二千年，中國統一多、分裂少與此有很大關係。

如此氣勢磅礡而縝密細緻的帝國制度，成形於紙張還未出現，文書還靠竹簡傳遞的時代，不能不說是一個奇跡。但是，中國人為秦始皇這一前無古人的成就也付出了沉重的代價。

▲ 秦磚上的小篆

秦始皇的詔令傳到廣西，由於文字不同，當地人不懂詔令內容。秦始皇為了盡快推行國家法令，廢除了六國舊文字，小篆成為全國統一的法定文字。這是秦朝都城宮殿用磚，以小篆刻"海內皆臣，歲登成熟，道無飢人"十二個字，讚揚秦始皇統一天下，所有人都是他的臣民，國家強盛，國庫充實，人民不憂飢餓。

排印的四十字詔令

◀ 秦陶量

針對戰國末年各諸侯國度量衡制的混亂情況，秦始皇將百多年前由商鞅制訂的制度推行全國，頒佈了統一度量衡的詔令，並規定各地必須使用刻上詔令的官定計量標準器。為保證統一和準確，計量器需要每年接受檢定。

▼ 咸陽宮宮殿模型

秦朝定都咸陽。為了體現大一統帝國的氣勢，秦始皇極盡全國財力，將他親手滅亡的六國王宮建築的精華，都集中仿建在咸陽宮中，顯示了秦人唯大是求的傳統風格。這是根據秦始皇大典和朝會的王宮——咸陽宮遺址復原的模型，只是咸陽宮其中的一座宮殿。

秦始皇巡視天下

秦始皇完成統一天下的霸業，頒佈一系列的新制度、新法規以後，首先遭到戰國六國舊貴族的強烈反對，平民百姓也處於惶恐之中。

為了宣揚皇帝的聲威和帝國的意志，震懾六國的反秦勢力，秦始皇五次大規模巡視天下。這支巡視大軍，實際上是宣傳隊，形象地將皇帝的威嚴和聲勢、朝廷的政令和制度，最生動、最鮮明地傳播到全國各地，使上至地方各級官吏，下至普通平民百姓都能夠盡快了解到強大的帝國已經出現的社會變革。

秦始皇巡視的區域，主要集中在六國舊地，即中原、華北、華東一帶。他在沿途以皇帝的名義祭祀名山大川，表示自己受命於天，代表天神的旨意統治國家，是山河萬物的主宰。他還在沿途建立大型紀念碑，刻辭頌揚皇帝的偉大功績，誇耀秦帝國的空前強大。並要求全體國民都具備為國家、為皇帝獻身的精神。

▲ 琅邪刻辭

秦始皇沿途祭祀名山大川，並刻石記功，現僅存泰山刻石和琅邪刻石的殘文。這琅邪刻辭是標準的秦朝小篆，刻於秦建國後第三年（公元前219年）。

秦始皇坐的安車　　為秦始皇開路的前導車

然而，秦始皇這種源於軍事戰爭的思維和行為，影響了他的治國方向。在征戰中建立的絕對權威，曾使秦國完成統一大業。但統一後，絕對權威蛻變成秦始皇的專斷孤行，以致全面實行苛法和暴政。結果，艱苦創立的帝國，只十五年就滅亡了。

秦始皇留給後世相當超前的統一大帝國的概念、令人驚奇的文化上的同一性，從此在中國人的心中根深蒂固，連綿不斷，甚至凝固為民族的精神。歷朝歷代將統一視為正統，分裂視為逆流，這在世界上是獨一無二的。崇敬皇權、服從皇權也成為中國人的傳統。

▼ 秦始皇的出行隊伍

秦始皇的出行隊伍浩浩蕩蕩，由丞相和中央政府的高級官員組成。前面有主導車，隨後是秦始皇的安車和高級官員的乘車，四周由眾多馬車組成車隊。每輛車上有馭手和弓箭手，兩側還有步兵護衛，總計出行隊伍達一千五百人。

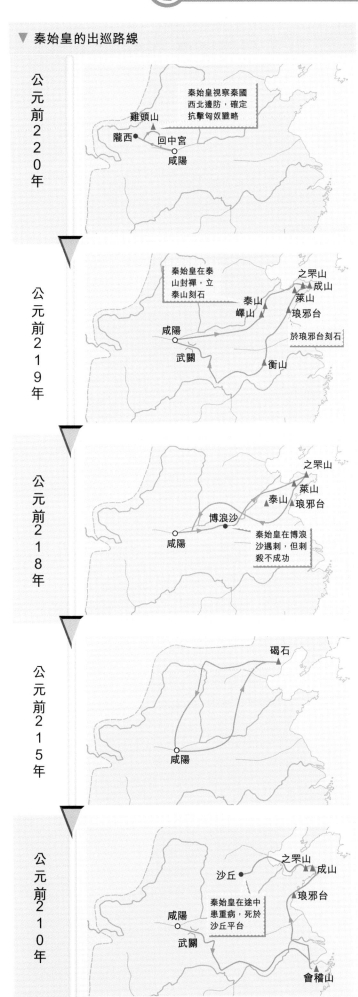

▼ 秦始皇的出巡路線

公元前220年

秦始皇視察秦國西北邊防，確定抗擊匈奴戰略

雞頭山
隴西
回中宮
咸陽

公元前219年

秦始皇在泰山封禪，立泰山刻石

之罘山
成山
泰山
萊山
嶧山
琅邪台
咸陽
於琅邪台刻石
武關
衡山

公元前218年

之罘山
萊山
泰山
琅邪台
博浪沙
咸陽
秦始皇在博浪沙遇刺，但刺殺不成功

公元前215年

碣石
咸陽

公元前210年

沙丘
之罘山
成山
琅邪台
咸陽
秦始皇在途中患重病，死於沙丘平台
武關
會稽山

國家的命脈 —— 水陸新幹線

歐亞大陸上的各大帝國在擴張領土以後，都精心規劃着國家的基本設施，修建交通網是各帝國不約而同的重大舉措。羅馬帝國修建了長 1677 英里的御道，沿途設立一百多個驛站，與埃及和印度的道路相連；印度的御道也很長，與中東和中亞的道路相連。這些交通網都是商路，為國際商業貿易的興起發揮了重大的作用。而東方秦漢帝國的交通建設幾乎是與西方同步的，只是秦朝是軍事之路，漢朝則轉變為商路，並與絲綢之路相連接。

秦朝的版圖比統一前擴大了十幾倍，為了管理和控制幅員遼闊的帝國，使國家的法令迅速下達全國，秦始皇下令大規模興建以首都咸陽為中心、向四方八面輻射的陸路和水路交通幹道。全國由馳道和直道形成主幹道，《秦律》規定了主幹道和車輛的規格，另以密集簡捷的小路與主幹道配合，構成全國發達的交通網絡。這些工程艱巨浩大，規劃比羅馬的御道和驛站更加細緻而嚴密。

發達的交通網絡是支援秦朝二百萬軍隊的基礎。每天源

▲ 古棧道
位於四川廣元，由關中唯一通向巴蜀的古棧道。在深山峽谷的懸崖峭壁上鑿孔、架木鋪板而成的人工通道。

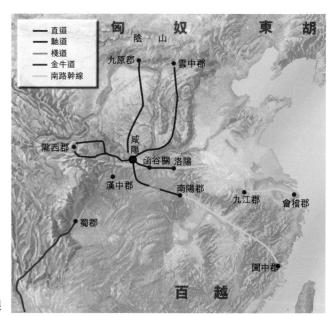

► 秦朝主要交通幹線

◄ 鄭國渠遺址
秦始皇為解決軍隊所需的糧草，公元前236年在咸陽之北建成鄭國渠。這是一項引水灌溉工程，從涇河引水，最終注入洛河。全長150公里，灌區280萬畝。涇河含沙量大，鄭國渠引出的泥水不僅灌溉了旱田，還將大面積的低窪易澇的沼澤鹽鹼地變為良田。從此，關中地區連年豐收，成為產糧基地。

► 今日靈渠
秦始皇為了打通中原與西南地區的交通，開鑿了全長30公里的靈渠。秦軍當年就是經這條水道征服百越，直抵南海之濱。此後，靈渠在二千年間得到歷代政府的重視，一直發揮水路運輸作用。直至20世紀初修建鐵路，靈渠才完成了歷史使命。

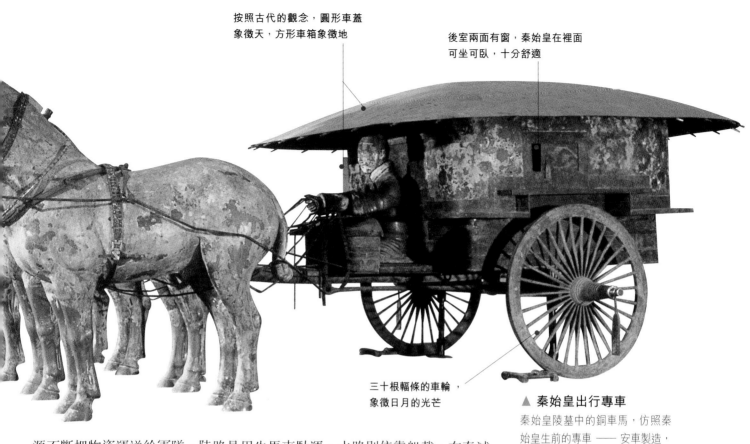

按照古代的觀念，圓形車蓋
象徵天，方形車箱象徵地

後室兩面有窗，秦始皇在裡面
可坐可臥，十分舒適

三十根輻條的車輪，
象徵日月的光芒

▲ 秦始皇出行專車

秦始皇陵墓中的銅車馬，仿照秦
始皇生前的專車 —— 安車製造，
是秦朝最高等級的乘車，由四匹
馬拉動，車分前、後室，由中間
的窗隔開，馭手在前室操控，秦
始皇坐在後室。他第五次巡視就
是乘坐這種車。車和馬共由三千
四百個青銅鑄件組成，應是秦朝
集中六國工匠精英製作的。

源不斷把物資運送給軍隊。陸路是用牛馬車馱運，水路則依靠船載。在秦滅
楚的戰爭中，秦軍六十萬人，三天耗糧二十萬石，僅此一項就要徵用一萬頭
牛或五千艘船。由於軍需供應的特殊性，秦朝還開鑿了靈渠和鄭國渠，這兩
大運河在當時是中國以至世界上最偉大的水利工程，在水路運輸以至農田灌
溉中發揮了重大作用。

▲ 靈渠陡門

陡門相當於現代的船閘，是保障船隻能夠逆水行駛的設施，可
說是人類運河史上的傑作。

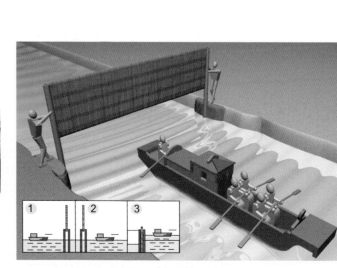

▲ 陡門操作示意圖

為了便於逆水行船，靈渠上建有多座梯級船閘，稱陡門。行船逆水駛入陡
門後，下閘截水，抬高船體，使船隻平穩進入更高一級水位。

尚武精神激勵下的國民

戴鶡冠，屬於軍陣中官階最高的將軍，是統率萬人部隊的校尉

秦人崇尚勇武的精神，被秦始皇融入到軍事管理體制中發揚光大了。

秦國利用法律培養全民的重戰精神，實行全國軍事化，推行義務兵役制。法律規定凡十五至六十歲的男子，都要應徵入伍。農民平時種地，戰時出戰。當時秦國幾乎每個男子都是軍人，每個家庭都是軍隊的後援，為掃平東方六國提供了充足的兵源。秦國在爭霸戰爭中，軍事力量遠遠超越東方六國。秦統一後有人口二千萬，秦軍總數二百萬，佔全國人口的十分一，軍隊人數比後來伐匈奴、開絲路、窮兵黷武的漢武帝時代還多一倍。若加上間接服務於軍隊的後備力量，遠遠超出二百萬人。

▲ **威猛善戰的秦軍**
秦始皇兵馬俑表現了百萬秦軍將士崇尚勇武，威猛善戰，稱霸東方，有着鮮明而強烈的時代風貌。

用絲線編製的纓，是高級軍官的標誌，相當現代軍人的肩章

▶ **出征的將軍**
秦軍的指揮系統有平時和戰時之分，平時不設固定的統帥，以免擁兵自重。出征的將軍都是由皇帝臨時任命。戰爭結束後，將軍一律解除兵權。這是秦兵馬俑坑出土的將軍俑。從冠帽到戰服裝飾都顯示了秦軍等級森嚴已經達到細緻入微的程度。

◀ **軍功封爵者的禮器之一**
殺敵立功的軍人享有爵位、官職和田宅，是社會地位最高的新興貴族，甚至比沒有軍功的皇家宗室地位還顯赫，他們享受特權和榮耀。這是用於洗手的禮儀用器，在典禮或宴會前使用。精緻典雅的日常用具是軍功封爵者奢華生活的反映。

▶ **軍功封爵者的禮器之二**
這件刻有銘文的青銅鼎是軍功封爵者的禮器。

▼ 中年士兵

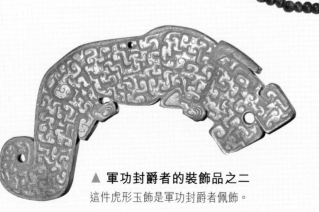

秦始皇獎勵建功立業的英雄，在戰場上殺敵立功者，可以按殺敵數量賜予爵位和田宅，稱"軍功賜爵"。形成秦人為戰爭而生，為戰爭而死，並以此為榮耀的社會風尚。秦軍在戰場上個個英勇無敵，被譽為"安難樂死"的軍隊。然而，"軍功賜爵"致使秦軍肆虐濫殺，野蠻成性。每戰計功賜爵達萬人之多，秦國被稱為"上首功之國"，意思是以斬首級論功的國家。

秦始皇對於控制和建設這支強悍武力，是經過精心策劃的。軍事體制與政府的管理機構相應，皇帝身兼軍、政兩方面的最高統帥，軍隊各級軍官由他親自任免，軍隊調動必須出自他的詔令。皇帝以下的各級政府，都由軍、政兩方面的官員組成，各級政府都管轄相應數量的軍隊，從而構成一個由皇帝嚴密集權的軍事體系。

◀ 青年士兵

秦政府對士兵的身分有嚴格的規定，罪犯、奴隸以至商人，都沒有擔任正式士兵的資格。士兵的組成，以農民為主，他們平時種地，戰時出戰，稱為"農戰之士"。

▶ 軍功封爵者的裝飾品之一

這串瑪瑙是軍功封爵者日常佩戴的裝飾品。

▲ 軍功封爵者的裝飾品之二

這件虎形玉飾是軍功封爵者佩飾。

▶ 士兵的家書

秦國法律規定，農民在服役期間，除軍服以外，內衣和個人用品一律自理。這對於貧苦農民而言，無疑是雪上加霜。這是兩個士兵在木牘上寫的家書，真實記載了秦朝士兵的淒苦生活。他們不約而同地要求家人緊急寄錢和布，以便縫製衣服。如果寄不來，"即死矣！"

"即死矣"

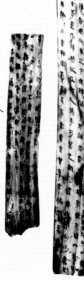

秦軍的兵種與裝備

▲ **秦俑坑出土的銅箭鏃**
在兵馬俑坑中出土大量箭鏃，以定向性和穿透力很強的青銅三稜形箭鏃為主。與弩機配套，是殺傷力最強的武器。

秦始皇為了在統一六國的戰爭中取得勝利，在培養秦人好戰精神的基礎上，積極調整兵種，改良軍備，以適應大規模的軍團式戰爭，並承續戰國以來的趨勢，以騎、步兵作為秦國軍隊的主力。

秦國重視騎兵的建設，在七國中最早成立騎兵部隊，是獨立的高度正規化的兵種，也是人數最多，質素最高，戰鬥力最強的。秦軍的戰馬品種優良，一躍達5米跨度的有萬多匹，年輕力壯、身材高大的騎士則是從盛產戰馬的西北地區徵調來的。戰國各國的騎兵，一般不穿鎧甲，防護能力有限。秦國則發明了騎兵專用的輕型鎧甲，使騎兵具有攻防兼備的優勢。達到總兵力六分之一的騎兵軍團，在秦國統一戰爭中充分發揮了主力作用。一直從屬於戰車的步兵，以靈活機動、不受地形限制的特點脫穎而出，也成為軍隊的主要兵種，甚至成為決定戰爭勝負的重要力量。

輕巧的背心形鎧甲，方便騎馬

▲ **牽馬騎士**
戰馬高 1.33 米，騎士高 1.8 米以上。當時騎兵的裝備尚處於初創階段，只有馬鞍，未有馬鐙，騎士兩腳懸空，沒有着力點，不利於馬上格鬥，戰鬥力受到局限。

秦國為了加強士兵的攻防能力，還根據不同官階、兵種、任務性質、地理環境和戰術運用，配置不同的鎧甲和武器。秦軍特別留意長、短兵器的搭配。步兵和騎兵都配備長兵器，他們克服了西周車兵使用長兵器時轉彎、調動、進攻都不靈活的缺點，使長兵器在近距離交鋒時能夠盡情發揮威力；在近距離肉搏時，則以更加靈活的短劍應戰。至於主要由步兵使用的弩機，更是一種射程達到數百米的遠程武器，瞬間密集發射的威力，沒有任何武器可以抵抗。

秦始皇在推行新軍事體系時，世界另一端的各帝國都經歷了軍隊改革的過程。羅馬軍隊組成與秦軍體制極其相似的步兵和騎馬混合編隊的軍團，配合靈活機動的戰略戰術，成功地征服了巴爾幹島和西西里島。

短袖鎧甲，確保手部靈活，方便持弩

◀ 青銅弩機及弩機結構圖

古代的弓箭，作用相當於現代的槍械，是一種在遠距離殺傷的武器。戰國時期弩機發明後，廣泛用於混合兵種的大規模軍團戰爭中。秦軍又將弩機的機件加大，臂長達到72厘米。作戰使用的大型弓最長有1.6米，箭也相應加長，射程可達數百米。這樣射擊網面就更加廣闊，殺傷力更強。

◀ 青銅戈

青銅戈是騎步兵在近距離交鋒時使用的主要長兵器。這是戈的頭部，原來有木柄連着。秦軍的青銅兵器剛韌鋒利，至今仍然寒光閃爍。這是經過表層鍍鉻或鉻鹽氧化處理工藝，有很強的抗腐蝕性。這種工藝直到公元20世紀才先後被德國人和美國人發明，並取得專利。而早在二千年前的秦人就掌握了在青銅武器上鍍鉻的技術。

◀ 跪射弩兵

屬於步兵中殺傷力最強的兵種，與戰車和一般步兵混合編隊。弩兵是軍陣的前鋒和側翼。交戰時，弩兵一馬當先，萬箭齊發，造成遠距離的射擊網面，遏制敵軍的攻擊力。這種軍陣對付橫向移動困難的戰車陣形尤其有效，能夠先發制人，挫傷敵人銳氣，為其他兵種的衝鋒取得了戰機。

◀ 重裝鎧甲馭手與護手甲

馭手控制戰車的進攻、追擊和撤退，是整個作戰集體的靈魂人物。馭手目標顯著，防禦裝備與眾不同，是非常嚴密的全蔽式重裝鎧甲，除了防護身體外，連脖子和手臂都有防護。

▶ 兵士的鞋底

士兵的軍裝、鎧甲是由國家供應的，而內衣、鞋帽是由士兵自備的。這是用麻布製作的鞋，既結實耐磨，又柔軟，尤其鞋底是將多層布黏合後，用麻線很細密地縫起來。這種傳統製鞋工藝，直至今天的邊遠鄉村依然存在。秦朝步兵和車兵穿這種麻布鞋，高級將領和騎兵穿皮靴。

世界第八奇跡 —— 秦始皇陵兵馬俑

秦始皇陵兵馬俑首次讓世人目睹了秦國百萬大軍的雄姿。兵馬俑的四個俑坑之中，
三個已經復原，分別是秦軍的臨戰軍陣、營地和作戰指揮部，七千多尊將士俑和數
百匹戰馬、百多輛戰車，一律面向東方，重現了秦軍統一天下的氣魄。

▼ 一號坑 ── 臨戰軍陣

▲ 二號坑（營地）出土現場

▲ 三號坑 ── 指揮部

秦始皇的地下帝國

▲ 秦始皇像

秦始皇完成了先祖要到黃河牧馬的夢想，終於君臨天下。可是也因為他過分虛耗民力，令秦人數百年來的經營毀於一旦。

秦始皇的地下世界，就是他的地上帝國再現！

他是中國第一個皇帝，統治着幅員空前遼闊的國土，而且開創了一套帝國制度。秦始皇很為自己的成就自豪，他相信他的帝國和制度可以萬世不墜。為了表現他鯨吞天下、統一宇內的氣概，秦始皇陵的地宮，在半球形的頂部，畫上宇宙穹蒼的日月星辰等天文圖象；地面模仿秦朝疆域的地理形勢，還以水銀灌注而成江河和大海，用機械使它循環流動；兩旁陳列從被滅的六國掠奪回來的奇珍異寶。秦人的宇宙觀、數學運算和機械技術，在地宮裡發揮得淋漓盡致。著名的兵馬俑坑，不過是拱衛陵墓地宮的許多外圍陪葬坑之一。

秦始皇沒有料到，他修築萬里長城、建全國馳道、花了三十七年建造驪山陵墓，種種大型工程，耗透了民力，人民怨聲載道。他死後幾年，他的帝國就被推翻。秦人用了五百年時間，才由西陲小附庸變成中央大帝國，結果在過大的宏圖中灰飛煙滅。

▶ 大型夔紋瓦當

這塊直徑達61厘米的瓦當在寢殿出土。寢殿是陵墓的地面建築，是秦始皇的"靈魂"起居和處理朝政的場所。瓦當是用來遮擋屋簷下木柱的建築構件，瓦當如此巨大，可見寢殿也很宏偉。

◀ 阿房宮的地基

秦始皇嫌先王宮廷太小，親自規劃阿房宮，上朝的前殿可以容納萬人。殿下建閣道直達終南山，用終南山的山頂表示門闕，並有複道通咸陽。建築期間驅使役徒達七十萬人，成為人民反抗秦朝的肇因之一。秦朝末年，這座未完成的宮殿被縱火，傳說燒了三個月不熄。今天的阿房宮仍有20米高的地基遺跡，可以想見當日的規模。

◄ 驪山秦始皇陵地宮意想圖
這是地下宮殿中放置秦始皇棺木靈柩的墓室部分，根據探測，面積達19200平方米，比兩個半足球場還大。據《史記》記載，墓內以水銀為江海。現代探測到地宮的水銀含量確是特高，估計《史記》描述的地宮接近真實。

 頂部的日、月及天文星象壁畫

 穿金縷玉衣的秦始皇遺體

 地面模仿秦朝疆域的地理形勢

 水銀灌注的江河大海

 以六國的奇珍異寶隨葬

► 從葬的養馬人陶俑
驪山園陵墓有許多陪葬墓和從葬坑。這個養馬人陶俑是陪葬品之一，負責在地下世界飼養那些為秦始皇陪葬的馬。

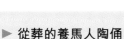

◄ 驪山園的量器
驪山園有一套完整的管理機構，負責每天奉侍秦始皇靈魂。這是掌管陵園膳食事務的官員稱量食物用的量器。

坐西朝東的秦始皇陵

中國帝王陵墓多是坐北朝南，以示生前面南而王。但秦人從先祖到秦始皇的陵墓都是坐西朝東，連隨葬墓群和由兵馬俑組成的軍陣，也都面向東方。有人認為這是象徵秦國不斷向東遷都的建國歷程，反映秦人由西向東發展的信念；有說代表秦國橫掃東方六國，統一天下的大業；也有說這與秦人的原始信仰有關。

布衣皇帝的尊儒國策

公元前 206 年，秦帝國在一片暴亂聲中迅速瓦解，漢朝的旗幟在中國的土地上飄揚起來。漢朝雖然繼承了秦始皇的江山以及他制訂的一整套中央集權制度，可是沒有秦朝那般迷信暴力和獨裁，也沒有商周以來統治者的貴族氣度，新國家呈現平民化的氣氛。

漢朝的開國皇帝劉邦出身平民，是提三尺長劍而得天下的"布衣皇帝"，他的群臣也多出身低微，所以漢初的政府代表一股平民的力量。加以劉邦目擊秦朝的興亡而深受教訓，決心撤棄暴政和極端的法制，實施以儒家學說宣揚的仁義道德為治國之道，與民休息，以民為本的國策

▲ 玉俑頭

漢朝都城長安出土的玉人頭像，是漢朝保衛皇宮的武士像。與秦始皇兵馬俑咄咄逼人的威猛氣勢相比，武士面部表情溫和而含蓄，顯示了漢朝的儒雅之風。

▶ 趨於簡便的漢朝服飾

古代的服裝能顯示一個人的身分。在戰國流行的深衣，是體現禮儀的服裝，曲裾沿身體纏繞數層，將身體全部遮掩，曲裾越多，身分越高。秦人疲於征戰、不循禮儀，並不流行深衣，但到漢初，長袍式的深衣再次佔據主流，連皇帝平時也穿深衣，但深衣始終不適合漢朝貴族講究寬鬆、享樂的生活風格，以後逐漸被舒服隨意的長衣和短衣取代了。這是漢朝貴族家中較高身分的家臣形象。家臣是講究規矩禮儀的職業，他身穿的深衣已經被改造，曲裾省減，只纏繞一周。

曲裾

◀ 漢景帝陽陵的儀仗軍隊

陽陵是漢朝第四位皇帝景帝的陵墓。景帝在位期間是漢朝國力逐步強盛的階段。這是象徵宮廷儀仗軍隊的從葬坑，隨葬陶俑和俑頭三百多個，都是軍人的形象。

深得民心。在秦朝苛法重壓下的國民，尤其是習慣散漫自在於農田耕作的農夫重獲自由。往後的漢武帝還進而"罷黜百家，獨尊儒術"，將儒學先師孔子推上至高至尊的地位。並改造孔子的儒學，增加了許多先秦學説元素，將君臣從屬關係作為核心，提倡臣民要按照忠君盡責的原則行事。這種新儒學的倫理道德很快佔據了統治地位，成為上至王公貴族，下至平民百姓的道德和行為準則。

實際上，漢朝皇帝在仁義道德的溫柔面紗掩蓋下，更加強化了中央集權。漢朝還提倡道家的天神崇拜，以此神化皇帝。並建立了一套國家宗教法典，制訂了從都城、陵墓到衣冠，處處表現皇權至上的各種禮儀。漢朝實行的霸道同王道並舉的國策，收效顯著，從此版圖更加擴大，國力強盛，以文明發達的強國形象屹立於世界。秦始皇帶給中國的社會巨變，到漢朝充分發揮力量。羅馬帝國、波斯的安息帝國、貴霜帝國和漢帝國都在各自擴張領土，帝國時代的聯繫更加密切。

◀ 漢朝宮廷的侍女

這是漢朝宮廷侍女的形象，穿上寬袍大袖的衣服。這種寬大衣袖是由宮廷漫延到社會的時尚服裝，體現了漢朝國泰民安的社會風貌，人們追求安逸，脱離勞作的生活。寬袍大袖與勞動者穿着的短衣長褲形成鮮明對照，以此顯示高雅身分，成為漢朝服裝的顯著特徵。

◀ 儀仗軍隊中的行走俑

這些儀仗軍隊，原來身穿戰袍，外着鎧甲，並裝有姿勢各不相同的木質胳膊，但出土時，除陶質身體以外，其餘都腐朽，成了裸體缺臂的模樣。這些軍士，僅高62厘米，與秦兵馬俑內按照真人塑造的士兵，高度差了一大截，而且面部表情和顏悦色，輕鬆而生動，充分體現了寬鬆而富有朝氣的社會氣氛，與秦兵馬俑威嚴硬朗的風格，形成鮮明對比。

◀ 儀仗兵器 —— 鎏金嵌琉璃鳥形鐏

秦朝陵墓的兵器多是實用兵器，而漢朝都城和陵墓出土的，則以儀仗兵器居多，證明朝廷重視禮儀。這是都城附近出土的儀仗兵器裝飾，富麗華貴。

◀ 東漢儒學講經圖

漢朝皇帝崇尚儒學，尤其漢武帝以後更甚。但是，漢朝的儒學已經滲入了陰陽五行以至其他先秦學説的色彩，是一種改造了的儒學，更有人認為，漢朝表面上倡導儒學，背後沿用的卻是法家的理念。

迷信色彩瀰漫的世界

漢朝皇帝注重文治教化，崇尚儒學。但是他們同秦始皇一樣，對聲稱掌握皇朝命運的陰陽五行學說情有獨鍾。由於改朝換代的政治需要，秦漢皇帝都自稱天子，提倡天神崇拜，對天神的信仰也隨而引伸為對皇帝的崇拜。漢朝的政治家改造儒學和道教，賦予了陰陽五行的色彩。還根據陰陽五行學重新建立了一套適應漢朝統治的國家宗教法典。從此披上神聖外衣的宗教，在漢朝大行其道，廣為傳播，成為鞏固國家統治的精神力量。

漢朝朝野上下都籠罩在鬼神觀念和神秘的氣氛中，怪異學說肆意橫行，滲透到社會的每個角落。以鬼神觀念觀察自然萬物，以陰陽五行處理社會事物，已經成為漢朝人特有的思維方式。

曾經受到秦始皇器重的神仙家，受了很久的冷落之後，到漢朝中期又活躍起來。

▲ 鎮邪俑
漢朝人為了躲避災異鬼怪，臆想出許多鎮邪除妖的神人。這是一個陪葬墓中的鎮邪俑，表情猙獰，具有威懾力。

拱手的貴族

撐傘的待從

▶ 陶製的載人神鳥
山東一帶是戰國齊國舊地，也是神仙學派的發源地。他們宣揚的仙境和長生不老的仙藥，都集中在齊國蓬萊海中。為秦始皇尋找仙藥的徐福也發跡於此。這件出土於山東的漢朝貴族墓葬的隨葬品，就是齊國神仙風氣盛極的產物。這是漢朝神仙家宣揚的神鳥，可以將墓主人以及生前享受的宴樂歌舞的生活，一同載入仙境。

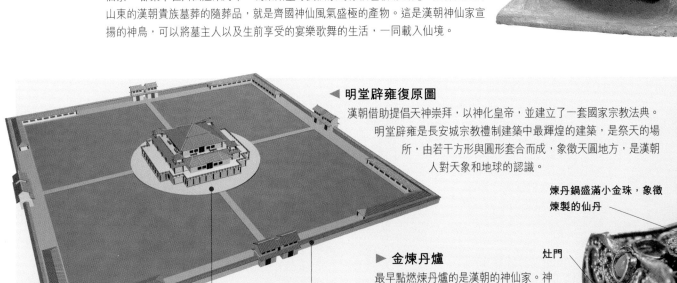

◀ 明堂辟雍復原圖
漢朝借助提倡天神崇拜，以神化皇帝，並建立了一套國家宗教法典。明堂辟雍是長安城宗教禮制建築中最輝煌的建築，是祭天的場所，由若干方形與圓形套合而成，象徵天圓地方，是漢朝人對天象和地球的認識。

煉丹鍋盛滿小金珠，象徵煉製的仙丹

灶門

▶ 金煉丹爐
最早點燃煉丹爐的是漢朝的神仙家。神仙家利用水銀、丹砂、黃金作原料進行熔煉，總結出九種煉丹的配方。這是貴族隨葬的純金煉丹爐模型。

方形牆垣

位於環形水溝內的主體建築

四角的迴廊建築

他們強調人修煉成仙，便可以享受世外清閒安逸的仙人生活。這種思潮對於希求永遠享受榮華富貴、達到長生不老境界的統治者，有極大吸引力。而神仙家又有與仙人溝通的方術，可以幫助世人到達仙境。漢武帝迷信神仙家的程度，更遠遠超過秦始皇。他在位五十年間，執着地追訪仙境和長生不老的仙藥。在他的親自倡導下，神仙家異軍突起，甚至成為社會地位顯赫、左右國家政治的重要力量。土生土長的鬼神觀念和修煉成仙的信仰，經過漢朝的宣揚，更加深入人心，影響深遠。

神仙家首先發現的火藥

漢朝的神仙學家熱衷於研究令人長生不老的丹藥。他們在煉丹過程中，偶然把硫黃、硝石、雄黃、含碳物等藥材混在一起加熱，意外發生爆炸，從而認識到這幾種物料的燃爆性能，並將之記錄下來。後來軍事家由此進一步研究，終於掌握了火藥的化學成分，並在公元9世紀以後發明了火藥武器。

—— 臂上有羽翅紋

▶ **羽翼仙人**
這是漢朝神話中宣揚的仙人形象。仙人身披羽毛，背有羽翼，兩隻大耳高高豎立過頭頂。

◀ **驅鬼的解殃瓶**
漢朝的神仙家是喪葬儀式中的首要人物，由他們主持葬禮，進行驅鬼消災的儀式。儀式進行時，神仙家在一個陶瓶上書寫紅字咒語，放在死者身旁，為死者及其家族驅鬼降魔。這是神仙家為張氏家族驅鬼的解殃瓶。

—— 煙囪

▶ **錯金博山爐**
這是漢朝貴族使用的薰香用具。爐體仿照蓬萊仙境製造，峰巒疊嶂，出煙孔隱蔽在山巒重疊之處，薰香時煙霧香氣飄渺於仙山之間，如臨仙境。

胡風激盪的樂舞

漢朝在布衣皇帝的倡導下，從宮廷到民間體現新時代風貌的歌舞表演，盛況空前，也是展示歐亞大陸東西文明融合的大舞台。

戰國思想文化的解放運動，曾經帶來了民間藝術創作的高峰，各種適應新思潮的樂舞百花齊放，使宣揚周禮的宮廷禮樂失去了輝煌。而缺少浪漫情調的秦朝，一度極大約束藝術創作的活力。到漢朝實施寬鬆國策以後，上至帝王，下至百姓，創作激情得以釋放和發揮。尤其從布衣皇帝劉邦開始，不少帝王能歌善舞，還親自演奏和賦詩作曲。漢武帝更大力倡導宮廷樂府，採集全國各地的民間精華，使表演藝術有飛躍發展。北方雄壯的胡樂首先給漢人新鮮感。隨着絲綢之路貫通，西域胡風盛行起來，來源於中亞地區的歌舞、雜技、魔術融入了中國本土的表演中，統稱為百戲。這種融匯了中西的藝術，有更加活躍的生命力，不僅深受平民的喜愛，也邁進皇宮的大雅之堂。宮廷的各種朝會慶典，以至民間的節日慶典，都常常有百戲表演助

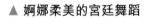

▲ 婀娜柔美的宮廷舞蹈
漢朝宮廷舞蹈逐步平民化，自娛自樂的舞蹈很盛行。樂舞中大量吸收了楚國民風、西域雜技和幻術的風格，使舞蹈講究技藝與情感相結合，更具表演性。

◀ 表情滑稽的說唱俑
漢朝民間流行一種逗笑的說唱表演，配合擊鼓演唱，語言和動作滑稽而誇張，形式與現代滑稽戲或相聲相似。表演者稱"俳優"，身分低於歌舞樂伎。表演場地也不講究，常在貴族莊園的門口就地表演。這個說唱俑塑造了俳優處於說唱重要情節而作出的滑稽表情和動作。

▶ 貴族的管弦樂隊
秦朝以前的王室貴族，按禮制聽雅樂，樂器以編鐘和編磬為主，稱為"金石之樂"，旋律緩慢。漢武帝為了反映強盛而富有朝氣的國家形象，要求樂府採集民間流行的俗樂，包括民歌、民謠和舞蹈，經過樂師的再創作，增加管弦、吹奏和敲擊樂器，使曲調更加委婉動聽，氣勢更加雄壯。宮廷舉行宴會、典禮、征戰出行、天子朝見等莊嚴場面經常演奏新樂。這是貴族的私人樂隊的形象，是典型的小型管弦樂隊。

吹竽樂手　　　　彈瑟樂手

◀ **融匯樂舞和雜技的演出場面**

漢朝雜技在原來單純顯示驚險奇特的技巧以外，增加節奏感和優美感的舞蹈動作，並用音樂和舞蹈陪襯，更加添了藝術氣氛。這是民間雜技表演的場面，由伴奏樂隊和雜技表演者組成，拱手站在兩旁的是觀眾。

吹笙樂手　彈瑟樂手　擊鼓樂手

伴舞少女　指揮者　擊磬樂手

三人表演 "柔術"

興。演出規模盛大，數百人乃至數千人同台演出，載歌載舞，氣氛熱烈，場面壯觀。漢武帝在皇家園林上林苑舉辦百戲集演，周圍300里內的百姓都趕赴觀看，一時萬人空巷，成為當時京城的一大盛事。在皇帝愛好之下，經過宮廷加工的民間樂舞，變得更加高雅精煉，在全國廣泛傳播開來。

◀ **鈴舞銅釦飾**

鈴舞是西南滇族的舞蹈。舞者戴高頂尖帽，左手搖鈴，翩翩起舞。鈴聲伴隨舞蹈發出有節奏的樂聲。漢朝宮廷俗樂中有 "鐸舞"，舞者手執大鈴起舞，與這種鈴舞極相似。

用來擊奏節拍的盤子，
既是道具，又是樂器

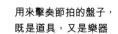

▶ **雙人盤舞銅釦飾**

這是滇人貴族服裝的釦飾，表現了具有滇族獨特風格的舞蹈。兩男舞者邊歌邊舞，動作誇張，充滿熱烈奔放的節奏感，與中原折腰舞和雜技托盤的動作相似。舞者高鼻深目，應是西域人。漢朝因西域胡樂、胡舞的大量流入，在全國刮起 "胡風"，不僅對宮廷樂舞產生巨大影響，還滲透到西南邊郡的滇族之中。

領先世界的農耕技術與農具

漢朝自長城以北直至嶺南的廣大地區都是農業區，全國耕地面積達82700平方公里，人口約六千萬，比當時羅馬帝國還多，平均每戶五口之家有耕地約7000平方米。漢朝皇帝深刻認識到，農民是納稅人，農業是支撐國家經濟的基礎，實施"以農為本"的國策，才能國富民強。因此政府很重視向全國的農民推廣先進的農業耕作技術和農具，推廣農田精耕細作和整體化管理方式。高度發展的農業，使漢朝位居與羅馬帝國齊名的世界大國地位。

秦朝在黃河和長江流域推廣先進的鐵農具，成果豐盛。漢朝政府進一步把鐵農具推廣到南方的廣東、廣西和北方的長城沿線。從平整土地、播種、中耕、除草、灌溉、收穫、脫粒，到農產品加工等，各類專用鐵農具達三十多種。其中鐵犁鏵經過重大改革，成為領先於世界的新農具，歐洲的農民要在一千年以後才使用這種農具。

牛耕技術是比人力耕作效率提高十倍的新技術，在漢朝以前已經發明，但未得到全面推廣，人力耕作始終佔主導地位。漢朝初年，政府大力推廣牛耕，將其視為"耕農之本"、置於"國家之

▲ 持鋤陶俑殘片
在適宜種植水稻的長江流域，鋤頭是重要的耕作工具。

▲ 二牛一人農耕圖
漢朝中期的黃河和長江流域農業發達地區，牛耕技術改革，出現二牛一人組合，比以往一人牽牛，一人操縱犁轅，一人執犁鏵的二牛三人式組合，更易操作。這是漢朝壁畫上二牛一人的耕田場面。

▼ 二牛一人式耕作法使用的長轅犁
鐵犁鏵在春秋戰國發明後，漢朝人改良了犁鏵的結構，加上犁箭，還在鏵的上部增加鏵土裝置，耕地時起到翻土、碎土和平整耕地的作用，是犁耕技術的大躍進。此外，漢朝的犁鏵有大、中、小三種型號，輕巧靈便的小型犁鏵，適用於精耕細作的農田；銳利的中型犁鏵用於墾荒；特大厚重的犁鏵用於開闢溝渠。

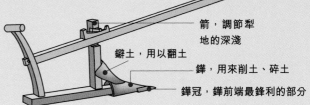

箭，調節犁地的深淺

鏵土，用以翻土

鏵，用來削土、碎土

鏵冠，鏵前端最鋒利的部分

為強弱"的高度。到漢朝末年，牛耕已經普及全國。

漢朝黃河北部的農民創造了一套旱地農田防旱、保墒的耕作技術，從土壤質素、施肥方法、選種標準和田間管理，都實施精耕細作，形成農田管理整體化的觀念。漢武帝時期主管農業的官員，還在此基礎上創造了科學耕作的"代田法"，在北方大力推廣，存糧食的產量大為提高，關中地區小麥的畝產量比戰國提高數倍。漢朝的農田技術和產量已達到頗高水準，今天一些現代科技無法達到的邊遠農村，仍然沒有超越漢朝的耕作水平。

播種的農夫　除草的農夫

▲ 除草播種圖

漢朝農民認識到從播種、施肥、灌溉、除草到收穫，各個環節相互關聯，這是漢朝的畫像石，描繪四川地區的農民在春季耕種水稻的場面，六位農夫正在耕作，有的除草，有的播種。這種耕作方法適用於一年一熟的稻田。

◀ 踏碓舂米圖

耕作技術進步以後，隨之而來的是糧食加工技術的提升。先秦時期，糧食加工大多使用人力杵臼舂米脫粒。漢朝發明了腳踏碓，提高工效十倍。這是一個糧食加工的場面，四人互相配合舂米，動作十分協調。

盛載糧種的耬斗

▶ 滅火陶井

井是農田灌溉的重要設施，也是農家重要的水源。漢朝的井利用滑輪升降汲水，井口上有遮檐，以保證水的清潔。

◀ 播種新農具 —— 耬車模型

漢朝推廣一種畜力播種機 —— 耬車。一牛前引，一人扶犁，一邊開溝，一邊下種。耬車有三個鐵耬足，相當於三個小犁鏵。糧種自耬斗經空心的耬足下播，同時完成開溝、下種和覆土三道工序。一次可以播種三行，行距一致，下種均勻。一部耬車每天播種1頃，節省勞力一半。

耬足

致富之路

秦始皇開闢的全國陸路和水路交通網,被漢朝政府充分利用,將昔日的軍事道路轉變為商人的致富之路。在交通沿線上,出現了許多以政治、經濟為中心、規模不等的城市。漢朝後期屬於郡級治所的城市有五百個、縣級城市達到一千八百個。城市人口也急劇增加,在長安茂陵縣就有居民近二十八萬。富冠海內的商業大都會,主要集中在黃河和長江流域的十大經濟區。漢朝的城市網絡形成後,直至清朝仍沒有大的變化。

秦朝推行"重農抑商"政策,商人的社會地位很低。漢朝則採取讓商業放任發展的政策,城市出現了"用貧求富,農不如工,工不如商"的風氣。爭相經商之下,產生了一批富甲天下的商人,甚至還出現了專門從事國際貿易的商人。另外,秦朝以軍功封爵者為上的等級制度瓦解了,漢朝出現了劃分等級的新觀念,政治身分已

銅錢串成的樹葉

▲ **搖錢樹**

漢朝後期的西南地區流行一種葬俗,在人死後隨葬一株搖錢樹。樹上掛滿銅錢,把漢朝人的商品意識和祈求發財的願望,表現得淋漓盡致。

▶ **貼金銀漆奩**

這個漆奩以鑲嵌金銀的動物圖案作裝飾。這種貼金工藝是漢朝新創,唐朝沿襲。方法是先將金銀飾片黏在木貼上,在空白處塗漆,然後細磨至金銀飾片露出漆面,需要極高的技術。

1 關中地區
2 隴右地區
3 巴蜀地區
4 三河地區
5 燕趙地區
6 齊魯地區
7 梁宋地區
8 潁川地區
9 楚地區
10 南越地區

黃河

長安

長江

◀ **漢朝的主要商業區**

▶ **樓亭**

樓亭位於市場中心,亭上置鼓,鳴鼓報時。市場有固定的營業時間,市門每日按時啟開。

經微不足道，家產的多少才是社會等級的標尺。長期被賤視的商人，居然憑財富改變命運，成為不可忽視的社會勢力。

全國完善的交通網，令各城市的商貿一片繁榮。每個城市均設市場，對商品的需求越來越大，使手工業發展突飛猛進。手工業的生產主要分官營、私營和家庭三種形式，並出現了適應商品市場需求的大規模經營性生產。最大的礦業工場僱用達十萬人。漢朝的手工業分工細密，趨向專業，產品豐富，工藝精湛，成就超越前朝。至於對國計民生有重大影響的冶鐵業和鹽業，則由國家壟斷專營，是規模最大的支柱產業。

▶ **彩繪雲紋漆鈁**
漢朝漆器普及，是市場上的熱銷商品之一。這是官營漆器工場的製品。

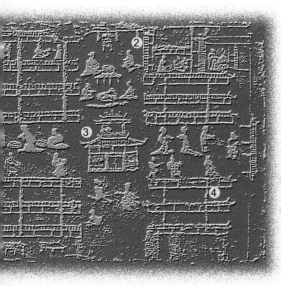

◀ **漢朝四川蜀郡的小型市場**
城市的市場由政府管理，各大城市根據商業規模設置若干市場，最大的長安有九個市場，一般中型城市有兩至三個市場，小型城市設一個市場。

1 商人居住的房屋

2 市門

3 樓亭

4 長廊式的商肆鋪面，商品按種類集中排列，井然有序

▲ **皇室貴族的黃金儲備**
黃金是漢朝市場流通的貨幣之一。朝廷或富商進行大宗商品貿易，多使用黃金。漢朝前期，與一枚五銖錢同等重量的黃金比價是 1：10000 錢。在漢朝，黃金是衡量財富的標準，皇室與貴族都儲備黃金。這件純金製造的權重9000克，並非實用的度量衡器具，而是用作儲備的黃金。

位居世界前沿的科學技術

漢朝的皇帝對科學技術的革新和發明很重視，尤其是對實用性科學，更是大力支持，還設立專門機構和官員，向全國推廣。大一統國家的繁榮強盛，也使政府具備了支持科學研究的經濟實力，天文、曆法、造紙術、司南、地震儀等科學發明與改進，都是政府重點發展的項目。在這種有利條件下，漢朝取得一系列驚人的科學成就，處於世界科學研究領域的前沿。造紙術和司南的發明，均列入中國古代四大發明，也是中國對於世界文明的貢獻。

天文學也位居世界前列。漢朝設立觀測天象的國家天文台，配備最先進的觀測儀器，掌握了星體、日月

▲ 司馬遷的預言 —— "五星出東方利中國"

司馬遷的《史記‧天官書》是記錄漢朝研究天文成就的著作。書中記錄了五大行星運行與地球氣候的關係。其中"五星分天之中，積於東方，中國利"，這一預言影響廣泛，成為當時漢朝百姓企盼豐年的吉語。1994年新疆尼雅出土了一件彩錦護膊，上面有"五星出東方利中國"的字樣，也就是司馬遷記載的預言。這塊錦紋飾具有西域風格，又有漢人流行的吉語，應該是內地專為尼雅一帶製造的絲織品。

壺中水由這水管漏出

◀ 漢朝的計時器 —— 銅漏壺

銅漏壺中盛滿水，放入一支標誌刻度的木質浮箭。浮箭從蓋中的方孔伸出。隨著壺內的水由水管滴出，浮箭便會下沉，於是根據浮箭刻度的位置，計算時間。這件銅漏壺是在內蒙古地區出土的邊防軍用品，反映了邊防軍需緊守嚴格的時間觀念。

日中

日出

日落

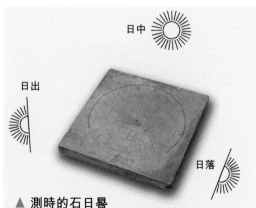

▲ 測時的石日晷

與測定時間的青銅漏壺配合使用的校準器。在正中圓孔插一根垂直於日晷平面的柱形表，隨著太陽的升落，表影在刻度間移動。在日出、日中、日落三點各立桿作標誌，可測定不同季節晝夜的長度。以此檢測漏壺的準確性。

▶ 指示方向的工具 —— 司南

司南利用天然磁石的指極性，指示方向，開始了長達一千年的"司南階段"。漢朝以南方為尊，指示方向的工具一律以南方為標準，稱為"指南"或"司南"。到北宋利用人工磁石製造指南，又進入了"指南針階段"，13世紀指南針傳入歐亞各國，在航海時代大顯身手。

用天然磁體磨成的磁勺

內圓外方的地盤

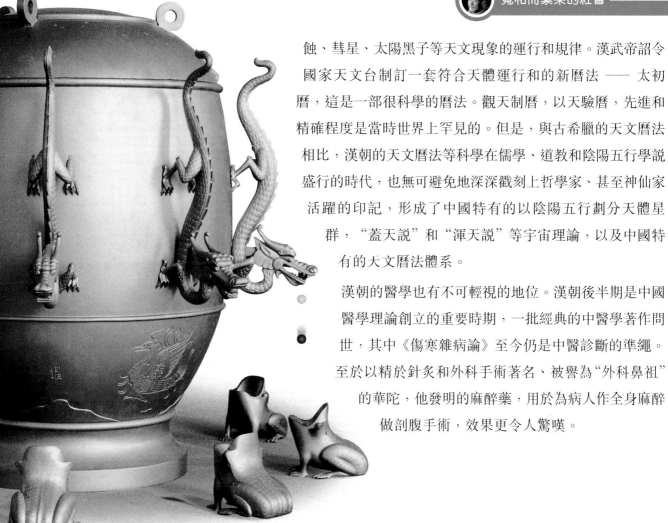

蝕、彗星、太陽黑子等天文現象的運行和規律。漢武帝詔令國家天文台制訂一套符合天體運行和的新曆法 —— 太初曆，這是一部很科學的曆法。觀天制曆，以天驗曆，先進和精確程度是當時世界上罕見的。但是，與古希臘的天文曆法相比，漢朝的天文曆法等科學在儒學、道教和陰陽五行學說盛行的時代，也無可避免地深深戳刻上哲學家、甚至神仙家活躍的印記，形成了中國特有的以陰陽五行劃分天體星群，"蓋天說"和"渾天說"等宇宙理論，以及中國特有的天文曆法體系。

漢朝的醫學也有不可輕視的地位。漢朝後半期是中國醫學理論創立的重要時期，一批經典的中醫學著作問世，其中《傷寒雜病論》至今仍是中醫診斷的準繩。至於以精於針灸和外科手術著名、被譽為"外科鼻祖"的華陀，他發明的麻醉藥，用於為病人作全身麻醉做剖腹手術，效果更令人驚嘆。

▲ **探測地震的地動儀**
中國是頗多地震發生的國家，在漢朝的四百年間共發生強烈地震二十八次。漢朝視地震為"異邪"。公元132年，主持國家天文台的張衡，發明了世界上第一台探測地震的儀器——地動儀，各龍口啣珠，當探測到某一方位有地震，珠便掉進該方位的蟾蜍口中。地動儀放在都城洛陽的國家天文台內。公元138年，地動儀準確測報出甘肅一帶發生的六級以上的地震，當時洛陽的居民並沒有感到震動。

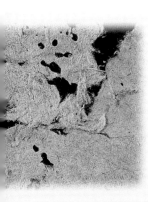

◀ **漢朝麻紙**
漢朝中期，一種以絲、棉絮和植物纖維混合製造的紙在民間問世。漢朝後期，宦官蔡倫改進了造紙原料和工藝流程，製造出質素上好的紙。皇帝詔令在全國推廣造紙技術，這種紙被稱為"蔡侯紙"。

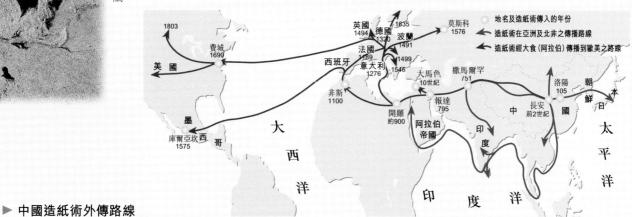

▶ **中國造紙術外傳路線**

農業帝國與草原帝國首次角力

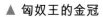

公元 3 至6世紀，歐亞大陸的農耕帝國遭受遊牧民族大侵襲，中國的漢朝、南北朝苦於匈奴、鮮卑等民族的入侵，羅馬帝國亦遭受日耳曼等蠻族的入侵。這次農耕帝國與遊牧民族的戰爭，最早的戰火爆發在公元前 2 世紀的中國。

中國由夏朝直至戰國，千百年來，戰爭都主要爆發在黃河和長江流域的農業區，敵對雙方也都是農業群體。而秦漢時蒙古草原的強大遊牧民族匈奴，發展成為佔據長城以北廣大地區的草原帝國。他們不斷向中原發動大規模的騎兵閃電式攻擊，攻勢之強猛，使農耕民族無力還擊，構成對統一大帝國的最大威脅。

▲ 匈奴王的金冠

匈奴實行軍政合一的體制，整個民族就是一支組織嚴密的軍隊。"單于"是匈奴最高的軍事統帥，下設左、右賢王。單于本部與左、右賢王部構成了匈奴的主力集團。他們既是部族首領，又是軍隊將領。王位實行世襲制。這應是匈奴王的金冠。

▶ 匈奴金鹿形怪獸

匈奴喜歡用黃金作裝飾，圖案以草原常見的動物為主題，表現濃郁的遊牧民族風格。這是以鹿為原形的怪獸。

秦始皇曾發十萬大軍征伐匈奴，又建築萬里長城抵禦騎兵的入侵。但是秦朝強大卻短促，沒有重擊匈奴。而漢朝的境內經過長時間相對穩定的發展，北方邊境安全成為僅有的威脅，漢朝於是將抗擊匈奴放在國防戰略的中心位置。從此，漢帝

▶ 青銅扁壺

壺的背面扁平，肩部有四個用來穿繩的鈕，便於攜帶，是匈奴人的飲水和飲酒器具，適合遊牧民族逐水草而居的需要。

匈奴

西域都護府

漢

- - - 政權部族界

◀ 公元前 1 世紀匈奴帝國的勢力

秦漢之際，匈奴兼併周邊民族，形成東自遼河，西越蔥嶺，北達貝加爾湖，南抵長城的強大草原帝國。

國與匈奴展開了數百年的殊死搏鬥，中國的主戰場第一次由農業區轉移到長城以北的廣闊草原，戰爭規模空前。這是農業帝國與遊牧帝國首次全面的大角力。

匈奴具備了軍政合一、組織嚴密的優勢，人人都是騎馬善戰的勇士，總計有騎兵三十萬。這種軍事體制使匈奴隨時可以舉國出戰。漢武帝亦動員龐大的人力物力，多次發動抗擊匈奴的戰爭。在征戰與和親的交替作用下，匈奴終於解體，大部分歸入漢朝，成為中國多民族的一員，另一部分逃亡，輾轉到達歐洲。此後二百年間北方邊境恢復了寧靜。

◀ 漢朝指揮軍官
這是漢朝初年出征作戰軍隊的指揮官的形象。

▼ 單于和親瓦當
漢匈戰爭使匈奴損失慘重。其中呼韓邪單于一部投降漢朝，南徙長城一帶，要求與漢朝和親。公元前33年，漢朝皇帝把王昭君嫁給他，漢朝改年號"竟寧"，取其邊境安寧的意思。這件瓦當是呼韓邪單于在塞內居住的館驛的建築構件，刻有"單于和親"四字，反映昭君出塞和親確是當時的一件盛事。

仰臥馬下、手執弓箭的匈奴武士

▶ 馬踏匈奴石雕
這是領軍出征攻打匈奴的著名將軍霍去病墓前的石雕，是漢武帝為表彰他的戰功而建立的紀念碑。

騎兵時代的來臨

適合掛在馬背上的扁形酒壺

漢軍最主要的進攻目標，是來自北方由騎兵組成的匈奴軍隊。匈奴熟悉草原地形，騎兵戰術靈活多變，快速機動。更重要的是，匈奴強調以突襲方式主動進攻，勝利時連續突擊，務求全殲；戰敗時迅速撤退，決不戀戰。這種高度的機動性和爆發力，使習慣在中原作戰的漢朝軍隊防不勝防，這也是歐亞大陸所有農業國家都深切感受的危機。

▲ 石雕騎兵

這是漢朝騎兵的形象。他們多在西北方寒冷地區征戰，需要飲酒禦寒，因此備有飲酒器具。

漢匈戰爭爆發，為了適應對北方匈奴作戰，漢朝的軍隊職能、兵種構成、作戰方式等，都發生重大的變革，由秦朝車兵和騎兵並重的軍團轉為以騎兵為主力的軍團，騎兵時代正式來臨了。

為了對付匈奴，漢朝的第二任皇帝開始建立騎兵部隊。漢武帝時期的騎兵已經成為軍隊的主力。漢匈戰爭規模逐步升級，小型戰役出動騎兵數萬，大型戰役出動騎兵數十萬，軍團化的騎兵戰爭已是大勢所趨。

漢武帝信任的衛青和霍去病是傑出將領，他們創立了騎兵軍團戰術，完全突破了先秦兵法中適應農耕民族作戰的模式，以快速和衝擊力強的特點，為漢軍的戰術開創了新天地。漢匈戰爭主要在荒原大漠和高山地帶進行，先秦兵書把這些地形稱為騎兵的"死亡地帶"，在這裡難辨方

▶ 執盾的步兵

這是漢朝初年的步兵形象。當時的士兵都是從全國徵用的，二十至六十歲的男子都要服役，為期兩年。但到了公元前 2 世紀的漢武帝時期，由於漢匈戰爭激烈，徵兵制無法應付需要，於是改行募兵制，漢武帝對應募者給予豐厚的賞賜。在賞金的刺激下，募兵比徵召得來的士兵更具戰鬥力。

— 闊沿尖頂鈎形帽

◀ 漢軍中的夷兵

漢朝招募少數民族入伍，稱為"夷兵"。他們主要來自北方、西域各國以及南方的百越和西南夷。夷兵多在邊境駐防，戰鬥力強於漢人。這是青銅鑄造的夷兵形象，在新疆伊犁地區出土，這一帶在漢朝屬於西域都護府管轄。這個夷兵巨目高鼻，形象驃悍勇猛，裝束與漢族軍人有很大分別。

袒胸 —

穿裙 —

跪地乞降的胡兵

張弓欲射的胡兵

向，糧草供應困難，應該遠遠避開。但衛青、霍去病則以熟悉地形的邊民作嚮導，又有漢武帝提供的充足軍備，使數十萬騎兵遠征7000多里、跨越沙漠作戰的夢想成為事實。漢軍騎兵直逼匈奴腹地，殲滅匈奴主力，取得前所未有的戰績，這是前人絕對無法想像的。

◀ **漢武帝的西極馬**

漢朝把的飼養和繁殖戰馬列入國防戰略，稱為"馬政"。漢武帝更是對珍貴馬種着迷，張騫出使烏孫，得到品種優良的伊犂馬，獻給漢武帝。漢武帝極為讚賞，賜名"西極馬"。這件在漢武帝的陵墓出土的鎏金馬，就屬於伊犂馬種，是漢武帝專有的良種馬形象。

▲ **腳踏飛燕的天馬**

漢武帝命令李廣利率軍在四年內兩次遠征大宛（今天的烏茲別克），奪取有"天馬"之稱的汗血馬。李廣利率領六萬騎兵，以十萬頭牛、三千匹馬、上萬匹駱駝、驢、騾運送物資，加上舉國招募的後續部隊，終於攻入大宛，以巨大的代價得到汗血馬數十匹。這件青銅奔馬，表現出馬行疾速，超越飛鳥的一瞬間，再現了漢武帝不惜代價追尋的天馬形象。

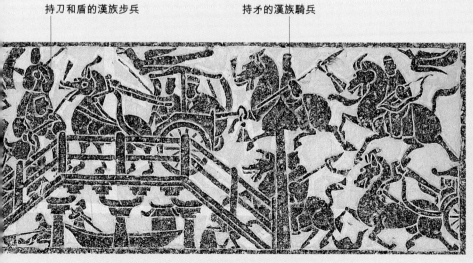

持刀和盾的漢族步兵　　持矛的漢族騎兵

◀ **胡漢交戰畫像石**

漢朝的墓室牆壁不少刻了大量的圖畫，通常以當時生活或重大事件為主要題材。漢朝對匈奴長期征戰，因此"胡漢交戰"就成為畫像題材之一。畫中的漢朝官兵與胡兵格殺，雙方短兵相接，戰鬥激烈。

銅牆鐵壁的長城防禦體系

▲ 張掖都尉棨信

這個用紅色繒帛製成的幡信（即旗幟），上有供懸掛用的綴繫，正面用墨書篆文寫上 "張掖都尉棨信"，是漢朝駐守在長城邊城的高級官員專用的旗幟。

從根本上說，漢朝雖然傾盡國力擊敗匈奴，但無法長期支撐在沙漠的遠征。長城處於農業區與遊牧區的分界處，有經濟隔離帶的作用，是農耕民族對付遊牧民族進攻而採取的防禦措施。漢武帝以秦始皇修築的長城為基礎，繼續完善他的偉大工程。在抗擊匈奴的戰爭中，取得一片土地，就修築一段長城。還增設了邊城、障塞和烽火台等設施，形成漢帝國北部的堅固防線。進可作為前進基地，守可作為防禦前沿，能有效阻遏快速機動的匈奴騎兵。長城沿線還加強邊防前沿的訊息傳遞，建立起密集的驛站，使邊境與內地的訊息傳遞更加高速而緊密，這對以突襲、奔襲為主要戰術的騎兵時代，尤為重要。

供士兵居住的房屋

為確保邊疆安寧，漢朝由內地遷徙一百二十萬移民到長城沿線和西北邊塞安家落戶，他們把中原的農業生產技術和生活方式帶到邊塞。移民全部實行軍事化管理和教化，居則為民，戰則為兵，以適應戰事。漢朝在邊疆有駐軍約六十萬，軍需主要依靠內地供給，負擔沉重。漢武帝命令邊防軍投入農業生產，以紓緩後勤供應的壓力，稱為 "屯田運動"。移民和屯田這兩項國防戰略，既保障了邊境安寧，又促進了西北的經濟開發。

◀ 敦煌烽火台遺址

這個漢朝的烽火台，雖然已有兩千年歷史，但台階、屋門框，以至木樑架，仍然完整。烽火台是長城防禦體系的重要部分，是用於傳送戰情的警報設施。一般選擇在長城沿線視野寬闊的山巔或草原高地上興建，有的更直接建在長城上。烽火台之間相隔3～5公里，以能相互望見為準，依次傳遞警報。

小城堡，內設瞭望樓，上層可觀察敵情，下層是糧倉

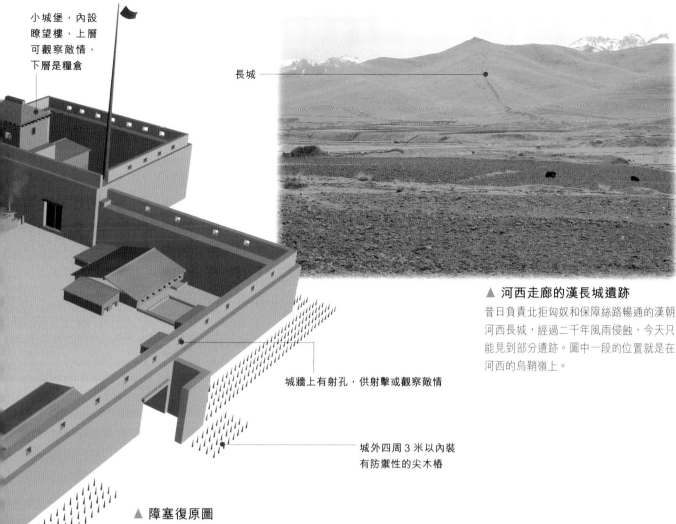

長城

▲ 河西走廊的漢長城遺跡

昔日負責北拒匈奴和保障絲路暢通的漢朝河西長城，經過二千年風雨侵蝕，今天只能見到部分遺跡。圖中一段的位置就是在河西的烏鞘嶺上。

城牆上有射孔，供射擊或觀察敵情

城外四周 3 米以內裝有防禦性的尖木樁

▲ 障塞復原圖

障塞是駐守在邊城的邊郡長官派出的分支，為障尉（障塞的長官）率兵屯居之所，也就是邊防哨所，位置在長城與邊城之間，規模比邊城小。障塞的平面呈正方形，邊長 50～200 米不等，有甕城形的城門。障塞中的駐軍人數由數十人至百人不等。這是長城上典型的障塞。

▶ 敦煌效谷懸泉置

懸泉置是河西走廊的重要驛站。漢朝邊境每 50～80 公里設一個驛站，主要作為軍事服務的中轉站。

▲ 萬石倉印

漢朝士兵每人按月獲配糧食25.5千克，食鹽 0.6 千克。糧食由後勤官員發給軍廚定量做飯。糧食進倉和出倉，都要有嚴密的手續，並加蓋官印。這個軍隊管理糧倉的官印，在內蒙古出土。

◀ 敦煌大方盤城

漢朝的邊防線相當長，糧草供應主要依靠內地轉運，途中消耗巨大，所以漢武帝便下令邊防軍從事農業生產，幫補糧餉。這是漢朝軍隊屯田的糧庫所在地。

疆域擴張中的對抗與包容

漢匈之戰使漢朝的北方疆域大大擴張，多民族的大帝國又增加了許多新成員。但是，漢朝要實現真正的民族大融合，不僅依靠激烈的對抗和征戰，由秦始皇所創立的全國一體化的國策，經過漢朝數百年的繼續推行和改造，已經大見成效。共同的經濟、文化和文字、思想理念、社會準則等，發揮了無可估量的作用。

漢朝在邊疆地區，每征服一地，就建立管理機構，任命當地的民族首領擔任行政長官，並封侯賞賜。政府大力推廣先進的牛耕和精耕細作技術，又有中原移民屯田墾荒，大大提高了落後地區的經濟，南方沿海甚至飛躍成為商業貿易最發達的地區。

周邊各民族大多沒有文字，不利於表達本民族的文化和觀念。而普及到全國的漢字，將儒學為基礎的正統文化和思想觀念，以無形的巨大力量灌輸到各個民族，使他們在潛移默化中接受了大帝國的觀念。許多邊境民族的統治者和精英才俊都努力學習漢字，接受儒學。同時漢朝也積極吸納和包容來自四面八方的文化和思潮，更加鞏固了多民族、多元化的統一國家。

當時，羅馬與漢朝同樣面臨多民族融合的難題，羅馬帝國雖然推行官方的拉丁文，但這種拼音文字缺乏象形文字脫離語言的優勢，所以維繫國家統一的效果就不及推行象形文字的中國。

戰國時期的主體民族華夏族，此時成分更加壯大和複雜。隨着漢朝威名遠揚，"華夏族"之名被"漢族"取代了，延續至今。

▲ 三人一牛銅釦飾

這是三名滇人武士在出征作戰時俘獲一頭牛，凱旋而歸的場面。牛是滇人民族精神的象徵，在他們的藝術品中經常有牛的形象出現。

▲ 滇族男奴隸主

◀ 南匈奴王的官印

漢朝晚期，匈奴分裂為南北兩部。南匈奴對漢稱臣，遷居到今內蒙古一帶，協助漢朝戍邊，逐步轉為定居的農業生活，漢朝每年向他們供應大量錢財物資。這方由漢朝賜給南匈奴王溫禺鞮的官印，刻有"漢匈奴粟借溫禺鞮"字樣，可以證明兩者的關係。

"粟借"是南匈奴的貴族姓氏

▶ 雲紋玉獸角形杯

漢朝在南方開通了連繫中國與西方貿易的海路，口岸設在地處海灣天然良港的番禺，這處是南越國的首府，即今日的廣州。這裡最先成為南方的經濟中心。王室貴族流行的犀角、象牙、珍珠和香料等高級舶來品，都是經海路由番禺進入中國的。這件青玉酒杯，是南越國王的酒器，造型和裝飾都極罕見，應是產於中亞地區由海運進入南越國的舶來品。

上至頸部、下至膝部的鎧甲，比中原士兵的鎧甲防護更周全

人頭

▲ 銅釦飾上的武士凱旋場面

滇族有征戰的天性，但只掠奪周邊的弱小民族，與中央的關係比較親和。這是滇貴族衣服的釦飾，雕塑滇族武士出征後勝利歸來的場面。兩名武士帶着俘獲的戰利品，包括一頭牛、兩頭羊和一名被繩索縛起的背負孩子的婦女。走在前面的武士，手中還提着有髮辮的人頭。由此證明，滇人保持着原始的野蠻和掠奪性。

祭祀用的權杖

◀ 滇族女奴隸主

漢武帝時期，西南的滇族地區正式納入漢朝版圖，成為多民族統一國家的成員。滇族本身有一套嚴密的社會等級制度，滇王是部落聯盟最高統治者，旗下部落由奴隸主統領。他們藉着佔領土地，俘虜奴隸，搶掠牲畜來擴張財富和勢力。滇族還保留原始社會重視母權的傳統，青銅器上的女奴隸主形象通常高大突出，佔據重要位置。

▼ 南越國王的絲縷玉衣

漢朝初年，一位姓趙的秦軍將領在嶺南一帶建立南越國，版圖包括百越大部分地區，公開與漢朝抗衡。後來，漢軍討平南越，在當地設郡治理。這是第二任南越王的葬服，長 1.73 米，用紅色絲線將二千多片玉片編綴而成。漢朝禮制規定，玉衣是皇帝、諸侯王和皇室宗親的專用葬服，按尊卑分為金縷、銀縷、銅縷三個等級。目前全國共發現四十多件玉衣，絲縷玉衣只有一件。

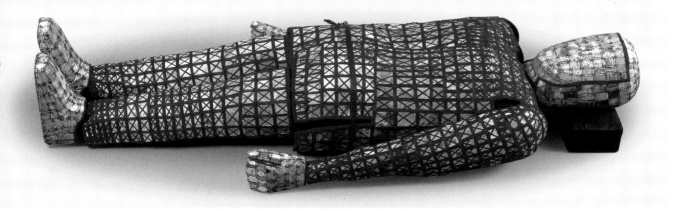

使節開拓的絲綢之路

漢朝和羅馬這兩個強國，雖然並存在歐亞大陸兩端一段時間，但互相認識不深，直到漢朝為了對抗匈奴，派使節去到中亞，接觸遙遠的另一方再不是夢想。

在漢朝的西北沙漠綠洲和山谷盆地中分佈有三十六國，統稱"西域"。早在商周時期，戰車和冶鐵技術就是由這裡傳入中原的。匈奴未被打敗前，由蒙古草原向西域侵擾，逐漸成為這裡的霸主，各國每年要向匈奴進貢。漢武帝為了尋找共討匈奴的同盟軍，兩次派使節張騫出使西域，歷時十幾年，開啟了漢朝與西域各國的外交之門。漢武帝擊退匈奴後，設置地方官府，冊封西域各國的國王，頒給他們官印，又調派軍隊在這裡屯田，保障了西域的安定，也保衛了中原通往中亞道路的暢通。

▲ 掛毯上的西域人面紋

這件漢朝的毛織品是一塊掛毯的局部，在新疆出土。這個人面形象巨目高鼻，具備西域人的輪廓。在紅地上由彩色的緯線顯出人面的形象，以彩色暈染雙目和鼻翼，使人物更生動，更富立體感，這種西方的凸凹畫法，是西方文明東漸的明證。

張騫出使不僅達到軍事目的，還打通了橫貫歐亞大陸的絲綢之路，成為二千年前世界的一大奇跡。張騫之後，漢朝使團源源不斷出訪各國，足跡遍及中亞各地，以求建立外交和通商關係，每個使團都帶有數萬頭牛羊和價

◀ 波斯風格的銀豆

漢朝王族的隨葬品。原是古波斯阿赫美尼德王朝貴族流行的放置藥丸的銀盒，公元前 2 世紀經羅馬流傳到漢朝，應是政府之間饋贈的禮物。後經中國工匠在盒上配置足和鈕，具有中西合璧的效果。

◀ 羅馬玻璃瓶

漢朝和羅馬兩大帝國都希望建立官方外交關係。公元97年，漢朝使者出使羅馬，行至波斯灣，半途而返。公元100年，羅馬安敦尼王朝派使者出訪漢朝，到達都城洛陽，並向漢朝皇帝送禮物，求結盟約，一時驚動朝野。漢朝皇帝向使者頒授最高榮譽——紫綬金印，從此雙方正式建交通商。這件玻璃瓶是貴族的隨葬品，是羅馬製品，應是羅馬與漢朝建交時期傳入中國的。

值巨萬的金幣、絲綢。絲綢順着使者往來的道路運出西域，遠達地中海，成為世界聞名的熱門貨，羅馬皇室甚至掀起了競爭攀比穿着中國絲綢盛裝的奢侈風氣。

絲路上最早的旅客，是頻繁往來的各國使節，商隊、教士隨後而來。中國、印度、波斯安息王朝、羅馬等彼此陌生的、各具特色的文明，在絲路上，尤其在西域地區交融和傳播，由此產生了兼具東西文化特色的、奇異的西域文明。此外，西方的奇珍異寶、歌舞技藝和民俗民風也傳入中國，為漢朝帶來一股"胡風"。這一時期的歐亞大陸是世界上文明高度發達的核心區，而東方的漢朝與西方的羅馬，這兩個最強盛的、版圖疆域最廣闊的大帝國，也由絲路連接起來。

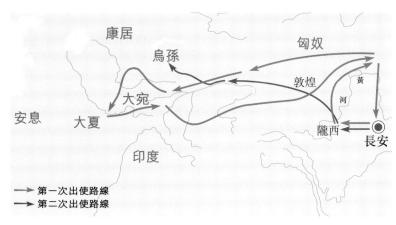

→ 第一次出使路線
→ 第二次出使路線

▲ 張騫出使西域的路線

◀ 張騫出使西域壁畫

敦煌莫高窟壁畫描繪了漢武帝派遣張騫出使西域到達大夏的情景。

① 張騫辭別漢武帝　　② 張騫與副使往西域途中　　③ 張騫到達目的地

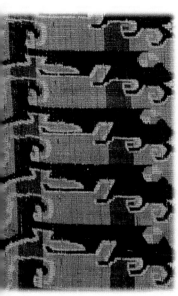

◀ 輸出西亞的漢朝織錦

大家一直認為，當時世界上的兩大帝國，漢朝以發達的農業著稱，羅馬以發達的商業著稱。其實，漢朝是憑着繁華的商業和精美絕倫的手工業產品享譽世界的。這是漢朝官營紡織工場專為輸出西亞地區而織造的錦，圖案是波斯流行的風格。

▶ 希臘神像圖案的織物殘片

歐洲貴族得到中國的絲綢，為之付出了黃金和高貴的羊毛織物等巨大代價。西域出土的羊毛織物殘片，是從歐洲運往中國的商品，織有一人騎馬的圖像，有人推測是馬其頓亞歷山大大帝畫像，或希臘神話中人頭馬腿怪涅索斯的畫像，又或是公元前11世紀起源於巴比倫的人馬星座。

世族與皇帝共治天下

秦漢帝國維持了四百年的統一局面，到公元220年宣告結束。全國陷入一場歷時三百多年的大動盪，漢族政權四分五裂，來自北方的胡族政權亦加入了逐鹿中原的戰事中。

這次大變動淵源於漢朝內部。漢帝國在擴張疆土之時，王室貴族和高官也熱衷於擴張自家的地盤，大肆購置田產、山林河川甚至礦產資源，以經營自給自足的莊園，稱霸一方。莊園的膨脹，使官僚、商

▲《洛神賦圖》中的世族男子
魏晉南北朝是豪強世族的天下，他們或為一地著姓，或為朝廷重臣，通常都有雄厚的經濟實力。他們建立自給自足的莊園，過着優哉悠哉的日子。畫中的世族男子一身華衣美服，踞坐方榻上，眾隨從站立侍候，盡顯貴族風度與優越地位。

◀ 北朝文官俑
南北朝的世族地位顯赫，政治圈內莫不是名門望族。這是北朝文官形象。

原始考試卷被人剪裁成為鞋樣

考生名 "諮"

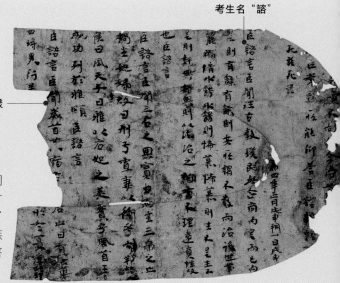

▶ 秀才對策文
南北朝時，部分國家仍實行與漢魏相同的選舉制度。當時世家大族將選舉秀才作為擴大政治勢力的手段，統治者為了維護統治，在選舉秀才時，也重用世族子弟。這是策試秀才的試題和考生的答題殘件，秀才 "諮"，應出身世族。

人、地主"三位一體"的豪強世族世代為官。東漢皇帝就是豪強世族扶植上台的,他們牢牢控制了整個國家的政權,皇帝集權遭到前所未有的威脅。

東漢晚期,地方割據勢力興起,豪強世族又控制了選拔官吏、進入仕途的通道。後來推行的選官制度——九品中正制,主要由世族出身的官員負責選拔人才,他們選拔官員忽視才能和品德,家世門第卻成為唯一標準,這使門閥世族控制朝政的特權合法化。新選官制度推行後,世族掌握了國家各級政權,世代盤踞高官重位,甚至與皇帝共治天下。

在南北分裂的政權中,豪強世族的勢力達到極致。大批中原望族隨晉王室南遷,與江南土著世族聯合,控制了南方的政權。北方未能南遷的漢族世族,也與入侵中原的少數民族統治者聯合,共同治理國家。凸顯了"上品無寒門,下品無勢族"的畸形社會現象。

◀ 世族的出行儀仗

皇室及王公世族把出行視為顯示身分的機會,主人乘坐在裝飾豪華的馬車裡,前有導從車輛,旁邊有護衛,其數量依官階的高下而增減。南北方也有差別,南朝出行隊伍是車騎與步從並重;北朝則以騎馬出行為主。這是北方貴族騎馬出行的場面,前後由身穿盔甲、持武器旌旗的騎馬侍從簇擁而行,聲勢喧赫。

◀ 世族的名刺

名刺就是今天的名片。魏晉時代,世家大族之間的交往,很講究對方的門第和官位。世族在拜訪時,流行出示名刺作為自我介紹。這塊名刺,屬於一位出身世族、名叫高榮的人,名刺用木製,厚達1厘米。

沛國是郡名;
相是官職

高榮的別名

▶ 世族的牛車

世家大族出行,除了氣勢以外,還要求舒適。當時南方的世家大族流行坐平穩度較高的牛車。這輛牛車的車箱有窗有門,十分講究。

富甲一方的莊園

家兵防守的望樓

佃農正背糧邁向倉門，準備交納糧租

▲ **四層糧倉**

貯藏糧食的倉房是莊園中的重要設施。漢朝後期，樓閣式糧倉出現，而且越建越大，可以大量貯糧，有的甚至足夠維持莊園數十年的用度。此為典型的大型倉樓，在高層開風窗，保持空氣流通；底層設圍牆，防止糧食被偷。

漢朝後期，豪強積極經營莊園，當時的莊園是他們的經濟和軍事力量的來源，漢末的大軍閥不少都是依靠莊園主的支持才能割據一方的。

魏晉時代，取得政權的豪強世族，制訂了一系列的法律和制度，保障世族階層的利益。尤其從中原南遷的世族，為了保障在北方固有的優越地位，法律規定按官職品級佔據大小不等的土地和山林川澤，致使江南世族更加肆無忌憚地搶佔農田，擴充莊園，佔地跨州越縣，面積將近萬里，還霸佔成千上萬的奴婢，莊園經濟由此迅速膨脹起來。原本由國家控制的土地和農民，大量轉入為莊園主的私屬產業，國家空虛由此而來。

由於社會動亂，貨幣失去信譽，社會上流行用貨物交換的貿易。為了應付戰爭需要，積蓄足夠的自保能力，自給自足是最恰當的經濟模式。豪強世族在兼併而得的連綿沃土上

精心經營私家莊園，這裡一切生活必需品全部自己生產而無需外求。農、林、牧、漁等多種形式的生產，甚至紡織、鑄造、釀酒、製藥、礦產等百工

▲ **莊園的生產 —— 牛耕**

士族私佔土地後，最直接受害的是農民。動亂頻仍的魏晉南北朝，原本自由的農民為了自身的安全和生活着想，也要依附於世族，在莊園從事最主要的經濟生產——農耕，但地位與奴隸無異。

▲ **莊園的生產 —— 牲畜配種**

畜牧業對莊園生產的重要性，並不下於農業。莊園裡六畜齊全，以飼養馬、牛、羊為主。這幅壁畫繪畫了兩隻馬正在配種。

技藝，一應俱全。其產品佔據商品市場的主導地位。富甲一方的莊園儼然是一個獨立王國，"僮僕成軍，閉門為市，牛羊掩原隰，田地佈千里"，是莊園景象的真實寫照。這類莊園南方比北方更發達。

莊園也成為世族在政治、軍事、經濟上爭取更大利益的堡壘，有的莊園主被朝廷委以重任，顯赫一時。有的莊園主既是族長，又擔任地方長官，形成在莊園主監督下的地方政權。為了保障世族高貴而純正的血統，世族之間利用婚姻結成政治網絡，把持朝政，是普遍現象。但是世族橫行也做成非世族的人才憤憤不平，尋找機會動搖世族的勢力。

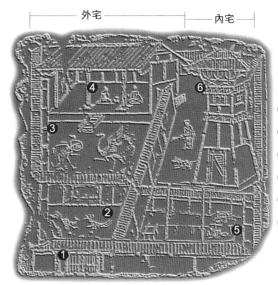

◀ 莊園的庭院
這是莊園主居住的庭院。

❶ 大門
❷ 前院
❸ 後院
❹ 客廳
❺ 廚房
❻ 望樓

◀ 昔日莊園的集中地 —— 紹興東湖
魏晉南北朝的豪強世族身處亂世，朝不保夕，他們縱情享受山林野趣。南朝莊園將山林川澤納入其中，更向園林化發展。這裡是會稽郡（今紹興）東湖，因"千巖競秀，萬壑爭流"，是東晉南渡世家仰慕的佳境，當時有許多著名的大莊園坐落此地。

◀ 莊園的生產 —— 採桑
這是西北地區莊園中女奴婢的採桑情景，說明莊園中自給自足的經濟形式之一 —— 種桑紡織相當普及。

▶ 莊園的生產 —— 釀酒
釀酒是莊園的主要生產之一。莊園自設酒坊，除供莊園主消費外，還大量出售，數量相當可觀。這是大莊園酒肆作坊生產的情景。

工人推着裝滿酒甕的車，準備運酒出售　　準備釀酒原料　　工人用酒甕承接從酒槽濾出的酒

釀酒槽

莊園中的世族與下等人

莊園裡有各式各樣的人，很大部分是由於社會貧富分化，大量農民在土地兼併中破產，無以為生，淪為世族莊園的農奴，甚至奴隸。豪強世族富有的標誌，不僅是擁有萬頃膏田，還擁有成千上萬的武裝家兵、農奴和奴隸。

各地大小莊園主都是有社會地位的豪強世族，他們或為當地大姓，擔任地方屬吏，仗勢左右地方局勢；或為高門大族，出任朝廷官職，參與國家政治。即使沒有一官半職的，也因為出身高門和擁有經濟實力，享受着奢華享樂的莊園生活。莊園毫不比帝王的宮苑遜色，其間有亭台樓閣、山石林泉，裝飾華麗。甚至皇家宮苑都效仿著名莊園的風格。

莊園主可以維持如此優悠豐足的生活，在於他們擁有大量的土地和勞動力。大量失去土地的平民，迫於戰亂和生計，投靠莊園主，淪為莊園的下等人，在莊園中的地位很卑微。他們依附於莊園主，戶籍都歸屬為莊園

▲ 棋弈木俑

在動盪的年代裡，莊園主仍然享受着歌舞昇平的生活。棋弈，是貴族莊園聚會時必不可少的項目，在當時還是凸顯優雅高貴之風、顯示貴族身分的技能。

高捲的帷幔，通常是整幅的絲綢縫製而成

燒炭取暖的容器

面寬而矮的坐榻

▶ 講究的士族居室

畫中盛妝的男女主人相對，脫鞋屈膝而坐。描繪的家居陳設及服飾等，就是當時望族名門的真實生活。

▲ 梳妝圖

莊園中的奴隸有生產和非生產兩種，負責生產的主要從事手工業和農耕。非生產的奴隸主要是從事家內服役的奴婢和歌舞伎樂。這位奴婢正在侍候主人梳妝。

▲ 守衛圖

守衛手持木棍，帶了狗隻，看守莊園。

主管轄，不由政府控制。他們雖不用向政府交稅或服役，但須聽任莊園主的差使，從事各種生產、作戰、雜役等工作。

在下等人中也有尊卑等級之別，與莊園主有血緣關係的宗親和賓客組成的家兵地位最高；勞作的農奴身分低一些，但不能隨意買賣；奴隸是最卑賤的人，不僅失去土地，也失去人身自由，屬於莊園主的私人財產，可以隨意買賣，他們的境遇甚至倒退到如同二千年前的商周時代的奴隸。

男女主人和賓客對坐談話

對鏡梳妝的女人

郊遊

正在馴鷹的男人

▶ **世族生活圖漆盤**
這是世族家居的生活場景。畫面分上中下三層，上層是宴賓場面，中層是家庭成員的日常生活，下層為郊遊場面，畫面呈現出世族豐富的休閒活動。

◀ **簸糧女陶俑**
一名奴婢的價格與一頭牛的價格相當，當時奴婢市場相當活躍。奴婢逃亡或反抗，要處以極刑。這位拿簸箕的婦女，應是負責莊園雜務的奴婢。

簸箕是揚米去糠的工具

切好的肉放在盤中

俎案

▶ **庖廚圖**
廚房內放滿肉食，僕人忙於切肉，為宴會做準備。當時，一般百姓以至低級官員是吃不起肉的，只有世族才在宴飲中吃肉。

豪強的軍事防禦 —— 塢堡

在兵匪不分的戰亂時代，人民為保生命，與同姓和鄉里建築牆垣高、易防守的堡壘。各地的豪強世族，也紛紛強化莊園的防禦，組織自己的兵丁。一種稱為塢堡的防禦性軍事堡壘林立。這是軍事、經濟、政治一體的組織，也是具有時代特徵的產物。

塢堡一般都建立在地勢險峻的山間或溪澗水源之處，這樣既能據險而守，又可耕種灌溉，當然也有在平原、河邊建塢的。與城池相比，塢堡面積小，有高聳的瞭望角樓。一旦受胡族鐵騎的攻擊，盜賊流寇的搶掠，宗族成員便可以據塢堅守。等到敵人離去，危險解除，又可出塢耕種。

塢堡以宗族為單位，由數十戶至百戶族人組成。塢主大多由控制宗族權力的世族豪強擔任，但也可以通過舉薦產生。有的大小塢堡聯結成群，共同推舉出"統主"，勢力更加強大。塢

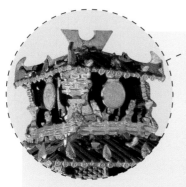

◀ 武裝家兵
莊園的軍事武裝都是由世族的宗親和賓客組成的。家兵在每年春、秋季的農閒時期，要進行射擊訓練，平時負責巡邏和保衛莊園，農忙時是勞動的主力，戰時又要舉兵參戰。這位家兵身穿武士裝，腰佩長刀，左手提繩，右手提加工糧食的簸箕，標誌家兵具有亦兵亦農的身分。

▶ 望樓模型
望樓通常都是多層建築，與角樓的作用一樣。在高聳的頂樓上懸掛大鼓，並有家兵巡視瞭望，一有敵情，立即擊鼓報警。

▶ 水榭亭
這是莊園中園林的縮影。堆土成山，引水成池，其間樓閣亭榭相連。亭中有人表演歌舞，四周卻有張弓持弩的家兵，嚴陣以待。這種水亭既是莊園中的遊樂場所，也具有防禦功能。

張弓的家兵

主督護族人，主持各項事務，安排生產與生活，指揮守備與作戰。世族控制下的塢堡成為一方霸主，並參與或主導當時的軍事割據戰爭。他們憑着雄厚實力，以武功為自己開闢政治道路，這也是世家大族興盛的一個原因。

戰亂的北方，塢堡數量比南方多，分佈很廣。北方塢堡已經成為地方上強大的軍事勢力，也是平民百姓賴以生存的主要場所。大小塢主對於少數民族統治者，有依附的、也有對抗的。由於塢主具有軍事實力，蔭附大量人口，事實上是在與國家爭奪政權和經濟地盤，因此塢主與胡族政權之間明爭暗鬥，政府也採取各種措施，限制塢堡勢力的發展。

供偵察瞭望的角樓

角樓

▲ 壁畫中的塢堡

北方兵戈擾攘之際，未能南遷的世族，都築塢自保。為了加強力量，他們結聚在一起，有些是同宗同族，有些是姻親，關係極為密切。這是魏晉時期的壁畫，真實描繪了在軍閥混戰下，地方世族築塢自守的情景。

◀ 城堡模型

這是南方的小型莊園城堡。在城堡四周是高牆，四角建角樓，家兵可以從高處瞭望和防衛。底層沒有窗，只有高層才有通風的窗，是城堡防禦敵人入侵的措施之一。

氈帽的後沿長，
可保護後腦

護領的短袖皮甲

► 拿刀的家兵

這兩個陶俑，粗眉濃髯，手執武器，應是負責莊園保安的家兵。他們雖然都是莊園裡的下人，但地位比一般奴婢高。

◀ 彩繪騎士陶俑

黃河流域以北地區的世族大莊園，多組建騎兵保衛莊園的安全，而且一般都是輕裝騎兵。這件陶俑，裝束輕便，便於行動。戰馬沒有披甲，是典型的輕騎兵形象。

來自北方胡族的衝擊

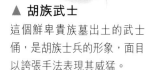

▲ 胡族武士

這個鮮卑貴族墓出土的武士俑，是胡族士兵的形象，面目以誇張手法表現其威猛。

軍閥混戰揭開了帝國分裂動盪的序幕。生活在漢朝版圖北部的少數民族：匈奴、鮮卑、羯、氐、羌等，統稱"五胡"，趁漢朝衰落的機會，紛紛建國，即"五胡十六國"。蒙難的漢帝國，與羅馬帝國同樣在外侵與內患中滅亡了。一向是政治、經濟、文化中心的黃河流域遭到空前的破壞，居民十不存一，在擅長騎射、勇武征戰的五胡的鐵騎下，大量流民南遷。

大舉南遷的中原漢族，以淮河或長江為界，堅守國土。中原尚存的百多萬人口，漢族不足一半。在動盪的三百七十年中，南北對峙局面持續了三百二十年。

北方的五胡國家不斷互相攻伐，政權更替有如走馬燈，人民流徙於途，生命朝不保夕。

▶ 重裝甲馬作戰圖

在魏晉南北朝，大小戰爭無數。受摧殘最烈的是北方，因為北方是胡族入據中原的大前方。由漢末割據地方的軍閥混戰，到五胡十六國混戰，到北朝幾次政變易主，北方政局穩定的時間很短。此圖表現了北方戰場上重裝騎兵與步兵作戰的情景。這時期的戰爭以騎兵為主，鐵騎對沒有鎧甲的輕裝騎兵構成極大的威脅，步兵更無法與之對抗。

▶ 輕裝甲騎兵

秦漢時代，流行裝備輕巧、機動靈活、適合運動戰的輕裝騎兵。到魏晉時代，重裝騎兵冒起，輕裝騎兵已不再是騎兵的主流。這是典型的鮮卑武士的裝束，戴雞冠帽，屬於輕騎兵。

◀ 分裂時代的南北分界線

西晉以來，少數民族逐漸強大，後來更控制了整個北方地區，紛紛建國。遷居南方的中原漢族政權，利用淮河或長江天險堅守國土，雙方形成對峙局面。

黃河
鄴
梁、東魏、西魏
南齊、北魏
洛陽
淮河
建康
宋、北魏
魏、吳
長江
東晉、前秦
陳、北齊、北周

◎ 都城
—·— 各個時期的南北分界線

這是繼春秋戰國之後的第二次大戰亂。春秋戰國的主戰場在黃河和長江流域，參戰的主體是華夏各族。而這次的主戰場在長城沿線直至長江以北的中原地區，參戰的有漢族和眾多北方少數民族，戰爭的規模更大、更慘烈。

連綿戰爭使社會動盪不安，激發大規模的人口遷移，結果促進了邊遠地區和南方的開發；而各民族的交往也造就了南北民族大融合，西方文化大量輸入，中原文化大量轉到南方，為帝國的第二高峰 —— 隋唐盛世注入新血液。

▼ **鮮卑貴族的護衛軍**
這是一隊鮮卑貴族的護衛軍及奴僕陶俑，都配以鎧甲騎具裝備，顯示出北方軍隊的特色。

騎馬武士

戴尖錐形盔，外罩鎧甲的武士

▶ **重裝甲騎兵**
隨着五胡向中原入侵，騎兵在戰場上成為主力兵種，為加強防護力，騎馬的戰士和戰馬都配上重型鎧甲。曾在秦漢戰場中發揮巨大威力的遠程弓箭，面對重騎兵，殺傷力便大為減弱了。但重騎兵的鎧甲笨重，行動緩慢，僅適合單騎短兵格鬥，不適宜長距離的戰爭，到唐朝又被淘汰了。

肩上有雙層披膊

披甲的戰馬

◀ **騎馬文官俑**
這是北方文職官員的形象。戰爭使北方文官也穿鎧甲和配備戰馬。文官的鎧甲屬於輕型，冠和寬袖短襦衫是儒雅的官服，與皮鎧甲搭配很不協調，顯示少數民族文官亦文亦武的特徵。

成功的北方民族漢化運動

▲ 代表中央集權的銅虎符

鮮卑族在公元 396 年建立北魏，統治者在以武力統一北方的同時，用了二十年時間，從遊牧民族的部落聯盟向中央集權國家體制過渡。這個虎符代表着皇帝的權力，以及北魏已經進化成一個中央集權國家。

北方五胡民族在中原建國後，面對漢族廣闊的土地、密集而眾多的人口、發達的經濟和文化以及嶄新的帝國模式，他們深切感到難以控制。為了謀求一套有效的統治和管理方法，高明的胡族統治者提倡全面"漢化"，透過改革自身民族，拉近與漢族的距離，產生同化效果，藉以鞏固在漢地的統治。但推行改革，必須借助漢人的先進文明，這無可避免地觸動本族固有傳統和利益，每每招致貴族階層反對。"漢化"與"反漢化"的兩股潮流此消彼長，反覆激蕩。中國歷史上第一次大規模的民族漢化運動長達三百多年，隨後出現的大唐帝國的輝煌盛世，證實了這場急劇而漫長的漢化運動大獲成功。

在五胡政權的發展歷程中，縱然有個別統治者走相反的路，推行胡化，但總體仍以漢化為主要潮流，當中拓跋鮮卑建立的北魏可以說是最成功的王朝，也是第一個足以與南方漢族政權對峙的少數民族王朝。北魏孝文帝推行的全面漢化運動，包括政治上遷都到中原腹地洛陽、改革官制、禁用胡語胡服、改鮮卑姓為漢姓、禁止鮮卑同姓通婚，進行禮樂刑法改革，經濟上推行適宜農業發展的土地制度和稅收制度等。為了提高鮮卑貴族的社會地位，還提倡向漢人世族的生活方式轉變，提高漢文化修養，誦讀經書，賦詩作畫，成為鮮卑貴族的時尚之舉。這些變革帶動中國的民族大融合，為隋唐王朝的統治者開闢全新而開明的理念。

▶ 表現儒家文化的列女圖屏風

這是北魏重臣司馬金龍的陪葬品。北魏雖然由鮮卑人統治，但治內漢人比鮮卑人還多。厲行漢化的北魏統治者也重用漢人以維持社會穩定。司馬金龍就是受北魏重用的漢人。他原是西晉皇族的後裔，父親在戰亂中降附北魏，他後來與鮮卑貴族通婚，享有顯赫地位。這件漆屏風，畫面內容取材自漢人典籍《列女傳》，是北魏推行漢化運動的精髓 —— 推崇儒家傳統文化的例證。

◀ **拓跋鮮卑的南遷路線**

◀ 嘎仙洞

大興安嶺

遷移路線

陰山

盛樂（公元258年）

黃

平城（公元398年）

河

洛陽
（公元494年）

▼ **遊牧時期的氈帳模型**

拓跋鮮卑原居於中國東北部，漢朝後期在大興安嶺森林中已是相當有勢力的部族。這是鮮卑族在遊牧生活中常用的氈帳，蓋上的氈簾可以活動，上面有兩個窗口，天晴時開啟，以通風和採光，遇有風雨則閉上。

門簾，日間捲起

窗口

◀ **盛樂故城出土的金飾牌**

拓跋鮮卑在陰山之南建立最早的政權，這裡宜農宜牧。在盛樂城發現了大量鮮卑遺物，證實這兒是北魏立國早期的重要根據地，他們在此加強軍事力量，並由純粹的遊牧經濟，逐步接觸中原文化。這塊金飾牌是拓跋鮮卑祖先的遺物，造型是具草原特色的四獸紋。

彈琵琶的伎樂小童

▶ **平城石雕柱礎**

平城是北魏苦心經營的北方統治中心。這件石雕柱礎，是皇宮中帳篷支架的柱礎，而不是木結構建築所用。帳篷柱礎保留了鮮卑族的遊牧遺風。雕工技藝精致而高超，紋飾華美，屬北魏朝廷管轄的雕刻工匠的典型作品。平城有百萬居民，其中不乏中原高級工匠。

◀ **洛陽的鮮卑貴族墓誌**

北魏皇帝為了加強鮮卑與漢族同化，要求鮮卑貴族改用漢姓。北魏皇族就由姓拓跋一律改為姓"元"。這塊墓誌上，這位鮮卑皇族更把北魏最後定都的洛陽視為其原籍貫，可見漢化措施確實達到一定效果。

漢族政權南遷的浪潮

南方在混戰年代，另有一個世界。尤其是長江以南的沃土，更嶄露頭角。這片江南之地，既是軍閥爭奪的地盤，在北方民族壓境時，又是漢族政權退守的半壁江山，政局相對穩定。三百多年裡計有六個漢族王朝相繼在江南建國，據守長江。

此時，北方的戰亂迫使原居於中原的漢人如潮水般遷徙，形成中國歷史上第一次規模巨大的移民潮。移民主要向東北、西北、東南三個方向遷徙，尤以向江南的遷徙規模最大，漢族第一次失去北方時，隨着政府南下的移民，最多的一次達十萬戶。中原的巨萬財富、人才精英和先進技術也隨而向南轉移，給江南注入了活力。新移民在廣闊富饒的土地上，重建家園。

南方的政權為了擴充國力，大力開發江南經濟，發展長江航運和水利灌溉。農業興旺發達，保障了都城和鄉村的糧食供應，商業、手工業使江南蓬勃繁華。長江流域還出現了許多大型的商業城市，尤其六朝相繼在龍蟠虎踞的建業（今南京）建都，使這裡發展成為南方的政治、經濟和文化中心。

南遷的皇室和豪強世族，雖然致力開發富足的江南，但始終以江南為暫時的居所，難以忘懷北方故土。六朝的帝王和貴族仍然固守北方的漢風習俗，並以此為榮耀。都城和帝陵都仿照漢朝建制。更講究出身門第的豪強世族，還沿襲漢朝聚族而葬的禮俗，奢侈厚葬，蔚然成風。

▲ 南方的武士

這位手執盾牌的武士，是東晉步兵的形象。魏晉時代的南方政權，為了應付較大的攻守範圍，已經組建騎兵。但由於地理環境的影響，仍相對重視水軍和步兵的建設。

▲ 長江

長江是南方政權抵禦北方的最強防線，江寬40里（2萬多米），是難以逾越的天然屏障。魏晉時代，形勢北強南弱，北方曾多次大軍壓境，但南方最後總能以少勝多，轉危為安，長江防線發揮了重要作用。

▼ 守衛首都的軍事堡壘 ── 石頭城

南方政權在首都建康城外圍建築軍事堡壘，在建康以西的石頭城是最重要的一處。石頭城依山而建，西北兩面瀕臨長江，在山上及江邊駐紮重兵，盡佔軍事防守之利。憑恃長江天險的優越地勢，易守難攻。這裡可以停船舶千艘，水軍駐紮於港口內。

▶ 隨葬的金飾件

六朝帝王陵墓厚葬之風盛行。魏晉和南朝諸帝雖都下過詔令，禁止在墓葬中隨葬寶器和金銀珠玉之物，要求一律薄葬。但陵墓殘留的遺物有很多是金銀，製作極為精美，證實所謂禁令，徒為一紙空文。這是南齊陵墓中出土的金飾件，有人、葉及鳥等造型，高度不超過2厘米，應是頭飾。

◀ 南朝帝王陵墓的石碑

在帝王陵墓的墓道兩旁放置石刻是漢朝以來的陵墓制度之一。六朝陵墓因破壞嚴重，地面僅留少量神道石刻。這些地面神道石刻，包括石獸、石柱、石碑三種，按先後排列。圖中是石碑。

▶ 南朝帝王陵墓的神道石柱

這種體現了六朝時期中西文化交融的神道石柱，柱上嵌有一塊小碑，寫明墓主人的身分和姓名。

佛教雕刻常見的蓮花紋圓蓋

碑文

與希臘神廟石柱相似的直線條紋柱身

翅翼

▲ 南朝帝王陵墓的麒麟石刻

這些在陵墓的墓道兩旁的石刻，是六朝石雕藝術的代表作。這尊麒麟是一種神獸，是帝王的象徵。四足的爪趾上揚，展翅欲飛，造型生動。

北方傳統經濟重心的衰落

從井中取水的牧人　水井

▲ 畜牧井飲圖
西北及北方地區缺乏河流湖泊，主要依靠開鑿水井獲得水源，以供生活和飼養牲畜之用。圖中的禽畜正圍攏在井旁的水槽喝水。

魏晉南北朝時代，北方是戰爭的主戰場，又遇連年災荒，災民流離失所，紛紛舉家遷徙，黃河和淮河流域成為地曠人稀的荒涼地帶。中原昔日經濟上領先全國的地位動搖，南北方經濟失去平衡，影響極其深遠。

戰亂和天災嚴重打擊了農業，大量田地荒蕪，糧價飛漲，人口流失，是對北方經濟最致命的危害。為了使中原農業復蘇，政府積極組織軍隊和農民開墾農田，其中以三國時期的曹魏和南北朝時期的北魏兩朝的規模最大、效果最顯著。北魏開墾的田地集中在黃河流域，同時推行授田制，政府按照每戶人口數量授予農田和耕牛，還遷徙了十多萬家到都城洛陽。這雖使嚴重衰退的北方農業得以略為恢復，但已無法回復昔日全國經濟中心的地位了。

大規模的移民潮也改變了原來的經濟面貌。魏晉時期從中原流失的人口，其中包括了大量世家大族，他們有一部分西遷至隴西和河西走廊一帶。人才和生產技術源源輸入，使這些原屬未開發的邊境地區，一時成為中原文明的避難所。加以北方政權也積極在此開墾耕地，農業和畜牧業相當發達，使其一躍成為北方新興的經濟區。因此，在經濟中心由中原向江南轉移之時，北方的隴西、河西走廊以及遼東的生產水平，在全國也佔相當的比重，帶動了北方經濟的局部復甦。由此形成的經濟新格局，不容忽視。

▶ 壁畫中的墾田圖
河西走廊的魏晉壁畫中，大量描繪軍隊墾田和生活場面。圖中武裝的士兵和耕地的農民合處一起，反映了士兵戰時打仗，平時耕地，當地百姓也參加墾田的事實。

▲ 移民路線示意圖

▼ 西北地區的農耕系列圖
在河西走廊的墓葬中，有大量表現農業技術的畫面，反映了當地對科學種田的重視。這是一套於旱作地區土壤耕種的畫面，可見從播種到收穫的全過程。播種前用犁翻鬆田地；其次用新技術耙地，可保持土壤水分和抗旱，使種子與土壤緊密結合，以利發芽生長。

耕地
在漢朝發展起來的二牛拉犂翻土技術，在西北地區已經普及。

耙地
耙地是農耕的重要環節，將大土塊耙得細碎鬆軟，使土讓均勻平整。

播種
前面的女人在撒播種子。後面的男人在種子播入土壤後，用櫌敲擊土塊，平整土地，掩埋和壓實種子。

揚場
穀物脫粒後，為去除穀中雜物與空殼，農夫用杴揚場。畫面表現了農夫在收穫季節的快樂。

移民潮推動的江南開發

▲ 魚米之鄉 —— 太湖

位於江蘇的太湖，物產豐富，盛產魚、蝦、蓮藕、水果，這裡還種植大片桑園養蠶，為絲織業提供原料，是南方經濟的腹地。

這 三百多年的戰亂和移民潮，改變了長期以黃河流域的中原為經濟重心的格局，這個劃時代的轉變，影響此後中國上千年的歷史。

南遷的漢族政權雖然時刻籠罩在戰爭的陰影裡，但是已經沒有大規模北伐的實力，偏安心態佔了主流，重返北方家園只是夢想。相對穩定的政局，適宜經濟大發展。與北方經濟恢復的程度相比，江南的農業成就最為突出，在人口增長、開拓耕地、興修水利和改進農業生產技術等方面，都有突飛猛進的發展。

南方各政府為保證軍糧的供給和增加財政收入，非常重視開發農業，徹底改變了江南人口稀少、農業落後的狀況。東吳曾發動數十萬軍隊和南下的農民開荒屯田，還帶來北方先進的農業生產工具和技能，開拓了江南耕地的面積。屯田的成功，既保障了流民的基本生活，也保障了軍餉來源。大規模的江南墾荒基本完成，到隋朝已經沒有荒地了。

◀ 江南的農業高產區 —— 長江三角洲

這是江蘇省的長江三角洲，位於長江出海處。長江帶來了充沛的水源，而水裡的泥沙也在長江口經過長年累月的沉澱，形成了這片土壤肥沃的平原地帶，是中國農業高產區之一。

▶ 畫像磚上的江南農民

南方農民進一步改進北方先進的農具，使這些工具變得更加適合長江流域的土質，還增加了許多新型農具。這是典型的江南農民，正在用鐵舌深挖土地。舌體比北方的長，適宜深翻黏性土壤。

南朝政府還興修水利，疏通河渠；築成陂塘，用以蓄水；在湖沼四周開闢湖田，形成密集的水利灌溉網。重點的水利工程，都是圍繞都城建康興修的，保障了朝廷的物資需求。而隋唐時貫通南北的大運河江南段，在這時已經略具規模。

江南新興的商業城市環繞在都城建康周圍建起，海上交通也將東亞各國連接起來，中外海路貿易來往頻繁，使南方的商業貿易比北方更繁榮。

▲ 荊江大堤今貌

荊江是長江的一段，近洞庭湖，河道彎曲，容易泛濫。東晉修築荊江大堤，是南朝重大的水利工程之一，至今仍惠及兩岸農田和村莊。

◀ 秦淮河

江南四通八達的水路網絡及運輸，是由長江等天然河道，配合歷朝人們所開發的大小運河等水利建築而構成的。秦淮河在魏晉南北朝時期已是建康對外的交通要道，由蘇杭供應京城的糧食都由此運抵。

◀ 江南的商業 —— 牽馬運貨

江南密集的商業城市之間，陸路和水路暢通。陸路普遍以馬代步和運輸貨物。南朝畫像磚上有牽馬運輸的畫面，牽馬人闊步向前，馱運貨物的馬後還有一人跑步緊跟。

▶ 江南的手工業 —— 青瓷器

南方手工業的最大成就是青瓷工藝的創新。青瓷質地細膩堅實，釉色光潔雅致，深得貴族的喜愛。這件青瓷是江南世族的隨葬品，塑瓷技巧非常高，是青瓷的精品。

清談玄理與魏晉風度

魏晉南北朝的分裂局面與數百年前的春秋戰國極其相似，同樣在戰亂之中，知識階層卻異常活躍。漢朝獨尊的儒術，在這個亂世中，價值受懷疑，社會失去了精神支柱。道家的老子、莊子大受思想界歡迎。知識分子熱烈討論，當時稱為清談玄理，而這種以老莊思想為主的哲學思潮，稱為玄學。

文人聚集在山林間清談玄理，是一種時尚。清談的人手執塵尾，那是一種如塵拂的用具，在辯論時揮動，凸顯他超脫塵世的氣度。清談的話題多是形而上的抽象命題，哲理玄妙深奧，機智思辯。玄學繼承了道家崇尚簡樸、自然的精神，提倡人應當自由自在地生活，充分發揮個人的意志，不受任何約束。玄談者思想敏捷，語言巧妙。他們又多是世家子弟，寬袍廣袖，風度超凡。可是，這種自由自主的思潮，在長期戰亂、生命朝不保夕的環境中，卻衍生出消極性，玄談變成逃避政敵迫害的手段，尤其在南遷的世族和文人之間，放浪形骸、玩世不恭的行為盛行，他們袒胸、露臂、赤足，故意不同流俗、不修邊幅、放任自流。人生短促、及時行樂的處世態度，也使飲酒成風，許多文人終日沉緬於醉鄉，少了先前的憂愁，多了放縱與頹廢。當時的代表人物是"竹林七賢"，他們都以玄學思想為精神寄託，以縱酒談玄、放任灑脫著稱。

魏晉風度的風行，實際是對儒學倫理的激烈反叛。魏晉風度的文人，外表雖然與春秋戰國時期浪跡天涯的俠士相似，但是那時的俠士滿懷英雄主義精神，"士為知己者死"是他們的座右銘，為國家、為君主

▲ 竹林七賢之劉伶

劉伶是魏晉清談與玄學的代表人物之一。竹林七賢以玄學思想為寄託，優遊於山林之間，不為禮教束縛，在當時極具名望。畫中的劉伶，正坐於樹下喝酒。

◀ 魏晉文人的形象

這是唐朝繪畫的《竹林七賢圖》的殘卷。畫中兩人列坐在竹木草石之間，身旁有侍童奉侍。左面一人袒露上身，右面一人抱膝而坐，瀟灑隨意。從人物衣飾、神態表現了魏晉文人寄情於自然山水，追求超俗高雅的意境，可見這一思潮對後世文人的影響之深遠。直至宋、明、清的文人繪畫中，還追尋着這種高雅的風格。

— 隱囊，即靠枕

— 方褥，是魏晉流行的隨身坐具

◀ 五石散的成分

魏晉世族和士大夫為求長生不老，有服藥之風。這種"延年益壽"的藥，即五石散，因服後渾身發熱，不能吃熱東西，又稱"寒石散"。發熱其實是服藥後的中毒現象。五石散的配劑有多種說法，有說是以紫石英、白石英、赤石脂、鍾乳石、硫黃五種礦物配製。圖中是其中兩種。

紫石英

鍾乳石

▶ 熏爐

這種熏香爐是魏晉瓷器的大類。士族喜歡用它來熏香衣服，他們在清談時，也常點燃香氣，滿室幽香。

獻身最光榮。而玄學精神下的文人更多的是表現自我意識和悲觀的情調。加之玄學屬於世族的哲學，哲理深奧，曲高和寡，很難在平民大眾階層傳播。玄學主要盛行於漢族統治的江南地區，北方也受到玄風影響，但儒學並未完全喪失中國正統哲學的地位。

文殊　　　維摩詰

◀ 維摩與文殊辯論

這件佛教人物造像碑，滲入了玄學的痕跡。碑上雕刻了維摩詰居士與文殊共論佛法。維摩詰寬袍大袖，手執塵尾，亦與魏晉文人清談的情況相似。

▼ 貴族墓室中的山水圖

這幅山水圖不但有極高的藝術價值，而且反映一個重要的時代特徵 —— 探究玄學，浪跡於山水間，是不少有識之士追求的生活。

▼ 吹笙引鳳圖畫像磚

這是南北朝很流行的追求仙道升天的故事畫。好吹笙的王子喬到伊洛河畔遊玩，遇上仙人浮丘公，他們一起騎仙鶴上嵩山。這個故事正切合了魏晉士人追求仙道的心態。

佛教風靡中國

當儒學失去威望，玄學曲高和寡之時，大多數的中國人處於精神迷惘中。漢朝後期，來自印度的僧侶通過絲綢之路進入中國的中心地帶，傳播一種完全外來外來的宗教——佛教，此時大獲成功。南北敵對各國，無論是胡族統治，還是漢族統治，在釋迦牟尼面前卻表現出空前的一致，上至帝王貴族、下至平民百姓都皈依佛教，可以說，公元5、6世紀是佛教在中國發展的首個高潮。

其實，佛教在公元1世紀已經傳入中國，但最初受到土生土長的道教、儒學以及傳統倫理觀念的強烈抵制，被視為邪教。而佛教在傳播過程中，佛教教義和傳教方式不斷迎合、融入中國傳統的思想。在那玄風大盛的時代，面對知識分子，名僧可以加入清談，並吸收許多具有儒學和玄學造詣的學者參加譯經和傳經；面對惶惑於生死的平民百姓，又可以中國人的傳統觀念和通俗語言，來解釋佛經的深奧教義。

經過這種中國化和世俗化改造，佛教在更廣泛的社會階層迅速傳播。佛教戒殺的教律以及佛法無邊和慈悲救世等信仰，都贏得民心，尤其為飽受戰爭之苦的平民百姓帶來慰藉和希望。佛教更成為分裂中的胡漢各民族共同的信仰。佛教經過二百多年的傳播，終於在中國紮根。

▲ 北魏貼金彩繪菩薩像

在世俗社會中戰亂帶來的災難，使悲觀厭世的思潮泛濫。而佛教中大慈大悲的菩薩，可以普渡眾生，成為人們供奉的主尊之一。

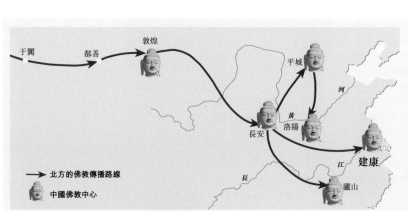

▲ 魏晉時代北方的佛教傳播路線

漢末至西晉，僧人將印度佛教經絲綢之路傳入中國的中心地帶。西北涼州是胡僧深入中原前學習漢語的中轉站，尤以敦煌最蓬勃。關中長安，印度佛教大師鳩摩羅什在此建立譯經中心；南方廬山是南方漢僧集中地。北魏皇帝崇佛，都城平城和洛陽成為北方的佛教中心。

地圖標示：于闐、鄯善、敦煌、平城、河、黃河、長安、洛陽、建康、江、長、廬山

→ 北方的佛教傳播路線
中國佛教中心

▼ 麥積山石窟

這是在甘肅天水麥積山上臨崖開鑿的石窟，石窟自上而下修建。建造方式是先堆積木材到山上，建一層拆一層，工程艱巨。人們如此無懼困難危險開鑿石窟，可見對佛教的狂熱。

通往各窟的棧道

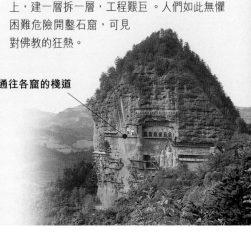

佛教帶來的外來文化，使中國人的傳統文化、觀念、習俗受到巨大的震動和衝擊，甚至改變了中國的社會風貌，成為中國傳統文化中無法分割的一部分了。大致在同時代，另一強大的宗教基督教也乘羅馬混亂的機會，成為統治西方精神世界的宗教。

禪窟，供僧人坐在裡面修禪

▲ **供僧人修煉的禪窟**

佛僧靜思學習佛經教義，稱為禪修。禪修的理想場所，一般選擇在遠離塵世的深山茂林和溪水相鄰之處，開闢石窟寺，在窟中修禪。僧人坐禪時，須到窟龕前觀看各種佛像和圖解佛經教義的壁畫，然後在幽靜處打坐靜思，以助入定。

◀ **雲崗石窟的釋迦牟尼坐像**

魏晉南北朝時期從皇帝到平民，都參與開鑿石窟寺。北朝開鑿石窟，雕塑佛像，數量之多，規模之大，都為南朝所不及。公元 4 世紀開鑿的雲崗石窟，是最著名的北朝石窟，它是北魏皇室為修功德而建的。北魏皇帝自視為"當世如來"，這尊坐像高 13.7 米，形貌是仿照下令建窟的皇帝雕鑿的。

修築佛寺　建單園供人乘涼　施藥救人

◀ **鼓勵行善的佛教壁畫 ——《福田經變》**

佛教用通俗的方式向民間靠攏，努力化入民眾的血肉肌體之中。修福田，即行善積德，福田思想與中國傳統的善惡報應觀念相近。這是繪於敦煌莫高窟的佛經圖解，描繪了佛經提及的幾種可獲福報的善舉，都與佛教倡導的積極效力社會公益建設有關。

▶ **百姓捐奉的佛教造像碑**

求佛拜菩薩能夠消災得福，現世積德死後可以進入極樂世界，這些都是中國廣大民眾較易接受的信念。這塊佛教石碑是一位北魏平民百姓捐錢給佛寺為她的已故丈夫刻造的。

▲ 敦煌最著名的石窟 —— 莫高窟

中西交融的佛教藝術 —— 敦煌石窟

位於河西走廊的敦煌石窟，是中國三大石窟之一。該地是東西的交匯點，從印度、尼泊爾等地傳來的佛經和圖像粉本，啟發了建造石窟的藝術家，他們的作品除了南朝畫家所倡導的"秀骨清像"畫風外，還具有印度、伊朗、希臘的宗教藝術風格，被譽為中世紀的藝術寶庫。

◀ 石窟內的佛像雕塑

▼ 敦煌藝術的代表 —— 飛天

唯美主義的藝術新生代

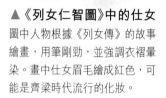

四百年的兵荒馬亂，並沒有使藝術消沉，魏晉時代，中國奇跡地又攀上藝術的新高峰，進入了全新的唯美主義境界。

寄居江南的世族和文人所熱衷的玄學，雖然沒有給他們帶來振作奮進的精神，卻使他們寄情自然山水之間，在清談思辯、飲酒作賦、戀鄉懷舊之時，得到了意外的藝術收穫。追求個性解放和唯美極致的繪畫、書法、樂舞等作品佔據了主導地位，也出現了一批空前絕後的藝術家：竹林七賢等文人集團中，不乏音樂、詩歌、繪畫的天才；具有道家修養的王羲之經常在暢飲作賦的集會時，產生書法的創作靈感；田園詩人陶淵明和畫家顧愷之也都創作出不朽的文學和繪畫作品。這些都是在活躍而自由的哲學論壇上，培育出來的藝術新生代。

文人愛好流連山水，於是自然風光時常成為描繪和讚美的對象。在中國繪畫史上，魏晉的創新成果便是開山水畫的先聲，這比歐洲的風景畫早了一千年。中國的山水畫注重人物與風景的搭配和呼應，通過作品抒發畫家豐富的內心情感。

中國書法藝術也在這時達到前所未有的高峰。書法家通過書寫，着意追求書法的韻律，表露風流儒雅的風度，書法藝術進入一個"自覺時代"。字體也由篆書、隸書轉變到楷書，還有注重意韻的草書和行書，豐富了書法的藝術表現力。

音樂和舞蹈更是進入了民族大交融、中西大交融的時代。一種融合了南方民歌的音樂 —— 清商樂，取代了古典雅樂的地位，與舞蹈表演配合，在南朝宮廷

▲《列女仁智圖》中的仕女
圖中人物根據《列女傳》的故事繪畫，用筆剛勁，並強調衣褶暈染。畫中仕女眉毛繪成紅色，可能是齊梁時代流行的化妝。

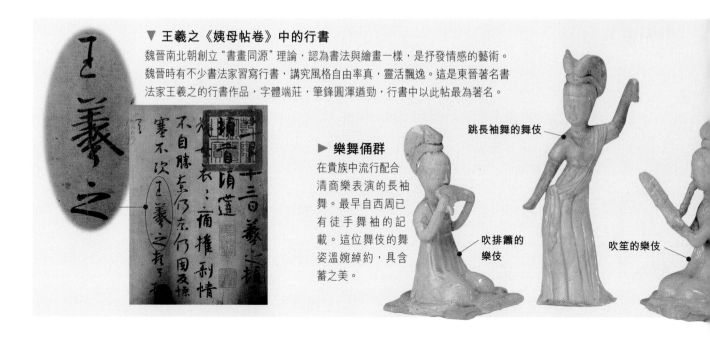

▼ 王羲之《姨母帖卷》中的行書
魏晉南北朝創立"書畫同源"理論，認為書法與繪畫一樣，是抒發情感的藝術。魏晉時有不少書法家習寫行書，講究風格自由率真，靈活飄逸。這是東晉著名書法家王羲之的行書作品，字體端莊，筆鋒圓渾遒勁，行書中以此帖最為著名。

▶ 樂舞俑群
在貴族中流行配合清商樂表演的長袖舞。最早自西周已有徒手舞袖的記載。這位舞伎的舞姿溫婉綽約，具含蓄之美。

跳長袖舞的舞伎

吹排簫的樂伎

吹笙的樂伎

流行，以後傳入北魏。而來自北方民族
的高麗、鮮卑樂舞以及西域龜茲等地的
佛教樂舞等，成為北朝樂舞的主流。這
些樂舞有強烈的節奏感，藝術感染力很
強，大受中原百姓的歡迎。當時胡樂與
清商樂南北並立，互融匯通，使樂舞藝
術注入了多元的血液。

▲《洛神賦圖》的人物和山水
圖中的人物造型飄逸秀氣。畫家還充分利用
寄情山水的手法，用大幅的自然風光襯托故
事的意境。但魏晉的山水畫始終處於萌芽階
段，很多畫作中，人仍然是主角，繪畫得比
一座山更大。

◀ 顧愷之《洛神賦圖》局部
南朝畫壇是士大夫的創作天地。他
們有深厚的文化修養、優裕而閒暇
的生活，超凡脫俗的精神世界，
都在繪畫中顯露出時代的印跡。
顧愷之是當時最負盛名的畫家。這
是他根據三國魏曹植的名作《洛神
賦》創作的繪畫，描繪曹植在洛水
邊遙見水中仙子洛神在水上飄行的
情形，被稱為絕代之作。

◀ 黃釉扁壺上的胡騰舞圖
魏晉以來胡人樂舞大量湧入北方，風格豪放灑脫，不拘一格。這件北齊的扁
壺，腹部兩面有“胡騰舞”圖案，樂舞伎全為胡人形象。這件瓷壺造型仿自
遊牧民族的壺，又以胡人樂舞作裝飾，在中原地區罕見。

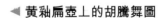

在蓮台上起
舞的舞者

▶ 南朝畫像磚上的奏樂圖
清商樂是繼承秦漢樂府、結合南方民歌
而發展出來的，在南朝盛行，又有文人
參與歌詞創作，故很受王公貴族和民眾
的喜愛。演奏的樂器分彈奏、吹奏和敲
擊三類，本圖表現了其中兩種 —— 吹笙
和彈琴。這幅南朝的畫像磚，繪畫了幾
位隱居深山的賢者，以奏樂為樂，又是
玄學思想和魏晉風度的反映。

彈琴的老者

吹笙的老者

帝國新秩序

▲ 儀仗圖

唐朝是當時世界上的頭等大國，圖中由車隊、馬隊及步兵組成的儀仗隊，軍容壯大，是唐朝國力強盛的反映。

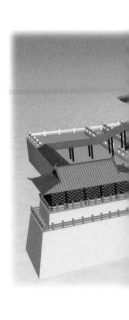

經過近四百年大混亂，中國又復現為一個大帝國。隋唐時代和秦漢一樣，先有一個短命而有創新的王朝先行，然後是長久而興盛的唐朝。它的繁榮不下於秦漢帝國，與外國的溝通則更頻繁多采，是一個眾口交譽的時代。

這個帝國的統治者雖然是漢人，它的根底其實是胡漢融合的。就以被少數民族尊稱為天可汗的皇帝李世民來說，他的祖母、母親、皇后都是鮮卑人。

這個帝國一開創時繼承了秦漢的制度，又融合北朝的一些改良，再加有自己的新創。它的中央政府把相權分給幾個部門，於是有立法、審議通過、執行的三個最高政府部門，皇帝的命令也要經過這個程序；選拔人才的制度則由地方推舉改為科舉考試，這個制度令中國穩定興旺了很長時間，明末清初時影響到法國、英國以至歐洲其他國家的官員系統；它着意防止人民過窮，於是為民制產，凡壯丁都分配田地；至於軍隊，則是兵農合一，但不是全農皆兵，只是中上等人家子弟自願才當兵，當兵是一種榮譽，免了交稅，但政府也不發餉，由士兵耕田自養，自備馬匹武器；政府對法律也很重視，制定了刑法(律)，訂定各種法例(令)，編法律書，詳細解釋刑法精神，書裡還有模擬問答，又減去不少肉刑。日本人學了這一套，稱當時為律令社會。

這個時代的規劃力很好，努力做人口登記、田地分配冊、法律書。從它的首都長安城，也能見到政府的規劃能力，世界各地的使臣、留學生、商人見了這個市容和市政井井有條的世界級大城市，無不讚嘆。

▶ 長安城立體圖

長安城是唐盛世的國力和影響力的具體表現，佈局嚴謹，功能分區明確，有嚴格的秩序和等級觀念，顯示了大一統帝國的政治藍圖和優秀規劃能力。面積約 84 平方公里，是當時世界上規模最大的城市。

十一條南北向和十四條東西向的大街，將全城整齊劃分為一百零八個坊，方正整齊，有如棋盤。中央的大街十分寬闊，兩旁植樹。街道兩旁都有水道，每隔一段有濾網阻隔雜物。

大明宮

西市

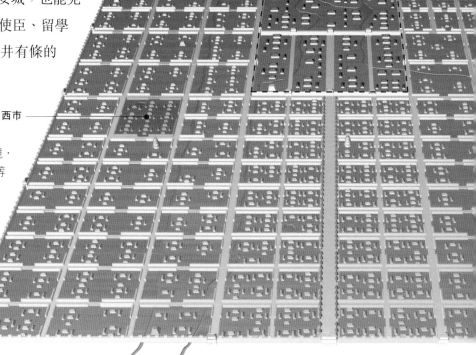

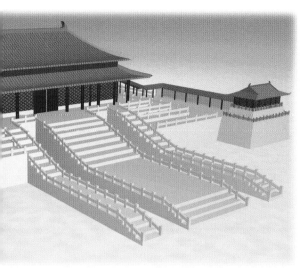

▲ 含元殿復原圖

含元殿在大明宮內，本來是避暑宮殿的大殿，後來避暑的宮殿變成正式皇宮，含元殿也變成正式大殿。皇帝在這裡聽政，會見群臣，接見外國使節，舉行國家大典及閱兵等儀式。紅柱白牆，赭黃色斗拱，深灰色瓦和綠色琉璃屋脊，使這座宮殿顯得雅致、莊嚴。唐時還流行在高台上建屋，含元殿也有高台映襯，顯得雄偉、壯麗。它是目前唯一一座經過實際勘測發掘的宮殿。

▶ 宮殿的鎏金門環

這是長安城一座宮殿的門環，形體巨大，反映了宮殿建築的富麗堂皇。

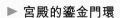

◀ 長安城下水道鐵閘門

長安城有下水道，為防止堵塞，每隔一段安一個閘門，以過濾雜物。第一道閘門用鐵條構成窗形，過濾較大的污物。第二道閘門是佈滿小孔的鐵板，過濾較小的污物。排水渠道不暢時，打開閘門附近渠道口的蓋，就可以清理。

▶ 大雁塔

在最高一級科舉考試被取錄是當時讀書人的美夢，有個詩人高中了，寫下"春風得意馬蹄疾，一夜看盡長安花"的名句。取錄者既受招待在曲江皇家花園內飲宴，然後一起來到大雁塔下，推薦書法好的將他們的姓名、籍貫和及第時間用墨筆題寫在大雁塔的粉牆上。他日如果有人做到卿相，還要將姓名改成紅色。雁塔題名被視為莫大的榮耀。

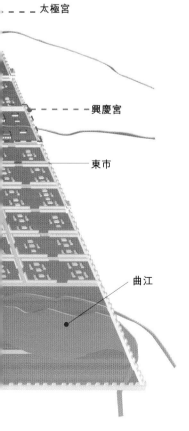

太極宮

興慶宮

東市

曲江

◀ 彩繪貼金文官俑

這文官斯文雍容，顯示了唐初文官的風度。唐初文官服式沿襲隋朝舊制，變化不大，兩當鎧加於朝服之外。從朝服顏色可以區分官階高低，紅色是四或五品官員所穿的顏色，官階比穿綠色朝服的文官略高。

▶ 彩繪文官俑

頭戴黑色梁冠，雙手執牙笏於胸前，應為中高級官吏形象。

多民族軍隊

▲ 天可汗

唐太宗是實際為唐朝開國打江山的人物，他本身有漢和鮮卑族血統，能征慣戰，很熟悉遊牧民族軍隊的優缺點，又有策略頭腦和善用各族人才的長處，是唐朝最有名的君主。中國古代西北各族君長稱可汗。漠北各族為表示對唐太宗的擁戴和尊敬，尊稱他為"天可汗"，含有"天下大可汗"的意思。

唐帝國的軍隊是當時胡漢並存的證據。唐朝正式兵制是兵農合一的，但同時也有很多以血緣統屬的外族軍隊。

唐朝正式兵制叫府兵，府就等於一個軍區，首都和邊疆的軍區數目多一些。每個府在當地招募中上人家子弟當兵，免他們的田租和力役，由於唐朝的壯丁都有國家分配的田地，這些士兵就免費耕作分得的田地，不必國家養，出戰也用自己的裝備。這是一種全兵皆農的制度，而國家也省下不少軍餉。不過制度初期，府兵的作戰力量未強，外族軍隊還是很重要。

不要忘了南下的胡族曾經佔據黃河流域幾百年，隋唐兩朝的開國者都出身於北朝的漢人大族。北方胡人的政權雖然落回漢人手裡，武力還是強盛的。何況這時還有雄據北方草原的突厥，突厥被唐朝打敗後，它那驍勇的部落軍隊是唐和阿拉伯帝國的羅致對象。所有這些胡族軍隊都有一個共同點：以部落劃分，將領和士兵有父子叔侄等血緣關係，又擅長騎射，因此作戰勇敢和同心，是任何人都不能忽視的軍事力量。

唐朝招撫這些胡人軍隊，重用他們打硬仗，另一方面又有遠大眼光，努力以府兵培養自己的軍隊，所以武功強盛。不過唐朝太平安樂到了高峰時，胡人將領領頭造反。唐朝靠了府兵以及另一些胡人軍隊才平亂，而國力從此就大衰了。

◀ 彩繪騎兵泥俑

唐朝早期針對遊牧民族軍隊的特點，採取主動出擊、外線作戰的戰略和長途奔襲、攻其不備的戰術。一支精銳的輕裝騎兵，快速、機動性強，才能保證這一戰略和戰術成功，於是唐朝捨棄重裝騎兵，大力發展輕騎兵。輕騎兵披鎧甲（也有不披的），戰馬不披甲。

◀ 彩繪胡人武士俑

唐朝由始至終，蕃將都很有勢力。唐朝有名的外族將領，光以盛唐來計，就有出身突厥的哥舒翰，粟特的安祿山、史思明，高麗的高仙芝，契丹的李光弼，鐵勒的僕固懷恩。

▼ 塗金彩繪甲馬群

人馬俱披金甲的騎兵隊，盡顯大唐的雄風。唐朝騎兵用金銀盔甲，史書上也有記載，如公元713年，二十萬穿上金甲的騎兵在驪山集合時，金光閃閃，“耀照天地”。

▶ 彩繪貼金武官俑

唐朝重用蕃將，但同時又擔心蕃將跋扈，反過來危害國家安全，所以在起用蕃將的同時，也積極整頓府兵，以求不依賴蕃將。結果在唐太宗以後，府兵大興，培養出一批漢人將領。只是後來府兵制衰敗，募兵制盛行，蕃將又再度崛起。

▼ 三彩馴馬俑

唐朝騎兵隊中的馬匹，很多是來自西域的優良品種，然後交由國家牧場飼養和訓練。馬匹會被訓練作戰馬、驛馬、坐騎或在慶典中表演的舞馬。圖中可見訓練馬匹的情形。

富裕社會

中國人説富強，全民的富是強的基礎。唐朝最盛時，真是富得很，杜甫懷念全盛時説，"稻米流脂粟米白，公私倉廩俱豐實"。當時，富表現在農業，所以杜甫對全國糧倉儲滿優質糧食印象深刻。

唐朝開國的制度是不限人過富，但防止人民過窮，採用的是從北朝傳下來的方法：由國家分配耕地給壯丁，使人人有田耕。當時的田税只是收成的四十分之一，另外每個壯丁為政府服力役，以及每家交一些副業產品，主要是絲和麻織品。唐朝農業發達，與這種耕者有其田的政策有關係，農民擺脱豪強大族，收成都是自己的，積極性自然提高。

前朝的開墾、新技術的出現也是促進唐朝農業發展的因素。前一階段中國南北分裂，各個政府努力開發所在地區，使唐朝得益不少。像唐朝中期之後，成為中國經濟發展火車頭的江南，就得益於南方六朝開發，到唐朝再繼續開拓。另一方面，唐朝的農具和水利設施也有大發展。水稻是最能養活人口的農作物，這時增加了插秧的工序，縮短水稻在大田中的生長期，提高了畝產量；改善了犁具，節省力氣。到處是各種水利工程，早期在北方，後期在南方。新發明各種防旱的灌溉工具，保障水稻收成，也節省了人力。

▲ **庸調銀餅**

租庸調制是唐初的重要税收和力役制度。當時交税仍然用實物，平民一般上繳粟絹等實物，由地方政府統一收集處理，其中部分徵來的實物，由地方政府或國家兑換成金銀錠作為儲備。

銀拾兩

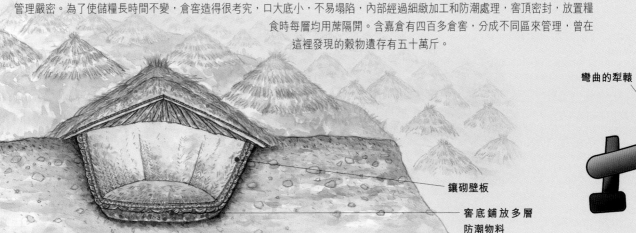

▼ **洛陽的含嘉倉窖復原圖**

沿運河兩岸建造了很多糧倉，北方的粟和南方的米，經運河源源運到，先存入倉，再經陸路運到首都，支援消費人口。這些糧倉管理嚴密。為了使儲糧長時間不變，倉窖造得很考究，口大底小，不易塌陷，內部經過細緻加工和防潮處理，窖頂密封，放置糧食時每層均用蓆隔開。含嘉倉有四百多倉窖，分成不同區來管理，曾在這裡發現的穀物遺存有五十萬斤。

彎曲的犁轅

鑲砌壁板

窖底鋪放多層防潮物料

◀ 雨中耕作圖

敦煌壁畫中有不少描繪農耕生活的場景。這是一幅優美的農村風光圖，天上烏雲密佈，大雨剛下起來，農夫還在辛勤耕作。左邊農夫驅一隻牛牽犁翻土，比兩牛牽犁省了畜力。

▼ 曲轅犁

把犁的轅改短改曲，使這種深耕翻土工具變得輕巧靈活，節省人力畜力，後來在全中國推廣使用。

窄長的鐵犁鑱，便於翻土，減少阻力

提手

橢圓形的鐵犁壁

修長的犁底，落地平穩，易於扶持

◀ 高轉筒車

這是新發明的灌溉工具，裝在地高水低的地方。要灌田時，轉動岸上的木輪，使汲具沿着索轉動，把汲得的水倒入土地中。自動灌溉工具對南方的水稻田很重要。有些筒車可以由水力帶動，晝夜不停灌溉，效率是畜力帶動筒車的十倍。

千里大運河

▲ 揚州瓜州古渡口

大運河經過揚州和長江交接，這個渡口當年是揚州的大碼頭，有名的瓜州古渡。唐朝鑒真和尚東渡日本的船隻就是由此出發的。

如果要選影響中國的大河，那麼黃河、長江之外，大約應該輪到大運河了。這條人工河道，是為了克服中國河流大都東西流，南北不易溝通而開鑿的。它也不負使命，透過運輸物產真把中國南北文化溝通起來，沿河還造就一大批商業城市，其中從唐到清長盛不衰的，是揚州。

隋朝投資開鑿的大運河，全長2700公里，到唐時發揮了大效用，把南北的食糧運到關中，保證了首都的供應，也南運各種北方的生活物資。運河闊60多米，河旁有御道，路旁種柳樹。在這條美麗的人工河道上，航行着先進的內河航船。江蘇出土的一艘內河木船已經有隔艙板，不同貨主可以按類將貨物裝入不同的船艙，方便貨物管理和裝卸，提高了效率。

沿河的城市首推揚州，它的繁華還蓋過漢以來已很發達的四川。揚州商人多，生活條件好，城市環境美麗，娛樂生活豐富，阿拉伯等國的商人也很喜歡聚居在這裡。唐詩裡，充滿了揚州的美好形象：李白的"煙花三月下揚州"；白居易的"二十四橋明月夜，玉人何處教吹簫"；杜牧的"十年一覺揚州夢，贏得青樓薄倖名"，甚至富貴得有些糜爛了。

隋唐的陸路交通建設也很好，但論突破性和深遠影響，不得不讓影響中國一千二百年的大運河大出風頭。

◀ 大運河位置圖

大運河從南到北，溝通了錢塘江、長江、淮河、黃河等東西流的水系，是延續一千二百年的南北大動脈。

▶ 南糧北運的情況

唐朝時，江南已成為重要的經濟地區，遠在北方的京師，都要依靠南方的物資供應，於是大運河就承擔起南糧北運的角色，對當時的政治和經濟起着重要作用。

漕運

從水路運糧食供應給首都或軍需，一直是很重要的事。後來為了便利漕運，還開鑿運河。隋朝開鑿大運河，連接起幾段運河，使漕運一通到底，物資運送源源不絕。漕運雖然是政府的事，但一直有私人搭送貨物，屢禁不止，因此也是商業貿易一條重要渠道。

◀ 仍在使用的大運河
揚州的大運河到今天仍在使用，它已造福揚州一千多年。

▼ 有水密艙的內河船
江蘇如皋縣出土了一艘唐朝單桅運輸木船，排水量約為33～35噸，船長約18米，應是江河中行駛的快速運輸船。船的艙房之間有隔艙板，分為九個艙，是迄今所見最早的有水密艙的船。有了水密隔艙，即使個別船艙破損漏水也不會影響其他船艙，減少沉船機會。不同貨主可按類將貨裝放入不同的船艙，並可以同時裝貨或卸貨，提高了效率。

◀ 三彩雙魚瓶
揚州既是唐朝南方最富庶的都市，它的物產也負盛名，除了銅鏡之外，揚州的陶器造型也不同北方。三彩陶器造成魚形，與北方流行的駝馬造型大異其趣。

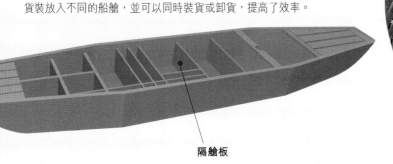

隔艙板

絲綢之路的盛況

中國統一，貫通歐亞的大動脈又暢通了，絲綢之路進入最盛的時代。

▲ 織繡與織錦襪

隨着絲路這歐亞大動脈重新開通，中西交往又頻繁起來，這件是波斯薩珊王朝風格的織品，用刺繡與織錦合製成，上面有繡工精緻的寶相花花紋。

絲綢生產是唐朝的主要手工業。這時的租稅還保留徵布帛這種上古制度，唐朝主要是絲麻，這是農村家家戶戶的副業。絲綢甚至有貨幣的作用，士兵到邊疆防守，還帶上絲絹作為備用錢財。

城市裡出現分工細、規模大的絲織作坊。絲織技術還向南方傳播。中國的絲織在工藝、染色方面始終領先，但很重視吸收外地技術和花紋。名貴的織錦吸收了波斯用緯線織花的技術，產品更細密。波斯因為文化高，影響最大，聯珠紋、禽鳥紋風行一時。

絲路的西端終點，是羅馬和波斯，它們是絲綢的大買家。這時羅馬分裂，東羅馬帝國的君士坦丁堡和唐朝的長安同是世界商業中心。至於波斯，向來和唐朝關係密切，卻在唐初時被新生的阿拉伯帝國滅掉，王子逃到中國求援。

新局勢雖然改變了歐亞政治面貌，但是絲路貿易無論對那一個國家都很重要。阿

◀ 東羅馬金幣

由東羅馬帝國鑄造，發現於唐長安城的窖藏，反映出唐朝與東羅馬的交往。

◀ 波斯薩珊銀幣

這是波斯王庫思老二世（Chosroes II）時期（590～627）的銀幣，正面是王像和波斯文字。當時薩珊王朝的勢力仍達敘利亞、巴勒斯坦以至埃及，經濟繁榮，貿易發達，需要銀幣的數量甚多，鑄幣地點達一百二十處之多，故他的銀幣成為薩珊銀幣中流傳到後世最多的一種。當時與隋朝來往甚密，故這類銀幣也是在中國境內發現得最多的一種薩珊王朝銀幣。

拉伯人一點不輕視做絲綢貿易中介商的利潤。波斯一直做中國和羅馬貨物的轉手貿易，自己也是物產豐富，文化興盛，這時雖然亡國，仍努力保持中介人角色。再加上中亞的粟特人既熟悉波斯，又熟悉中國，甚至可以在中國設廠生產波斯錦。因此這時絲路的商品貿易比漢朝還要興旺。

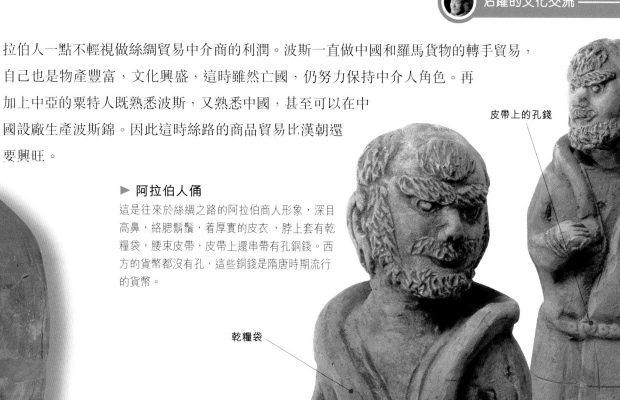

▶ 阿拉伯人俑
這是往來於絲綢之路的阿拉伯商人形象，深目高鼻，絡腮鬍鬚，着厚實的皮衣，脖上套有乾糧袋，腰束皮帶，皮帶上還串帶有孔銅錢。西方的貨幣都沒有孔，這些銅錢是隋唐時期流行的貨幣。

皮帶上的孔錢

乾糧袋

◀ 彩繪駱駝胡人俑
在西安隋唐墓的隨葬陶俑中，有許多深目高鼻、頭戴尖頂帽、身穿折領衣，或抱西域樂器、或牽引駝馬的胡人形像。那些風塵僕僕奔波於沙漠、山嶺和丘陵之間的阿拉伯、波斯或粟特商人，為中國和西方的商品貿易而辛勤跋涉。

君士坦丁堡　東羅馬帝國　阿拉伯帝國　波斯　印度　康國　葱嶺　疏勒　于闐　龜茲　馬耆　高昌　敦煌　吐蕃　長安　唐

—— 陸上交通路線

▲ 絲路沿線主要國家位置圖

阿

◀ 絲路西域段的佛寺遺跡
新疆庫車亦即古龜茲的地方，東面雀爾塔格山南麓的銅廣河岸，寺院殘垣密佈，出土佛像和文書，可見當年佛教的輝煌。從位置推測，應是唐玄奘《大唐西域記》記載的離雀大寺。

◀ 羅馬人物浮雕鎏金銀瓶

絲路兩大站 —— 波斯與東羅馬

以中國為起點的絲綢之路上，波斯（即今伊朗境）是必經之地，是重要的轉運站，而羅馬帝國則是絲路交通的西端終站。中國、波斯、羅馬這三大文明就由絲路連繫起來，商品、藝術、知識源源輸進和輸出。波斯和東羅馬的產品更成為隋唐王室貴族喜愛的時尚用品。

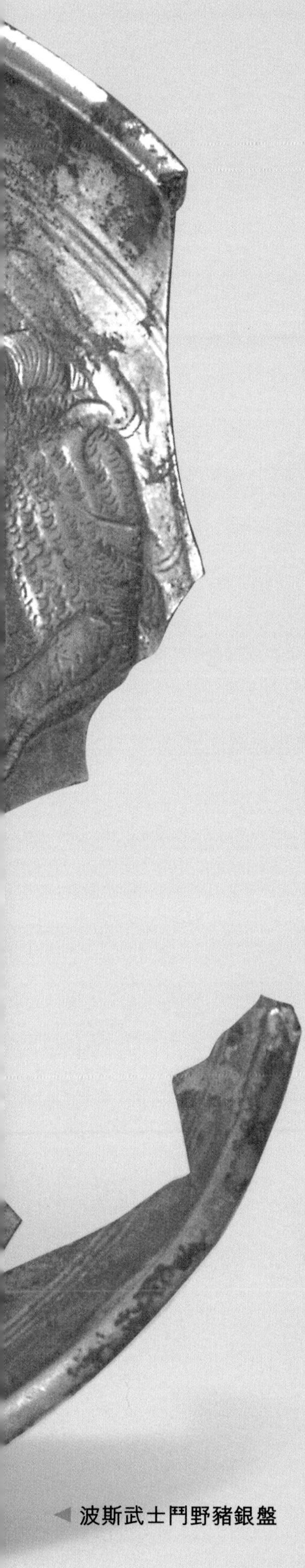

◀ 波斯武士鬥野豬銀盤

世界文明的匯合

唐朝因為國力強，交往的範圍很廣，朝鮮半島、日本、西藏高原、東北都派人員來學習。隨着絲綢之路物資交流，羅馬、阿拉伯、波斯、中亞商人來往，甚至定居，技術、生活風尚、思想也互相影響。知識分子迷上印度佛教，努力向印度取經翻譯。政府則看上印度的製糖技術，派人去學習。

從首都長安的情況來看，中國真成了世界文明的大集合。官員貴族愛用東羅馬和波斯金銀器，把瓷器都仿金銀器去造。

牽着駝馬的胡商，把千里迢迢運來的珠寶、瑪瑙拿到市集售賣，買入絲綢、漆器。人人欣賞風格混雜的舞蹈、雜技，偶然喝一下葡萄酒、吃胡麻燒餅。胡族女子經營酒肆，即興還可來一場歌舞。佛寺裡僧人講充滿印度幻想風格的佛經故事，吸引信徒。詩人聽着中國樂器結合琵琶胡琴伴唱他們的名詩，可能突

▲ 伊斯蘭刻紋藍玻璃盤

這件在唐朝皇家寺院出土的玻璃盤，從器型紋飾及加工技術來看，產地當在伊朗。伊朗是波斯故土，被阿拉伯帝國吞併。波斯以玻璃製作著稱。刻花玻璃器屬伊斯蘭玻璃的冷加工技術，即在製成的器型上打磨、刻劃紋飾，再在打磨的紋飾上描金。

▶ 禮賓圖

唐朝作為泱泱大國，很多國家都希望與它建立外交，故使節來訪不絕如縷。當時設立了專門負責接待外賓和少數民族使節的機構 —— 鴻臚寺、典客署等。這幅禮賓圖中，三位帶籠冠持笏板的唐朝外交官員正接待三位外國使節。

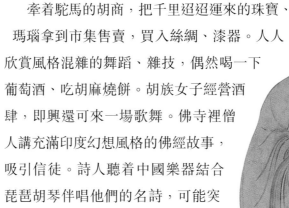

東羅馬帝國使者

◀ 鳳頭人面壺

這個壺外形奇特，人物頭髮中間分界，梳三節髮辮，長鼻、小口，有印度人的特徵。

◀ 獸首瑪瑙角杯

這是東羅馬傳入唐朝的著名商品，稱為角杯，是盛水的。角杯是東羅馬貴族使用的典型器皿，多用金銀、象牙、瑪瑙等製作，器型模仿羊頭或牛頭。角杯傳入後，深受皇室貴族喜愛，成為一股新時尚，爭相仿製，出現了三彩角杯、象首杯等多種形式。但角杯大，造型奇異，不合中國人的飲食習慣，實用品很少，只作陳設觀賞。這件用瑪瑙製成牛頭形，質料珍貴，極易碎，也應是貴族炫耀的觀賞品。

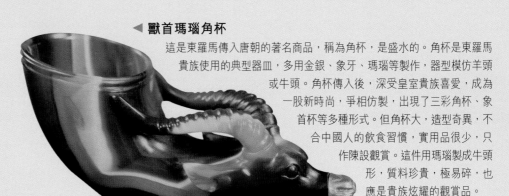

然想出一首既有佛家又有道家空靈意趣的好作品，甚至心雄起來，到邊塞去參軍體會那壯闊的景色。

長安之外，西域一東一西的高昌和龜茲，當時受唐管轄，也做了很多文化中介的工作。這兩個絲綢之路的重鎮，高昌更近中原風，龜茲更近中亞風，都使經過的世界強國义化，先作了一番融和，又加上本地的色彩，才再轉給絲路的兩極。唐朝的造紙、絲織、繪畫，甚至道家思想也向西域發展。

循海路而來的貿易出現後，以航海聞名的阿拉伯商人帶着伊斯蘭教信仰，聚居在南方。

在唐朝出現的各族各地密切交往，已突破政治，深入到經濟、文化、生活，以至思想裡面。

高麗或日本使者

東北少數民族使節

▶ **昭陵十四國酋長像**
昭陵是唐太宗李世民的陵墓，祭壇上雕了十四個石像，代表當時突厥、薛延陀、吐蕃、新羅、吐谷渾、龜茲、于闐、焉耆、高昌、林邑、婆羅門等部族和國家，是唐初與各民族往來的縮影。現僅存七個，均已殘破，這是保存較完整的一個。

◀ **龜茲佛教壁畫**
龜茲即現在的新疆庫車一帶，盛行佛教，是佛教東漸的關鍵點。這裡有很多佛寺及石窟的遺存，克孜爾石窟是其中規模最大的，圖中是一幅神話故事壁畫的人物，有印度風格。

▶ **亥神俑**
以十二種動物代表十二年，叫作生肖曆。中國現在仍有十二生肖紀年的風俗。亥是十二地支最後一項，所配的動物是豬。十二生肖起自哪個民族還未清楚，突厥、回鶻、蒙古都有用，有人認為出自遊牧民族，也有很多人懷疑，因為十二種動物裡面，很多不是突厥等遊牧民族常有的動物，像豬、雞、龍等。

各種宗教的傳入

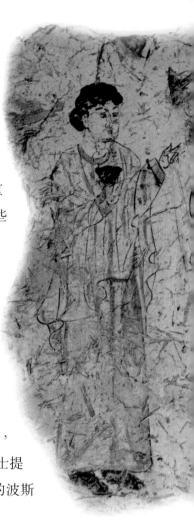

從印度到西亞，是世界最大的宗教思想發源地。印度的婆羅門教演變出佛教，波斯則有古老的拜火教、摩尼教，西亞的猶太教衍生出基督教，基督教又啟發了穆罕默德創立伊斯蘭教。

印度北部、中亞到西亞，雖然山區沙漠錯落，道路不算好走，比起喜瑪拉雅山脈和中國西北的大沙漠，卻可說是條通途，東西奔馳，來往很密，重要的宗教思想常常互相滲透影響。而唐朝時，這些宗教又都隨着信仰者東來，統統傳入中國。

拜火教是波斯和中亞粟特人的信仰，不向外傳教。長安有很多波斯居民，從長安沿絲路到西北，有拜火教寺院或祭壇，唐朝有專門部門負責每年的重要祭祀。粟特商人來做生意，有些早就落戶，自成聚落，拜火教是粟特商人和聚落的凝聚力。

基督教藉着羅馬的國力，在羅馬佔領的西亞地中海岸，也很有勢力。唐朝時，一支名為景教的基督教傳入。景教由羅馬帝國敘利亞教士提倡，由於主張耶穌除了神性，還有人性，不容於羅馬教會。當時與羅馬爭雄的波斯王加以庇護，並且東傳入中國。景教重視傳教，在上層社會還相當興旺。

▲ 密教石造像
中國的密宗正式建立於唐朝，僧人善無畏從中印度經西域將經卷帶到長安。這個石像反映出印度藝術風格的影響。

◀ 拜火教的人身鷹足祭司
拜火教即祆教，以火為善神的代表，約於北魏時傳入中國，在隋唐時期的中亞地區極盛。絲路貿易的暢旺，使很多中亞地區的商旅如粟特人進入中國定居，他們仍保持其宗教信仰和禮儀。這幅拜火教石刻祭祀圖中的人身鷹足祭司正在主持祭祀儀式，外貌是典型的粟特人形象。右下角跪在金銀器前面的是供養人。

人身鷹足祭司

▶ 銀盒上的印度佛節巡行圖
這個精美的鎏金刻花銀盒上的馴象圖，與印度佛教節日的佛像巡行活動相似。佛像巡行既是佛教節日的慶典，又結合了象戲表演，流行於印度各地。

初興的伊斯蘭教隨着阿拉伯商人東來，在南方阿拉伯商人聚居的地方有寺院。沿絲綢之路，則隨着阿拉伯帝國的聖戰，逐漸使波斯和中亞歸化，並且延伸到西域，與佛教衝突。

佛教雖然傳入中國已幾百年，但印度還不斷有新的佛教思潮產生。佛教傳到中亞、西域，這些地方的新信仰者對佛教新思想也有貢獻。唐朝時未來佛彌勒大受歡迎，甚至成為下層民眾聚眾起事的思想根源，一千年之後還在影響白蓮教。彌勒信仰在中亞興盛，祂的未來救世者角色很像基督教的彌賽亞。佛教密宗思想也是在唐朝傳入的。

敘利亞文和中文對照的景教僧人名字

▲ 大秦景教流行中國碑拓片
這個碑證明了基督教早在唐朝已有支派到中國傳教。碑的兩側上部還刻了敘利亞文，記下了七十個景教僧人名字。大秦是中國對羅馬的稱呼。

◀ 景教壁畫聖枝節圖
高昌寺院遺址中發現的景教壁畫，表現基督教"聖枝節"歡迎基督進入耶路撒冷城的場面。身形高大的牧師，着長袍，拿聖水杯，左手作指點狀，其餘三人拿棕樹枝，恭敬地聽牧師講道。

▼ 泉州伊斯蘭聖墓
公元7世紀初，穆罕默德遣門徒四人來華，分別在廣州、揚州、泉州傳教，他們死後葬在泉州。這是其中兩座聖墓，是伊斯蘭教在中國傳播的證明。

並列的兩座花崗岩墓

▶ 西安伊斯蘭教禮拜寺
這座省心樓是西安大清真寺的其中一部分，是召喚教徒到大殿做禮拜的地方。大清真寺總面積共12000平方米，是最著名的伊斯蘭禮拜寺。

絲路上的中亞商業民族

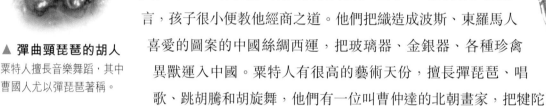

自從絲路開通，商人就在中西貿易上大展身手，其中尤其出色的是中亞的粟特人。當時中國人把他們叫做昭武九姓，因為粟特是中亞狹長沙漠綠洲的幾個城邦國家。

他們的故鄉，約在今天的烏茲別克，這裡位當中國、印度、波斯、東羅馬幾大文明交流的必經之路，也是各大強國軍事衝突的災區。因此雖然部分粟特人很會打仗，卻只能是誰強大就依附誰。突厥興起，他們臣屬突厥；唐朝強大，他們就成為唐的屬國。後來阿拉伯興起，逐漸入侵到中亞，粟特人屢次以進貢為名，向唐朝求救。唐將高仙芝敗於阿拉伯，粟特便臣屬於阿拉伯。

粟特人無法左右政治，於是把精力放在經商上，他們會多種語言，孩子很小便教他經商之道。他們把織造成波斯、東羅馬人喜愛的圖案的中國絲綢西運，把玻璃器、金銀器、各種珍禽異獸運入中國。粟特人有很高的藝術天份，擅長彈琵琶、唱歌、跳胡騰和胡旋舞，他們有一位叫曹仲達的北朝畫家，把犍陀羅風格的衣紋繪畫法傳入中國，被稱為曹衣出水，在中國繪畫史上很有名。

粟特人信仰源於波斯的拜火教。他們大批來中國通商，有些落籍，長住在中國，用漢字、改漢姓、通婚於中國，但仍然保持拜火教信仰和生活習俗。

▲ **彈曲頸琵琶的胡人**
粟特人擅長音樂舞蹈，其中曹國人尤以彈琵琶著稱。

◀ **敦煌壁畫的胡旋舞**
粟特女子擅跳胡旋舞，以快速輕盈的旋轉風靡唐朝人。唐朝不論等級，都愛跳舞，楊貴妃就是胡旋舞的好手。

小圓甎，經粟特人賣到中國的商品。東羅馬的最有名。

▶ **聖火**
這是隆重的拜火儀式，聖火由三隻駱駝背馱。這幅石刻出土在陝西一個入籍中國的安國人墓中。

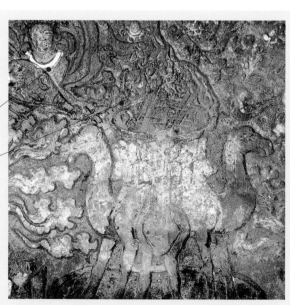

彈琵琶的神祇

聖火

◀ **粟特鹿紋銀盤**

粟特金銀器中，以鹿紋為主題的最多見。原本樹杈形狀的鹿角，演變為扇形，是粟特特有的風格。

腹部衣服鼓起，放有乾糧

▶ **粟特俑**

唐朝留下很多胡人俑，這個俑很可能是粟特人的形象。

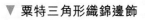

▼ **粟特三角形織錦邊飾**

由三角幾何圖案構成的紋飾主題，是粟特特有的風格。織錦中的粟特錦獨具異域風格，且數量較多，應是由粟特商人傳入中國的。

◎ 都城
〜 唐疆界線
　 昭武九姓諸國

▲ **昭武九姓諸國分佈圖**

青藏高原上的吐蕃

▲ **唐卡上的藏式房屋**
西藏多山，建於山上的房屋稱碉房，特點是外形成階梯型，一般高兩至三層，通常是成組成群地建。

當中國由分裂復原為統一的隋唐帝國時，青藏高原上也興起吐蕃王朝，西藏一改鬆散的部落狀態。松贊干布統一各個部族，定都拉薩，是吐蕃王朝最強盛有為的君主。

松贊干布稱王只比天可汗唐太宗登皇帝位晚一點，他採取很多措施使吐蕃逐漸似一個國家，例如委任官員、制訂法律、創製藏文、改進地方組織。吐蕃所處的高原，交通阻隔，文化上受中原和印度的影響，而唐朝國力盛，松贊干布明白，要令吐蕃強大，要輸入很多中原的技術，因此他多次向唐太宗請求通婚，唐朝終於答應把文成公主嫁到吐蕃。文成公主把漢族的

耕作、造紙、製墨、紡織技術帶入西藏，又帶去佛像和中原的禮儀樂舞制度。對吐蕃的發展起了很大作用。

吐蕃強大後，向北向南挑戰唐朝，向北滅了依附唐朝的吐谷渾，還佔領了河西走廊，包括敦煌；向南征服唐朝扶植的南詔。唐和吐蕃因此

▶ **文成公主**
一直以來通婚是中原王朝和外族聯絡的方法。文成公主嫁入西藏在當時是一件東亞國際的大事，令勢力強大的突厥人既姤又惱，因為唐朝不肯和突厥通婚，卻把公主嫁給勢力小得多的吐蕃。

◀ **步輦圖的祿東贊**
中間穿窄袖錦袍的祿東贊是吐蕃的大臣，松贊干布派他向唐朝請婚，結果唐太宗應允。

▶ **拉薩小昭寺**
這是文成公主入藏後親自督建的寺院，設計和施工的工匠都是由入藏的漢人負責，建築講究左右對稱佈局，是漢族特色。現在這裡是西藏佛教的一所密宗經學院。

多次交戰，但也經常和談，而文成公主之後，又有金城公主嫁到吐蕃，中原文化第二次大規模傳入。

吐蕃和南亞相接，也受南亞的影響。藏語和漢語屬同一語系，但藏文卻受梵文影響，採用拼音方法；文成公主傳入佛教，松贊干布娶的尼泊爾公主也帶來佛像。吐蕃佔領河西走廊時，也受當地興旺的絲路文化影響。最近在青海發現的吐谷渾墓，顯示吐谷渾被滅後，保留原來的社會組織，墓裡又發現流行於唐朝的波斯紋樣絲織品。由吐谷渾的例子，可知部落在吐蕃裡仍然有勢力。因此吐蕃衰落後，西藏高原又分裂成許多小國。

◀ 松贊干布

◀ 唐卡中的佛像
唐卡是藏傳佛教中一種卷軸畫。這幅唐卡表現了松贊干布時期唐朝與吐蕃交往的重要歷史，這是其中一個畫面，左面應是描繪文成公主和尼泊爾尺尊公主（松贊干布的另一位皇后）帶入西藏的兩尊佛像。

正在興建佛寺

▶ 唐卡中的牛拉犁
文成公主嫁到吐蕃後，中原的耕作技術及農具傳入，促進了西藏的農業發展。吐蕃的農耕技術本來比較原始，不講究平整土地，田地沒有阡陌，水土容易流失，自吐蕃人民學會了挖畦溝，又有先進的農具協助耕作，提高了西藏的農產量。圖中以牛拉犁就是中原的耕作方式。

◀ 藏民到布達拉宮山腳轉經筒

西藏布達拉宮

始建於公元 7 世紀的布達拉宮，是松贊干布為文成公主建造的。"布達拉"是梵語的音譯，指觀世音菩薩所居之島。這座宮堡式建築群，佔地 41 萬平方米，一直是西藏的佛教活動中心，中央的紅宮，用於宗教事務；兩翼的白宮，是達賴喇嘛政治活動和起居的場所。這座匯萃藏族藝術精華的古建築，現已是西藏的標誌了。

▼ 布達拉宮全景

東亞文化的形成

▲ 高麗送供使
敦煌壁畫中描繪來自朝鮮的高麗朝聖隊伍，
往文殊菩薩道場勝地五台山進香供奉。

中國的文明發展早，一直是東亞文明的中心，秦漢形成統一的帝國以來，文明和制度不斷向四周傳播。唐朝的鼎盛，使來中國求學、生活的外族特別多，文化傳播的規模和範圍比秦漢大，日本的學者認為，唐朝時東亞文化體系成熟，給東方世界重要而深刻的影響。

這個文化體系內各國的表現包括：模仿唐朝的政治和法律制度，接受儒教和中國化的佛教在境內傳播，未有自己文字的，甚至直接使用漢字。這個文化體系的範圍東到朝鮮半島、日本，西到中亞，北到位於東北的渤海國，南到越南北部。各地接受的內容和影響程度不盡相同，其中渤海國、朝鮮半島的新羅和日本最明顯。

渤海國既是唐的屬國，又受唐朝封的地方官職，和唐朝既是宗主和藩屬關係，又是中央和地方政府關係，受唐朝文化影響特別深。渤海國和日本、新羅交往密切，因此成了向這兩國傳播唐朝文化的橋

騎駱駝樂人 ——

▶ 日本正倉院藏螺鈿紫檀五弦琵琶
正倉院位於日本奈良的東大寺，裡面收藏了公元8世紀在位的聖武天皇的很多珍寶。當時正是日本大量吸收唐文化的時期，現今存留的二百多件寶物中，有很多由中國輸入，如琵琶和鏡，有些則是日本仿唐製作，如三彩陶器等。

樑。在渤海國的北方又有很多仍處在部落組織的民族，像契丹，它們也是透過渤海國接觸唐文化的。唐亡的同一年，契丹建國，就是雄霸北方的遼。從遼朝的壁畫和器物，可以看見很深刻的唐朝影子。

朝鮮半島上原有三個國家，統一為新羅。新羅的人才不但到唐朝學習，還參加唐朝的科舉考試。新羅的政治制度仿唐，既設科舉考試，也設國學教儒家經典。用唐的曆法、年號，穿唐服，讀漢文，宮廷音樂裡有唐樂。唐的製瓷、印刷、天文學、醫藥學也傳入新羅。

日本受唐朝的影響很深，主動派學生和僧人冒生命危險渡海到中國學習。日本的大化革新運動，以唐朝制度為模仿對象。日本當時的首都京都和奈良，活脫脫就是唐朝首都長安的小號複製品，連主要宮殿、城門和街道名稱也沿用。

朝鮮半島和日本都盛行中國化了的佛教，並且自己開宗立派。

◀ 渤海三彩熏爐

渤海人從中原學會了唐三彩的燒造技術，燒造了渤海三彩。渤海很多陶瓷產品帶有鮮明的唐朝風格。

▶ 具唐朝風格的契丹器物

遼的前身契丹，原居於渤海國的北方，他們透過渤海國接觸唐文化，即使建國後的製品，也明顯帶有唐朝的風格。這個銀壺就是契丹早期模仿唐朝金銀器的代表作。

百濟國使

日本國使

◀《職貢圖》的百濟國使及日本國使

朝鮮半島上的三國，在唐朝以前已與中國互有往還。這張百濟國使的畫像，是一幅長卷畫的局部，由魏晉南北朝一個南朝國家的王子所繪。原畫有多個來訪使節的服飾形象，及用文字交代兩國來往的事跡。

▲ 日本正倉院藏密陀彩繪箱

日本的佛教是由中國傳入的。聖武天皇執政的二十年間，更大力弘佛。這個藏於正倉院的黑漆彩繪箱，用來盛放獻給大佛的丁香、青木香。而"密陀"是一種黃色的礦物顏彩，用以在箱上繪出佛教的吉祥紋飾。

▼ 唐文化擴散範圍

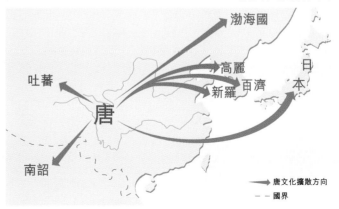

渤海國
高麗
日本
吐蕃
新羅 百濟
唐
南詔

→ 唐文化擴散方向
– – 國界

開放的社會風氣

唐朝是中國一個很開放的時代。

從分裂混亂裡統一，回復一個統一又興盛的國家，這個國家又推行很多稱得上世界先進的制度，人民自然安居樂業，充滿自信。這時的人民經過近四百年的種族混合，所謂漢族，已混有南北各地少數民族的血液，生氣勃勃，很有活力。加上國力興旺，外地人來得多，彼此交往多，見識廣，整個社會有一種蓬勃向上的精神。

▲ 騎馬的貴婦和小女孩
在唐朝的開放風氣下，婦女在社會上非常活躍。這幅春遊圖中可見幾位貴婦盛裝騎馬春遊，其中一位隨隊出發的小女孩，可能從小便學會騎馬了。

在國民精神上，文明禮貌和奮發勇敢同時兼有。大家都知道唐人愛寫詩，大官員可以是大詩人，一般民眾也可以即興創作幾句，這是文質彬彬的一面，但是也有很多詩人嚮往到北方和西方邊塞體驗生活，所以有雄渾的邊塞詩。為了追求知識和哲理，僧人冒着千辛萬苦到印度或西域學習佛法，最著名的是唐玄奘的故事。

▶ 打馬球俑
馬球是從波斯傳入的球類活動，在貴族中十分流行。唐朝貴族的體育活動廣泛多樣，而尤其受胡人及草原民族尚武之風影響。

▶ 敦煌壁畫的勾欄百戲
百戲即雜技、馬戲的總稱，是在宮廷、民間和軍中均受歡迎的娛樂節目。唐朝的雜技繼漢之後，第二次大量吸收西域各族的技巧，無論種類、技藝均有創新。民間娛樂活動豐富，社會上一片歌舞昇平景象。

❶ 表演上杆的小孩

❷ 說唱人

❸ 藝人彈奏的是由粟特人傳入的曲頸琵琶

唐朝的婦女很自由，並不從屬於男人，她們有單獨的社交活動，自由結社，也不怕和男性接觸。一時穿着裙子騎馬出行，一時打扮得花姿招展，一時女扮男裝，下棋、出遊、打球、狩獵都可以參加。唐朝婦女婚嫁也很自由，不怕離婚或再嫁，還敢自己選對象。

中國唯一的女皇帝

中國皇朝沒有女性繼承皇位的習慣。唐朝卻出現了一位不甘心只做皇后的女性 —— 武則天。她登位稱帝，是中國歷史上唯一的女皇帝。這特例恐怕和唐朝的社會風氣有很大關係。北方胡族的女性有很高的社會地位，唐朝是漢胡風俗結合的社會，對想做皇帝的武則天，比較有利。

◀ 彩繪狩獵騎馬俑

唐朝社會充滿進取精神，漢晉時代貴族百姓的娛樂活動主要以健身養生為主，唐朝人卻以刺激的競技活動為時尚，狩獵、出遊、打馬球等都是當時流行的遊樂活動，充分表現出唐朝人奔放開明的個性。女子也一樣參加。

◀ 弈棋圖

下棋是唐朝貴族婦女的娛樂活動。圖中貴婦束高髻，簪花耀頂，眉作倒八字暈飾，面色紅潤，穿緋地藍花襖，白紗披肩，着綠花羅裙，應是六品官員的妻子。

▶ 女扮男裝的宮女

唐朝女性也愛作男裝打扮，這是位着男裝的宮女。

能歌善舞的時代

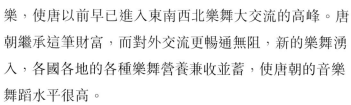

大部分民族本來都能歌善舞，越文明開化好像就越不敢歌舞了。漢族由愛歌舞變成愛看人表演歌舞，在漢朝已經有跡象。北方胡族給漢族的巨大衝擊，不單在軍事上，還在歌舞上。

他們無論上上下下，男男女女，都愛歌舞，連被俘虜的胡族荒唐皇帝看見別人跳舞，也可以忘情加入。

北方民族衝擊下，政治四分五裂。漢朝的正統音樂流落到西邊的河西走廊、南邊的長江中下游，與當地的音樂舞蹈結合，生出新的樂種；加上北方雄渾的胡樂、西方細膩的胡樂，使唐以前早已進入東南西北樂舞大交流的高峰。唐朝繼承這筆財富，而對外交流更暢通無阻，新的樂舞湧入，各國各地的各種樂舞營養兼收並蓄，使唐朝的音樂舞蹈水平很高。

唐朝是個胡風瀰漫的時代，這時的胡除了北方的，還有西方的，尤其是兩個扼守文明通路的地方：中亞和龜茲。

▲ 戴孔雀帽女樂俑
表演藝人不單奏樂要出色，打扮也要別出心裁，這女樂人戴一頂孔雀帽。

◀ 胡騰舞玉帶
中亞的騰跳舞蹈，使唐人看得花了眼。這種發揮男舞蹈員跳轉優勢的舞蹈，舞步急促，不時加入高躍、空轉的難度動作，很受歡迎。中亞來的舞蹈員穿上窄袖衫和靴子表演，唐朝大愛胡風的人民也可能即興大跳一番。

▶ 白陶舞馬
馬是隋唐時的儀仗中不可少的，這馬揚頸低頭，抬起右前蹄，似乎在跟隨樂曲跳舞，或是在儀仗隊中壓住節奏。

中亞的粟特人政治上依附唐朝，但他們彈琵琶、唱歌、跳舞首屈一指，他們的胡騰和胡旋舞風靡唐朝。今天被視為中國樂器的琵琶，其實是胡樂。邊塞詩人聽着的"胡琴琵琶與羌笛"，沒有一件是商周秦漢以來的傳統樂器。龜茲（今新疆庫車）這個文化大熔爐的樂舞，早已影響到河西走廊，這時變成唐朝統治西域的中心，繼續它融合波斯、印度、中亞文化的特長。粟特和龜茲音樂都被編入唐朝的宮廷正統音樂裡。

宮廷音樂機構規模龐大，樂工數萬人，有專門教練宮廷音樂創作人員的機構，是音樂人才薈萃之處，也是音樂活動的中心。宴樂是國宴時欣賞的音樂舞蹈，集中了當時樂舞的精華，主題雖然是歌功頌德，但吸收了很多外來音樂，藝術性強，保持了各地樂舞的生命力，加上幾個嗜好音樂的皇帝提倡，成就睥睨各代。

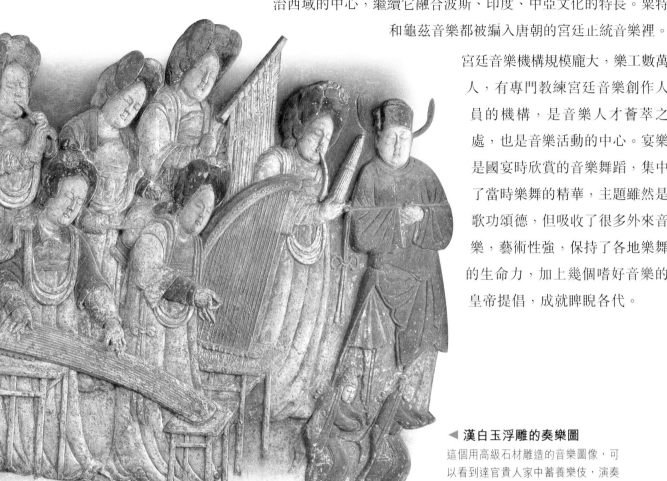

◀ **漢白玉浮雕的奏樂圖**

這個用高級石材雕造的音樂圖像，可以看到達官貴人家中蓄養樂伎，演奏音樂的情況。

◀ **敦煌壁畫中的四人合舞圖**

四個女舞者踩小圓氈，左面兩個穿着類似軍裝的舞服，一手向上伸、一手向下像提衣襟狀，給人英武之感；右面一對跳起中亞有名的胡旋舞，兩人是從相反方向對稱旋轉，千迴百轉，巾帶飄揚，裙裾扭動。

佛教的狂熱

佛教傳入中國，到唐朝，信仰達到狂熱。上層王族和文人迷戀，一般人民也極之深信。

怎麼見出狂熱的程度？幾個皇帝多次從京郊的皇家寺院迎佛骨到宮中侍奉，萬人空巷夾道相迎，花了很多錢。把大文豪韓愈氣得對皇帝大講迷戀佛教怎樣有害，結果被貶官。迎佛骨的花費還是偶然的，平常對寺院的奉獻卻是經常的。皇家寺院法門寺出土的，有名噪一時的秘色瓷、不易得到的進口玻璃器、金銀茶具整套、香爐多個，還有各種金線繡品，都是皇帝皇后供獻的。皇族貴人還經常把住宅捐出做寺院，僧尼又免交稅和服力役。還有現存的龍門和敦煌石窟，在唐朝時開鑿的，既多又大，裝飾得很美麗。

當時信仰的方向，已從佛教初傳到中國時講苦修、犧牲以及觀音菩薩救苦救難，轉向講西方極樂世界，而且依靠唸阿彌陀佛的名字就可以化生到那裡。

▲ 往生西方極樂世界

往生西方淨土是唐朝人的大夢想。根據佛經，往生時是變成小孩子，從蓮花中化生的。西方淨土即是阿彌陀佛的淨土，在西邊。由於阿彌陀佛的信仰這麼興盛，到今天，"阿彌陀佛"還是中國人常掛嘴邊的一句話。

▶ 鎏金捧真身菩薩
唐朝高僧在唐懿宗三十九歲生日時為供養佛祖而造，高 38.5 厘米。

▼ 為捧真身菩薩像特製的絲織上衣
這件仿唐朝仕女短袖上衣的微型衣物，是為捧真身菩薩而特製的，供奉在法門寺內。在出土時，衣服的花蕊刺繡還釘了珍珠，充分看到唐朝金繡絲織物的精細手工。

▲ 敦煌石窟剃度圖
兩個剃度師為許多貴介人士剃度，地上放了洗臉盆和淨水瓶。

不光一般民眾這樣，很多知識分子也很嚮往，有些還自己建個墳墓，坐床唸經，等佛來接引他到西天。

詩人的詩文裡迴蕩着佛教式的意境，畫家雕塑家費盡氣力營造出瑰麗的佛教世界和神祇，佛教對唐朝的文學和藝術，都有很大影響。

▶ 大盧舍那佛

東都洛陽的龍門石窟，唐朝時大加開鑿。這是龍門石窟最有名的大佛，是唐朝皇后及唯一女皇帝以化妝品錢來贊助修建的。大佛倚山端坐，面相豐滿圓潤，眉彎如月，帶笑意。神態莊嚴而有睿智。

▶ 供案上的六足香爐

香爐放在佛前面的供案上，作熏香之用。五足香爐和爐台由唐朝皇帝供養給皇家寺院法門寺。而在敦煌壁畫上常常見到實際使用的情況，在這幅壁畫中的香爐有六足，比較罕見。

▼ 雙鳳銜瑞草紋五足香爐及爐台

敦煌壁畫中的玄奘和孫悟

歷 險 求 法 的 玄 奘

唐玄奘西行求經，是唐朝的著名故事。他偷渡出境，經過火焰
山、流沙河和荒漠才到印度，苦學十多年回國，並帶回佛經原
著六百多部。在皇帝支持下，他專心譯經，並創立了唯識宗。
玄奘的求學歷險記，後來被神話化，給他添了猴子徒弟和坐
騎，成為中國四大小說之一 ──《西遊記》。

▲ 玄奘歸葬處 ── 西安興教寺舍利塔

從實用解放的藝術

當藝術不再只是為了裝飾和實用，藝術家就有一個大開展的空間。唐朝在這轉變過程中，有承上啟下的作用。而且名藝術家多如繁星，各種題材繪畫都有發展。所以唐朝在中國藝術發展上很重要。

唐朝人才輩出，一方面是承接了南北朝的發展，而又進入大一統時代，南北各地名畫家加上西域名家都聚在首都長安，畫風交流更頻繁直接。在繪畫題材上，仍然以人物畫為主，尤其是前期，功臣或朝廷大事以及宗教神祇，仍然是主要內容，但是山水畫已經有獨立的傾向，不再是人物為主，山水做背景配襯。由名詩人王維發展的水墨山水更以純水墨畫法，在金碧輝煌的山水畫風中獨立一派，是後來文人畫水墨山水畫的先行者。山水畫之外，後來中國畫的另一重要品類——花鳥畫，也有發展。然而後世集中畫花鳥，唐朝前期始終有雄風，愛畫牛馬。

佛教藝術本身，以及它對中國藝術的影響，在唐朝始終不能忽視。早期的畫家大部分同時是宗教畫家。宗教需要熱情，它本身就扭合了許多名家的精神和精華，然後又以粉本的形式，傳給各地的畫師臨摹繪畫，提高了各地的繪畫水平。佛教在唐朝向世俗化發展，佛教畫也加入世俗因素，很多神祇人物活現了現實生活人物，佛經故事畫又畫很多生活風俗畫面。

▲《簪花仕女圖》的仕女
人物畫從帝皇、功臣、神祇擴展到宮苑仕女日常生活。這是長卷畫的一個仕女人物，是仕女畫名家周昉的作品，他的仕女畫很細膩，顏色柔和美麗。以長卷形式畫人物場景，也是從漢開始，經南北朝摸索成長的形式。

由於這些獨立化、世俗化的發展，於是中唐開始，繪畫藝術逐漸脫離宗教、教化、實用，有自由發展的趨向，唐朝衰落，藝術的獨立自由還進一步發展，到宋朝，開啟了中國繪畫的新時代。

►《五牛圖》的黃牛和荊棘
《五牛圖》是中唐的真跡。這幅農村題材的風俗畫，畫家韓滉卻是宰相的兒子。全幅畫唯一的背景是叢荊棘，重點都放在牛上。牛身按凹凸作暈染，很有立體感。但最精彩的是牛的神情，牛眼睛有神而且富感情，這一頭邁步舐舌。牛的倔強而溫順，活現紙上，把歷代看畫的人都迷住了。

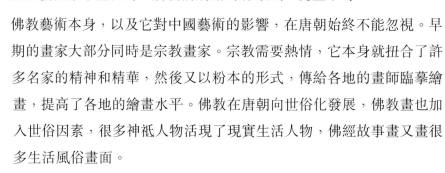

◄ 菩薩
佛、菩薩是佛教畫的主角，畫家花大精力去畫。這個初唐菩薩畫在敦煌石窟一個門洞上面，不大，但神情的閒靜，拿蓮花、提飄帶的優雅，令人印象深刻。臉圓如月，卻不顯胖，有唐朝女性的時代美。

唐朝的書法也是個承前啟後，而又有大成就的角色，很講究嚴謹法度，尤其楷書發展成熟。唐朝的名書法家也很多。這時書法和繪畫還未合流，名書法家和名畫家不是同一批人。

▼ 展子虔的《遊春圖》

魏晉南北朝時，人物還是繪畫的主角，山水只是陪襯，人大於山。隋唐開始山水畫成為單獨一科，這是隋朝的山水畫，也是現存最早的可稱以山水為主的畫作，可視為山水畫獨立的實例。這幅畫中的山水人物透視和比例合理，山、樹木、水紋、雲氣營造出空間感。筆法還有點拙樸，沒有在微處畫得很仔細，是初創而未變精巧的早期山水畫名作。

◄ 歐陽詢的《夢奠帖卷》

唐朝從皇帝到民間都喜歡書法，國立學校設有書法科，由著名書法大師歐陽詢、虞世南執教。歐陽詢的書法還成為後來科舉考生的標準字體。

► 張旭的草書

張旭與懷素同以草書著名的唐朝書法家，二人大膽變革創新，把草書推向藝術的頂峰。這幅是張旭的草書作品，筆走龍蛇，字體連綿迴繞，氣勢自然流露。

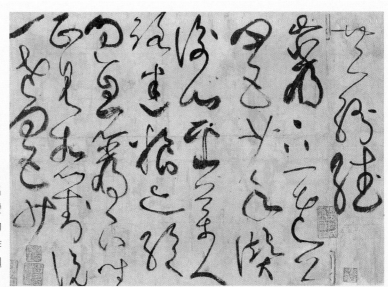

單元四　邁向近代

● 公元 960 年
趙匡胤在一次兵變中奪取政權，建立宋朝。

● 公元 1023 年
益州設立交子務，發行世上最早的紙幣 —— 交子。

● 公元 1041 年
畢昇發明活字印刷術

● 公元 1086 年
蘇頌開始建造水運儀象台，是世界上最早的綜合性天文台。

● 公元 1368 年
朱元璋建立明朝，定都南京，並頒佈不許私人出洋貿易的禁令。

● 公元 1405 年
明朝以鄭和為統帥，二十九年間共七次派大船隊下西洋，規模是當時世界最大的。

● 公元 1382 年
明太祖廢宰相，結束了中國的宰相制度，權力由皇帝獨攬。

● 公元 1421 年
紫禁城興建完成，明成祖遷都北京。

● 公元 1502 年
哥倫布到達中部美洲

● 公元 1517 年
葡萄牙人傳入佛[郎]機，後來明軍購入[紅]夷炮，在戰爭中[發]揮重要作用。

● 公元 1865 年
英資匯豐銀行在上海成立，並在中國發行紙幣、壟斷外匯市場。此後，各國銀行爭相在中國各地設行，控制了中國的金融市場。

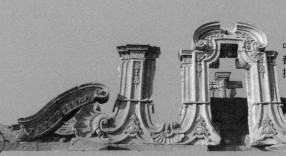

● 公元 1860 年
中國在英法聯軍之役中戰敗，首都陷落，皇帝出逃，圓明園被搶掠和焚燒。

● 公元 1894 年
經歷三十年建設而成的中國海軍，在甲午戰爭被新興的日本海軍殲滅。

● 公元 1868 年
日本明治維新開始

● 公元 1895 年
法國要求劃中國南部和西南為其勢力範圍，此後各國爭相仿效。中國幾乎被瓜分。

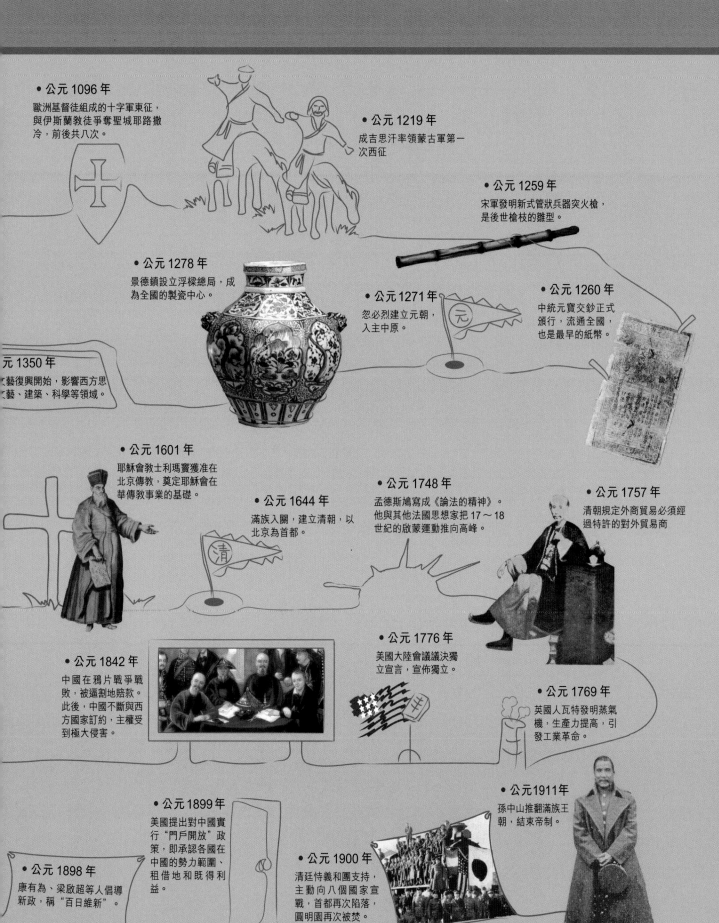

● 公元 1096 年
歐洲基督徒組成的十字軍東征，與伊斯蘭教徒爭奪聖城耶路撒冷，前後共八次。

● 公元 1219 年
成吉思汗率領蒙古軍第一次西征

● 公元 1259 年
宋軍發明新式管狀兵器突火槍，是後世槍枝的雛型。

● 公元 1278 年
景德鎮設立浮樑總局，成為全國的製瓷中心。

● 公元 1271 年
忽必烈建立元朝，入主中原。

● 公元 1260 年
中統元寶交鈔正式頒行，流通全國，也是最早的紙幣。

元 1350 年
藝復興開始，影響西方思
藝、建築、科學等領域。

● 公元 1601 年
耶穌會教士利瑪竇獲准在北京傳教，奠定耶穌會在華傳教事業的基礎。

● 公元 1644 年
滿族入關，建立清朝，以北京為首都。

● 公元 1748 年
孟德斯鳩寫成《論法的精神》。他與其他法國思想家把 17～18 世紀的啟蒙運動推向高峰。

● 公元 1757 年
清朝規定外商貿易必須經過特許的對外貿易商

● 公元 1776 年
美國大陸會議議決獨立宣言，宣佈獨立。

● 公元 1842 年
中國在鴉片戰爭戰敗，被逼割地賠款。此後，中國不斷與西方國家訂約，主權受到極大侵害。

● 公元 1769 年
英國人瓦特發明蒸氣機，生產力提高，引發工業革命。

● 公元 1911 年
孫中山推翻滿族王朝，結束帝制。

● 公元 1899 年
美國提出對中國實行"門戶開放"政策，即承認各國在中國的勢力範圍、租借地和既得利益。

● 公元 1898 年
康有為、梁啟超等人倡導新政，稱"百日維新"。

● 公元 1900 年
清廷恃義和團支持，主動向八個國家宣戰，首都再次陷落，圓明園再次被焚。

北方民族再興

中國兩千年的帝國歷史裡，從第一個王朝的始皇帝開始，就忙於應付北方民族南侵，而中國的帝國歷史，也由北方民族畫上句號，滿族的溥儀成了中國的末代皇帝。

如果前一千年北方民族南下曾經成就了開放的唐朝盛世，自宋開始的後一千年，中華帝國卻在連續不斷的北方威脅下轉為悲憤和內斂。

契丹、女真、黨項、蒙古和女真的後裔滿族，前後相續，一共建立了五個草原帝國。最早興起的契丹，在宋朝建國之前就已經存在。可以想像，連番的巨浪，令漢族帝國招架乏力。終於，漢族王朝兩次滅亡，蒙古和滿族先後成為全中國的統治者。這時期的四個中原王朝，是漢族和北方民族輪流建立的。

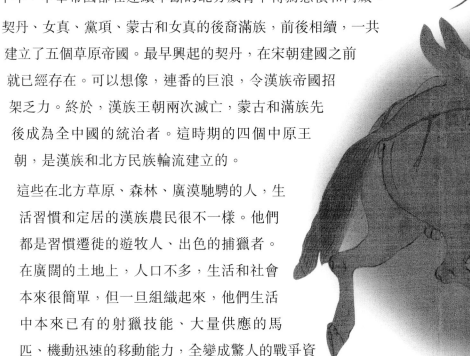

這些在北方草原、森林、廣漠馳騁的人，生活習慣和定居的漢族農民很不一樣。他們都是習慣遷徙的遊牧人、出色的捕獵者。在廣闊的土地上，人口不多，生活和社會本來很簡單，但一旦組織起來，他們生活中本來已有的射獵技能、大量供應的馬匹、機動迅速的移動能力，全變成驚人的戰爭資源在廣闊的戰線上東馳西突，令定居國家驚魂難定。

▲ **剃髮結辮的蒙古人**

蒙古男子剃去額前頭髮，只留下小撮。契丹、女真（連後來的滿族）、蒙古，以及黨項，全都有剃前額頭髮的風尚，各族不同的是留下頭髮的處理，和辮子的編法。蒙古人把辮子弄成環形，垂在耳後。中華帝國衰落時，被歐美人嘲笑為豬尾的辮子，是滿族的髮式。

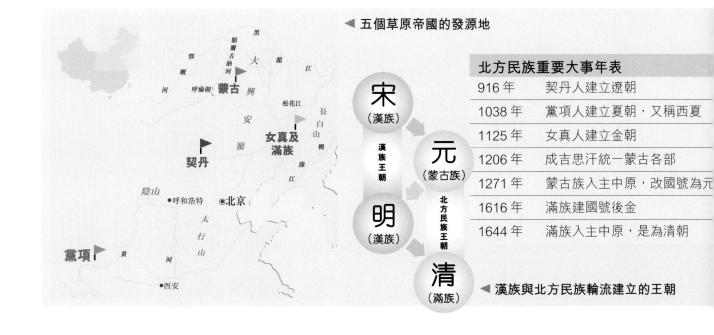

◀ **五個草原帝國的發源地**

北方民族重要大事年表	
916 年	契丹人建立遼朝
1038 年	黨項人建立夏朝，又稱西夏
1125 年	女真人建立金朝
1206 年	成吉思汗統一蒙古各部
1271 年	蒙古族入主中原，改國號為元
1616 年	滿族建國號後金
1644 年	滿族入主中原，是為清朝

宋（漢族）→ 元（蒙古族）
漢族王朝　北方民族王朝
明（漢族）→ 清（滿族）

◀ **漢族與北方民族輪流建立的王朝**

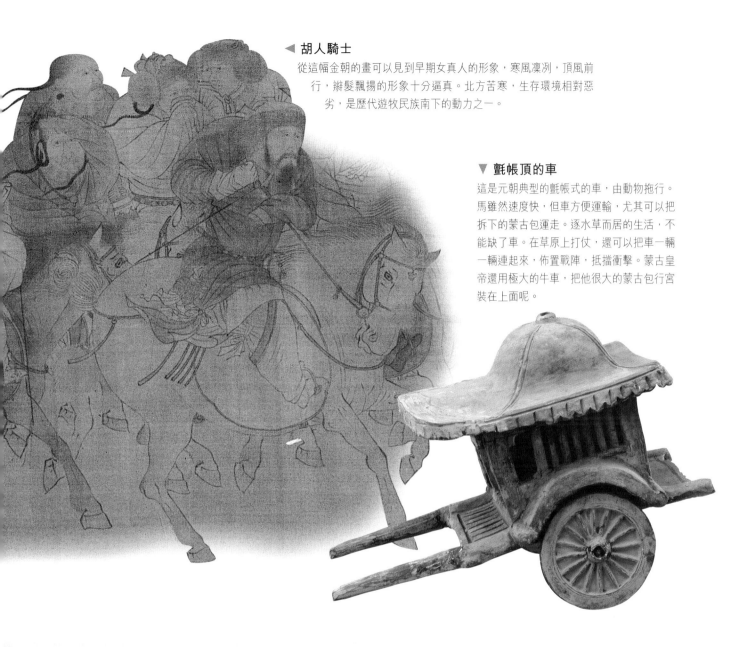

◀ **胡人騎士**

從這幅金朝的畫可以見到早期女真人的形象，寒風凜冽，頂風前行，辮髮飄揚的形象十分逼真。北方苦寒，生存環境相對惡劣，是歷代遊牧民族南下的動力之一。

▼ **氈帳頂的車**

這是元朝典型的氈帳式的車，由動物拖行。馬雖然速度快，但車方便運輸，尤其可以把拆下的蒙古包運走。逐水草而居的生活，不能缺了車。在草原上打仗，還可以把車一輛一輛連起來，佈置戰陣，抵擋衝擊。蒙古皇帝還用極大的牛車，把他很大的蒙古包行宮裝在上面呢。

▼ **蒙古包**

蒙古包就是草原民族一直居住的氈帳，它拆卸、組裝、運輸方便，裝在車上就可運走，適宜於逐水草而居的遊牧生活。蒙古族經常在蒙古包的氈上塗石灰、骨粉等白色塗料，使它潔白。

現代蒙古包的構造

蒙古包用木或柳條網狀圍壁、傘形支架、陶腦組成骨架，外圍氈子。覆蓋陶腦的氈可以掀起，起到天窗的作用。蒙古包的大小由圍壁的片數多少來決定，八片以上的需要支柱支撐。成吉思汗的宮帳，是特大蒙古包，陳設華麗，可以容納很多人。

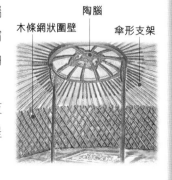

陶腦

木條網狀圍壁　　傘形支架

騎射的新威力

北方遊牧人二千年來的軍事威力都在騎射。在那沒有軍車、沒有坦克、沒有熱兵器的時代，馬和弓箭就是最有威脅的武器，每個遊牧人都熟悉馬和弓箭，都是天生驍勇的士兵。匈奴、鮮卑、柔然、突厥、契丹、女真、蒙古、滿族，都靠騎射起家。

為了維持這種優勢，即使已經佔有城市，定居下來，當了中原的皇帝，北方民族還是千方百計告誡後代：不要忘記祖先的傳統。組織上萬人的大型圍獵作為訓練軍隊保持騎射的手段。在北京城往北，長城以外有個木蘭圍場，佔地1萬平方千米，就是每年秋天，清朝皇帝帶領滿族與蒙古士兵進行圍獵訓練的地方。

不少中原人曾記下圍獵的情況。有出使到遼朝的人，路上見到上百人在打獵，被告知這只是小規模的平常打獵，沒有上千人，叫不上大規模。元朝亡後，北返的蒙古人仍時常在陰山大圍獵。每當秋風初起，弓勁馬強，禽獸肥壯的時候，蒙古首領一聲令下，千騎萬馬大會於森林，震動陰山，上百日還未回返，獵得的野獸堆積如山。

既然騎射是自古以來的優勢，為甚麼從契丹開始，草原民族的壓迫力變得特別強大呢？因為新一代的遊牧人與他們的前輩不同了。他們向定居者學會強化社會組織，建立都城，從佔據的農業地區獲得經濟來源，不會因為一場大天災就組織渙散，土崩瓦解。遊牧人有了持久的基礎，騎射不是制勝的唯一手段，騎射的威力因而更強大了。

▲ 蒙古騎士

長年盤馬彎弓的生活，使北方騎兵騎射技術嫻熟。圖中頭戴尖笠帽的蒙古騎士，似乎正準備提韁繩，策馬前行。

▼ 套馬

牧馬生涯就是嚴酷的騎術訓練，這個女真騎士梳長辮，穿窄袖毛裡衣服，與坐騎緊密配合，一套而中狂奔的駿馬。這幅金朝的畫，畫風筆法都是中原的，但題材充分表現遊牧色彩。

▲ 遊牧民族的腰帶

蹀躞帶束在腰上，可以掛弓劍、算囊、刀、打火石等日用品，很適合馬上生活的需要。這件金銀裝飾的蹀躞帶是遼朝駙馬的遺物。

皇帝在圍帳指揮

皇帝的行進方向

預先選定的平坦地

第一圍

參與圍獵將士的行進方向

第二圍

▲ 合圍示意圖

合圍又稱大獵，是最流行和正式的打獵方法。清朝行圍時，八旗將士加上蒙古各部派來騎兵，合共上萬名軍士，有騎兵、步兵、槍手、嚮導，在圍場佈圍，範圍很大。皇帝坐在高地的圍帳中指揮，將士無論面對甚麼地勢，都要奮勇前進，槍聲、喊聲之中，把圍內野獸趕到皇帝的帳前。然後皇帝率皇子入圍射獵，之後隨圍將士與圍中野獸激鬥，號角喧天，喊聲遍野，野獸東逃西竄，要衝出重圍。咆吼哀鳴，震撼山野。行圍約二十天，每天行圍結束，在原野上陳列所獲，由皇帝論功行賞。

海東青

◀ 海東青啄天鵝玉雕

北方民族特別偏愛鷹。海東青是東北所產的名貴獵鷹，體型小，但專門捕捉天鵝等大型飛禽，被視為勇悍的象徵，尤其深得祖居東北的契丹人喜愛。建立遼朝後，契丹人經常向住在東北的女真人索取海東青，以致兩族結下仇怨。

天鵝的頭部

▼ 狩獵岩畫

射獵是人類維生的古老手段。中國北方的岩畫，多是遊牧民族的創作，射獵題材的很多，這是甘肅賀蘭山的岩畫。獵人學會畜牧之後，仍然經常狩獵，以補充糧食，平常也作為娛樂，以及培育勇武風尚的鍛鍊手法。

1 野牛
2 逃避野牛追襲的人
3 立馬挽彎的獵人
4 北山羊

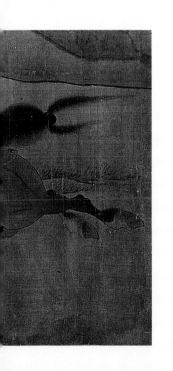

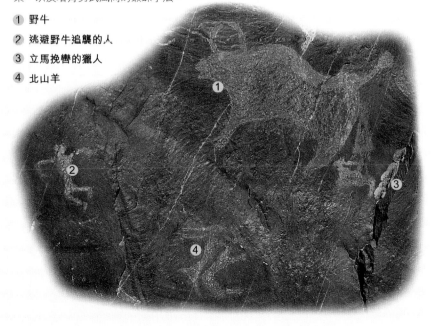

講究的馬具

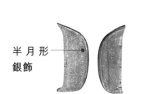

後橋

前橋

半月形 銀飾

▲ 鎏金銀鞍

這是馬鞍前後高起的鞍橋護片，用銀造，再鏨刻花鳥，用小圈似的魚子紋做地紋。面上又鎏金。

以馬上得天下的民族，對馬有特殊的感情，對馬具的製造和裝飾，也特別講究。

各個北方民族裡，遼朝的馬具最有名。很早就曾向中原送過金花鞍轡、水精玉裝鞍轡。西夏立國之後，遼、西夏、宋這鼎足三立、競爭不休的三個王朝，分別以鞍、劍、絲織品著名，契丹鞍、夏國劍、蜀（四川）錦被稱為天下第一。契丹人的征戰離不開鞍馬，死後常常用馬具隨葬，遼墓裡常常有馬具出土，因此今天才能看到契丹鞍和其他馬具的面目。

遊牧民族歷來愛用金銀器，所以契丹的名貴馬具，多用金銀做裝飾。遼朝的工藝品雖然多是輸入的，但是馬車具、皮革、弓箭等可說是傳統手工業，馬、車具的工匠多是契丹人。金雕玉砌的精細裝飾技術從外地傳入後，契丹工匠的掌握程度，還可以探討，不過從大量精美的馬具來看，熟練掌握這些工藝，裝飾他們引以自豪的天下第一馬鞍，看來也有可能吧。

▶ 契丹馬與馬鞍

契丹人精於製造馬鞍。在這幅遼朝的壁畫中，繪有一匹棗紅大馬，馬鞍的部分亦繪得特別細緻。

馬具的功能

籠頭	套在馬頭用以繫韁繩
轡	頭絡的一部分，有些連着放在馬口裡的鏈形器，以便駕馭
韁	繫馬的繩索
鞍	供人乘坐，多用皮或木加棉墊製成
鞍橋	馬鞍前後高起部分的護片，亦是裝飾，多為金屬製
鐙	腳踏，策馬時的着力點
鞦	拴在馬股後的細皮帶
障泥	垂於馬腹兩側，遮擋塵土

障泥　鞍橋　籠頭
鞦　　鞍　韁
轡
鐙
胸繫

籠頭

馬鞍的鞍橋部分

花紋障泥

後鞦

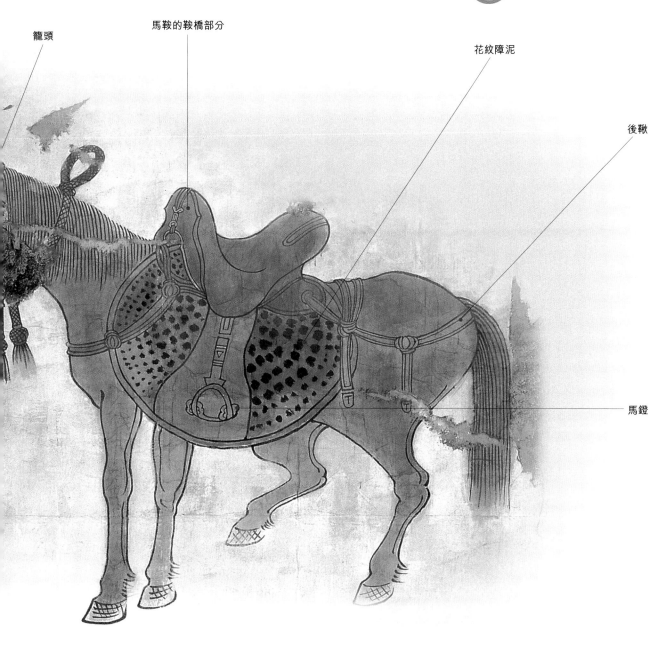

馬鐙

▶ 馬籠頭飾

這是從一個遼朝駙馬墓出土的馬籠頭飾，以銅鎏金鑄造，上有鹿紋。同一個墓中，共五組一百六十四件馬飾陪葬，其數量、種類之多，裝飾之精美，充分說明馬在契丹人心目中的地位。

馬形玉雕

◀ 馬後鞦飾

鞦是馬的後革帶。這件金銀製的後鞦飾，每條帶上都聯綴了多個下伏馬形玉雕，並排看去，有千軍萬馬的氣勢。用玉器裝飾馬具，而且數量這麼多，較為罕見，鞦飾的手工亦很精美。

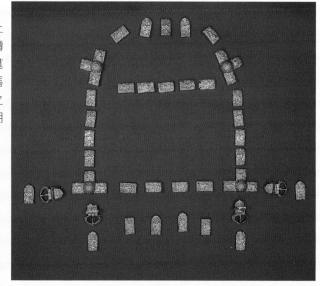

漢族帝國的防守

守禦北方，對由北方民族建立的元和清不是主要問題，但對漢族的宋和明王朝，卻是關係命運的大事。出擊雖然偶有勝利，但防守是宋明兩朝的主調。代表這種形勢最形象的事物，是橫臥在中國版圖上，吸引着無數遊客的萬里長城，它是明朝重新修建的。

宋明兩朝比起來，明朝初期的軍事實力強得多，能推翻軍事極強的元朝，自信心也比宋人大得多。宋朝一立國，已經沒有了燕山防線的土地，不能像明朝以大舉修建長城的方法來抵禦攻擊；及至西北也被西夏佔去，又沒有了戰馬供應。宋朝還有朝氣時，也曾試過勇敢出兵，試過變法圖強。出兵不利，變得畏戰，變法失敗，上上下下被派系之爭內耗而暮氣。政府內部畏敵很深，甚至怕內奸通敵，禁止學習契丹語。不想打的宋朝，於是訂立了很多和約，以向北方納貢，送錢送絲綢，換取和平。又以扶助新崛興的遊牧民族，搞敵人的後方。先扶助金，使金滅了遼，又與蒙古聯合，借路給蒙古滅了金。這計策最後卻以金人攻滅了北宋，蒙古又滅了南宋而告終。

▲ **宋陵武將**
宋明兩代名將不少，勇武亦不遜於前人。南宋滅亡前，軍民在長江上游的四川築山城力拒蒙古達十六年之久，還曾使蒙哥汗死在釣魚城下，死訊西傳，蒙古西征竟然從此停止；又在長江中游的襄陽堅守六年，直到救援完全斷絕。

◀ **岳飛**
岳飛少年時，母親訓勉精忠報國。長大後成為抗金名將。他善用謀略屢建戰功，一次與金朝騎兵決戰時，命令步兵用大刀和大斧來砍掉馬足，使騎兵潰敗。最後因為皇帝和宰相主和，岳飛在前線被十二道金牌緊急召回，還被誣陷判處死刑。岳飛的故事被編成小說，幾乎大部分中國小孩子都聽過。

▶ **三弓床弩**
宋朝的弓弩相當精良。弩分為用人力踏張的踏張弩，以及繩軸絞張的床弩。這種三弓床弩合併三個大弓，要三十人才能拉開，射擊力大。但床弩搬動不便，不能用於野戰，於是南宋時改為發展踏張弩。

◀ **穆桂英掛帥劇照**
民間傳說楊家父子先後在戰爭中陣亡，留下眾多寡婦。楊門女將聽說敵軍進犯，憤而掛帥出征，終於大敗敵軍。這是京劇中，楊門女將之一穆桂英抗擊敵軍的英姿。

▲ 明軍出兵場面

明朝在北方，東起鴨綠江，西到嘉峪關，設了九個防禦重鎮，稱為"九邊"。這是西邊重鎮固原兵馬出發的情形。

宋朝漫長的抵禦歷史上，留下了兩個傳誦到今天的悲壯故事，一個是北宋的楊家將抗遼，一個是南宋的岳飛抗金。楊家將故事常常在戲曲舞台上演，岳飛則變成講唱故事和小説裡的民族英雄，直到20世紀，還有不少孩子沉迷地看着説岳全傳連環畫。這現象與宋朝講故事和戲曲大為流行有關，同時也是當時漢民族在長期外力壓迫下的心理宣泄。

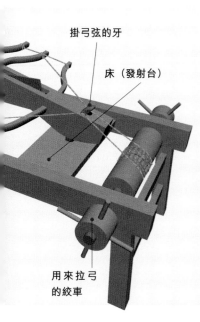

掛弓弦的牙

床（發射台）

用來拉弓的絞車

▶ 明朝嘉峪關

嘉峪關是在明朝長城防線上最西面的重要關口，它好像中原對西域的一扇門戶。關城的建築堅固，城外有城，又有護城河，層層佈防。為加強軍力，當時這兒擁有數量最多的火器。

關城　護城河　外城

建設萬里長城

工程浩大的萬里長城，雖然始於秦始皇，但今日吸引遊人的，其實是明朝的長城。隔了一千五百年，長城再發揮作用，而且修得更宏偉，尤其東部用磚砌築，蜿蜒在燕山山脊的部分，更令人印象深刻。

▲ 慕田峪長城

金山嶺長城

靠科技爭勝 —— 火器

軍事壓力下，武器製造自然推陳出新。除了改良冷兵器，這時最矚目的是熱兵器的出現。

熱兵器使用火藥。唐朝已經用硝石、硫黃、木炭等造火藥。宋朝為了抗禦北方民族，努力改良熱兵器。初期不過是利用火藥的燃燒性能，作為發射手段，又或摻入發煙或放毒氣的成分，達到驚嚇敵人、燒毀輜重的作用。

後來提高了火藥威力，造成爆炸性的熱兵器，投到敵陣中爆炸。經過不斷改良，後期的爆炸性熱兵器威力很大，可以造成大量傷亡；到南宋末年，又發明了類似槍支的熱兵器，像突火槍可以利用火藥的動力，由管道發射子彈。這種新發明，被元朝接收，改用金屬做管，稱為火銃。爆炸和管形射擊是後來火器的兩大品種。

不過這時的熱兵器還處於開創期，威力和使用的方便程度都有限制，同時北方民族因為俘虜了宋朝軍士和工匠，也學會使用熱兵器，反過來對付宋軍。像金軍攻打汴京，第一次被熱兵器打敗，同年就反過來用如雨的火炮攻陷汴京。後來金軍還首先造成以鐵為殼，爆炸威力巨大的震天雷，不過這時金軍卻忙於抵擋蒙古了。

熱兵器沒有救回宋朝和金朝，但幫助了蒙古西征。熱兵器西傳後，在歐洲影響很大，成為摧毀中古封建制度的重要武器。

▲ 製造火藥的原料
硝石、硫磺和木炭是製造火藥的主要原料。

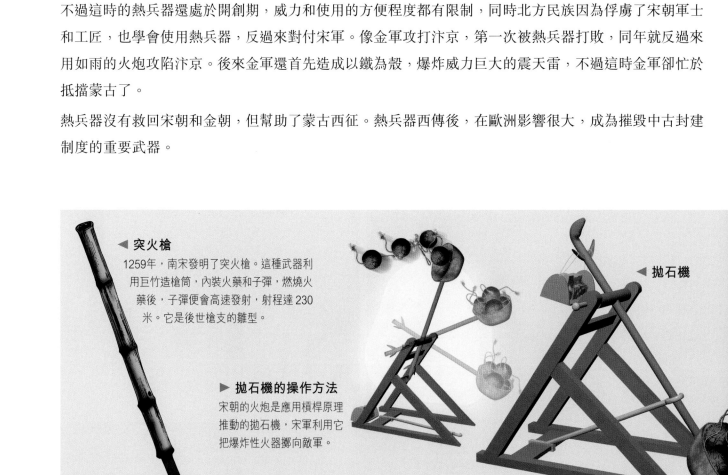

◀ 突火槍
1259年，南宋發明了突火槍。這種武器利用巨竹造槍筒，內裝火藥和子彈，燃燒火藥後，子彈便會高速發射，射程達230米。它是後世槍支的雛型。

▶ 拋石機的操作方法
宋朝的火炮是應用槓桿原理推動的拋石機，宋軍利用它把爆炸性火器擲向敵軍。

◀ 拋石機

明朝早期仍是熱兵器的發展期，品類多，性能提高。宋朝發明的用火藥反衝力推進的火箭技術，在明朝發展到可以分級發射；又有地雷，觸發地面機關，就會爆炸；尤其是管形射擊火器，更大有發展，由簡單的火銃發展到火槍、火炮。火槍可以多孔發射、分段發射。明朝中期，西傳歐洲的火器，經過改良，加了瞄準器，由葡萄牙傳回中國，稱為佛郎機、紅夷炮，它們在明清易代以及清初內外戰爭中，發揮過重要作用。

火箭筒

▼ 火龍出水的操作方法

① 點燃龍腹外的火藥筒，推動火箭前進飛入敵陣，是為第一級

② 火藥筒將燒盡時，火舌通過引信燃燒龍腹內部的火藥，火箭從龍口射出命中目標，是為第二級

▲ 神火飛鴉

這是燃燒性熱兵器，多用於點燃敵方的軍帳。用竹篾和紙製成烏鴉模樣，掩人耳目；彈藥裝填在鴉腹內，有火線和鴉腹下綁着的四支火箭相連，點燃後可飛行一百多丈（約300多米），然後燃着腹內的火藥。

火藥筒，是火箭的推進器

▲ 二級火箭 —— 火龍出水

它是世界上同類火箭的最早發明。首尾做成龍形，長竹筒內外分別裝上火藥，待飛入敵陣時，引信引爆筒內火藥攻擊敵方。因為多從船上發射，所以叫"火龍出水"。

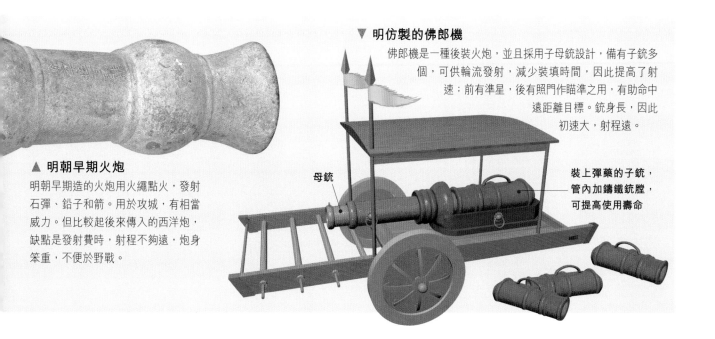

▼ 明仿製的佛郎機

佛郎機是一種後裝火炮，並且採用子母銃設計，備有子銃多個，可供輪流發射，減少裝填時間，因此提高了射速；前有準星，後有照門作瞄準之用，有助命中遠距離目標。銃身長，因此初速大，射程遠。

▲ 明朝早期火炮

明朝早期造的火炮用火繩點火，發射石彈、鉛子和箭。用於攻城，有相當威力。但比較起後來傳入的西洋炮，缺點是發射費時，射程不夠遠，炮身笨重，不便於野戰。

母銃

裝上彈藥的子銃，管內加鑄鐵銃膛，可提高使用壽命

北方民族的本來制度

北方民族過着遊牧或遊獵的生活，但不是單家獨戶，毫無組織的。遊牧民以族為基本，族內有許多分支，其中有特別強大的分支和領袖。每個部族有相對固定的牧或獵的地盤，與另一些族也會結成世代通婚的關係。遇到天災人禍，各部族或敵對或結盟，出色的領袖被自己的聯盟推舉為首領，公推為汗。最出色的領袖經過激烈的爭戰，一統草原，建立強大的草原帝國，成吉思汗就是其中佼佼者。

推選出來的領袖，雖然獲得聯盟內其他部族首領誓言效忠，但他不能直接指揮下面的遊牧民。他的權力來源於推選，他的決策也需要與各部族首領商量，他的繼任人也要經過推選。蒙古的大汗要經過忽里兒台 (貴族決策大事的大聚會) 推選，就是這種

▲ 反映女真族組織的印

金朝建國前，"猛安"是部落的統軍首長，"謀克"是氏族長。建國早期，以"猛安謀克制"為地方行政制度，具有軍事、政治、生產三合一的部落特色，直至金朝中期才被中央集權的制度取代。這是"撒土渾"謀克的印信，是金朝推行猛安謀克制的物證。

▶ 八旗軍服

八旗是滿族入關前的社會和軍事組織，推動了滿清能在短時間內入主中原。這個制度起源於出獵，當出獵時，按旗寨而行，每十人推舉一個臨時的首領。努爾哈赤為了把鬆散的各部組織起來，推廣這種臨時組織，把所有人民都編到旗下，組成八旗，以顏色區別。凡年滿十六歲的男性都有資格選為士兵，這既是權利，也是義務。八旗分擔下派的任務，有利益亦按旗分享。

▼ 獵歸圖

獵歸圖反映北方民族對狩獵習俗的重視。遼人的墓愛繪壁畫，攜鷹引犬，聯群出動，滿載而返的獵歸圖，在遼墓裡常常見到。

制度的遺制，亦因為這樣，大汗死後，常常有激烈的爭鬥，才選出新的大汗。今天瀋陽故宮（滿族入關前的皇宮）東部亦留下共議大事的大政殿和十王亭。

此外，遊牧民沒有固定的居停和城市，成吉思汗的宮帳是牛車拉着，可以轉移的。及至仿傚定居者建立首都，仍然按本來的遊獵習慣，隨着季節和打獵地點轉移都城。自遼開始，建立五京制度，金元清三朝都有類似的安排。

遼疆域及五京的分佈

的五京制，實際上是遊牧生活在都城建設上的反映。以後金、元、清都有模仿。

▶ **大政殿和十工亭的佈局**

瀋陽故宮是滿族入主中原之前的宮殿，其中最早興建的大政殿和十王亭最能反映由合議過渡到中央集權的情況。當時，滿族已經向中央集權過渡，但還未稱帝，下面則推行八旗制度。首領努兒哈赤準備在這裡與他的八旗旗主開會議政。中央的大政殿是努兒哈赤辦公和聽政的地方，十王亭就是八旗旗主辦公的地方。

漢化？還是不漢化？

北方民族雖然有強大的軍事實力，但政治制度、經濟、科技和文教水平不及中原漢人。當他們佔有了一大片有城市的農業土地，建立一個新國家後，面對的最大問題，是怎樣治理這個不只遊牧的國家，怎樣使它強盛。當時中原的政治制度在世界上很先進，而且在東亞，除了中原之外，也沒有更先進的模式可供學習。漢化因此成為當務之急。在當時，漢化就等於現代化，並不是一個民族問題。

中原王朝制度的最大特色，是中央集權帝制和文官統治。北方民族的帝國大部分推行這種中央集權、文官統治的制度：在政治和軍事上把掌握在部落首領的兵權，轉為掌握在皇帝手裡，不再用與各王合議的方法作決策；在地方上設立州縣制度。此外還模仿中原的文官系統，舉行科舉考試。遼朝比較早在漢人地區恢復科舉，但不許契丹人參加，遼末才打破禁令。就連最瞧不起讀書人的元朝，到後來也恢復科舉，不過錄取的人數只佔文官系統的少數，而且錄取的時候，也按民族而有差別。

▲ **遼朝文官**

遼朝轄域內包括了眾多的民族，統治者採取因俗而治、分而治之的辦法，"以國制治契丹，以漢制待漢人"。南部漢人地區任用許多漢族官員，實行漢人傳統的政治制度。這個遼墓壁畫中的文官形象，穿漢式官服，應為當時遼南境的漢族官員。

▶ **孝子故事鎏金銀罐**

儒家的孝悌觀念得到遼金兩朝的貴族接受。這件契丹貴族的隨葬品，在罐上刻有共八幅的孝子故事圖。

◀ **康熙帝讀書像**

清朝的康熙帝是一個滿族的漢式明君。他崇尚漢族傳統文化，與他自幼受到漢文化的薰陶有關。他的父親順治帝是漢文化的崇拜者，篤信禪宗佛學。康熙的啟蒙老師都是明朝的讀書人，所以他自小打下漢學根基，喜歡讀書寫字，研究學問。他每次離京出巡，都要給各地孔廟和學府題寫匾聯。

▶ **北京孔廟內景**

孔子是漢人儒學精神的代表，北方民族也來敬奉孔子，是他們漢化傾向的最佳說明。這是元朝政府在1302年於北京建的孔廟，是元至清朝政府祭祀孔子的場所。

漢化的同時，要顧及本族人的適應問題，像遼朝雖然皇族漢化很深，但也要實行一國兩制，在漢地用漢法，在契丹的地方用契丹的法。幾個北方民族王朝的漢化程度各有深淺，女真族的金和清，漢化程度極深：清朝皇帝深信"敬天法祖，勤政愛民"，遵守漢族古老的倫理規範行事的程度，連許多漢族皇帝也遠遠比不上；很多滿族人成了文學、藝術名家，在傳統的漢族文藝上大放異彩。

▶ **御賜"萬歲台"石硯**
這個硯應是遼太宗賜給大臣耶律羽之的。耶律羽之是契丹貴族，在征戰之餘，愛好讀書和方術，有深厚的漢文化根基。石硯是漢族寫字繪畫的工具，以遊牧民族喜歡的金銀物料來做硯蓋，以龍和花做裝飾，刻上漢字，是結合漢族文化和遊牧民族喜好的產物。

▶ **五子登科石刻**
這件元朝的石刻，以五個孩子摘取樹梢上的風箏為主題。"棵"、"科"音近義同，孩子攀樹，有"登科"亦即考中科舉功名的寓意，顯示漢人父母念念不忘子女能透過科舉獲得好前途。因此，統治漢人的北方民族，明白這種心理之後，也恢復科舉，以減輕漢人反對的壓力。

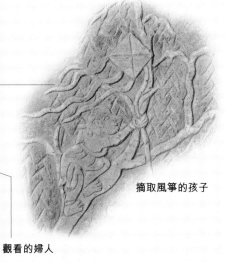

摘取風箏的孩子

抱樹幹想向上攀的孩子

手托線團的孩子

觀看的婦人

遊牧人的定居生活

馬可波羅來中國的時候，在元上都拜見遊牧騎兵的大帝忽必烈。元上都在内蒙古廣袤的草原上。馬可波羅住慣了房子，大概從未奇怪過遊牧人的首領怎麼會住在城市裡。其實，蒙古人初佔有城市時，還想將中原地區改成大片牧場。

遊牧帝國而有固定的首都是新一代遊牧民族的風氣。遼、西夏、金、元、清無不這樣。首都裡營建富麗堂皇的宮殿，甚至還建孔廟，又設市場供商品買賣，十分繁榮。遊牧帝國都城也有自己的特色，像元上都西面有一片地，專門縈蒙古包，又有棕毛殿等少數民族風尚的宮殿。此外，遊牧皇帝也不慣長年住在一處，因此遼朝有五京，以後金、元都仿傚五京制。

除了都城，草原上有些臨河的地方還建了不少城市，像松花江沿河就發現了四十多座金朝城市遺址。這時遊牧人也有了農田，可能是被俘或北來的漢人開墾的，有了河水，也方便灌溉附近的農田。房子起初不一定是長期居住的，遼金時期的房子有些只是就地用沙土拍打成為牆壁，不很牢固，估計是臨時的，可能到天暖就搬走。北方天氣冷，房子裡有火炕、煙囪，但煮食的灶卻是露天的。從這些房子可以看到遊牧人逐漸走向定居的情況。

▲ 鎏金門鉸和鎖匙

門鉸和鎖匙都是與門有關的構件。門的使用，是遊牧民族轉為定居的象徵。這幾件工具用上鎏金，可見珍貴，不是一般房屋所用。

煙囪

門

◄ 滿族入關前的生活

這幅版畫繪畫了女真族一個城鎮的生活。女真族各部的文明發展程度，有很大分別，越北的越落後。明朝時，原來散居在東北較北地區的女真，分成三部，較文明的兩部不斷南遷，大約在明朝嘉靖時期（1522～1566）已穩定散居在接近長城的遼東地區，並向漢人學習耕種、建屋，不再是只知射獵的民族。

► 婦人啟門圖

遼墓壁畫內容豐富，充滿生活氣息。畫中婦女正在開門，門上畫了金色的鳳凰，有門環，可見富有人家的定居生活已和草原生活相去很遠。

煙道，是排煙的出口

火坑

▲ 金人的木床

從金墓出土的木製家具，可見金人已經逐漸適應以農業生產為主的定居生活。

用沙土拍打而成的牆

◀ 遼金房屋遺址復原圖

在吉林發現了迄今規模最大的遼金時期聚落遺址，揭示了遊牧民族逐步走向定居生活的過渡形態。

房址朝東南，有利於朝陽背風禦寒。牆壁就地取材，用沙土拍打而成，可能只拍打到一定高度，以阻擋風水雨雪，然後用棉、氈、皮類的蒙古包式帳篷蓋在上面。室內普遍建造曲尺形火炕，還有灶台、煙囪等，說明當時漢族的生活器具、生活習俗不斷傳入，而契丹和女真已掌握了嫻熟的建造火炕取暖的技能。

◀ 煮茶圖

在蔬菜、瓜果資源不豐富的北方地區，茶葉有除膩、提神功效，極受歡迎。

北方本不產茶，從南方買得的茶葉，格外珍貴。所謂茶馬貿易，顯示南方想要北方的馬，北方需要南方的茶。這幅壁畫反映契丹人煮茶的情景：長方形的桌子上放了茶具，幾個人正忙於煮茶。

❶ 提壺準備斟水的男子

❷ 煽火的孩子

❸ 輾茶的孩子

❹ 手持杯盞的侍女

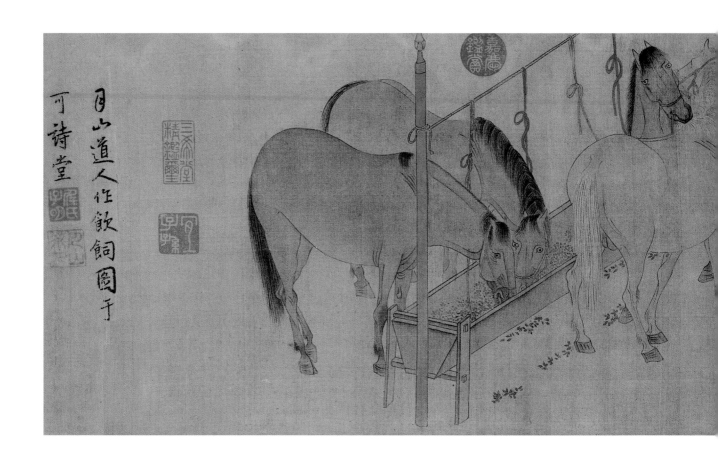

不光畜牧了

▲ 犁耕圖

二牛抬槓在漢朝已經出現，並開始在各地推廣。西夏仍然用二牛抬槓方式耕作，一方面說明西夏的農業生產根植於中原，也說明由於宋夏對立，東南地區先進的耕犁沒有傳過來，所以深耕技術遠遠落後於宋朝。

兩牛用一槓相連　　牽引鐵犁耕作

畜牧業雖然成就了遊牧民族的軍事強勢，畜牧經濟本身卻很脆弱。逐水草而居的生活，時常受旱災雪災威脅，嚴重時人畜大量死亡。

新一代的遊牧民族建立的國家，因此還大力發展農業、商業、手工業。

北方民族王朝佔領了傳統農業地區之後，逐漸認識到農業對經濟穩定的作用，改變了想把農田變成牧地的想法，還利用漢人的耕作技術，發展農業。又把農業推廣到草原地區，作為輔助性生產。除了元和清後來吞併南方之外，這幾個王朝的國土主要在北方。北方地區的耕種條件當時已趕不上南方，而且這些北方民族王朝起初只佔有農業較落後的地區，雨量不平均、風沙大對農業發展構成阻礙。為了農業灌溉，紛紛用國家的力量興修水利。金朝後來還可以種植水稻這種高產量農作物。有了農產品，草原發生天災也可以調集糧食救災。

至於商業，遊牧民族向來重視，因為遊牧生活的物資常常要靠貿易交換來補充。因此縱使與中原王朝處於對立狀態，但是邊境上的貿易仍很興盛，不過，雙方對對方欠缺的戰略物資，例如馬、金屬、糧食等，

▲ 飲飼圖

這幅元朝的畫中，生動描繪出官營牧場中飼養者精心照料馬匹的情景。遼夏金元各朝都設有專門管理畜牧業的機構。元朝在全國設立了十四處官營牧場，朝廷每年派專人巡視各地牧場。

是禁止貿易的。遊牧民族可以貿易的主要商品是畜產品，牛羊肉食、皮革、毛裘、毛氈等等，由於欠缺其他手工業技術，所以很重視搶奪工匠，蒙古人對俘獲的工匠都免死，帶回後方工作。獲得工匠之後，北方民族王朝的手工業大有發展，絲織、瓷器、玉器都有很不錯的成就。

不過，畜牧還是很受重視，用國家的力量經營牧場，對飼養的管理很嚴格。窩闊台時又在草原沒有水的地方鑿井，使逐水草而居的範圍比較固定。窩闊台還視之為自己一大功績呢。

◀ 雙鳳齊飛玉飾

金朝玉器製造業發達，留下許多傳世精品。這件雙鳳凰齊飛玉飾造型精巧，一對飛鳳嘴尖相對，雙腿合並交叉，作比翼齊飛的姿態。玉飾琢製、拋光技術高超，顯示了金朝製玉的工藝水平。

▶ 遼三彩陶鴛鴦壺

遊牧民族的陶瓷器製造，在他們立國後漸有發展。雖然受中原工藝的影響，但又形成各自的特色。遼朝的陶瓷器造型質樸，其中以三彩器和形如皮囊的雞冠壺最有特色。這件遼三彩黃綠相間，鴛鴦的羽毛也刻畫細緻，藝術性很高。

▲ 點茶圖

北方少數民族都愛飲茶，中原與北方民族貿易稱為茶馬貿易，可說是各取所需。遼的茶葉，主要是通過貿易和宋朝的饋贈獲得。契丹貴族喜愛飲茶，而且看重宋朝的名貴茶葉。遼墓中與飲茶相關的壁畫很多。

民族文字的創立

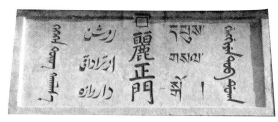

▲ 五體文字匾額

清朝修建的承德避暑山莊，正門匾額有滿、藏、漢、維、蒙文字，很能見到多民族的中國的多文字特色。清朝的文獻都有滿、蒙、漢三種文字版本，無論紫禁城還是離宮別館，各殿的匾額都有滿漢兩種文字。

早期的遊牧民族大多沒有文字，歷史和生活經驗都靠口傳，但是新崛起的遊牧民族認識到文字對提高文化水平的重要性，紛紛創製自己的文字。

環顧當時其他地方，中原用漢字已經兩千年以上；東邊的日本、西邊的回鶻、西南的藏族，分別受到中原、中亞、印度影響，都創造了文字。

北方民族造字受兩個方法影響：方塊的漢字和非方塊的拼音文字。最早興起的遼、西夏、金的文字主要受方塊漢字影響。看起來是一個一個方塊字，字形結構也和漢字相似。但是除了西夏之外，北方民族的語言不屬於漢和西藏的語系（詞多是由單音節的單純詞和多音節的複合詞組成），所以模仿一字一音的方塊漢字總有點不便。

後期的蒙古和滿族則模仿另一個系統，尤其是回鶻文（亦即畏兀兒文字）。蒙古滅了突厥系的乃蠻人之後，借用乃蠻人使用的畏兀兒文字，做成畏兀兒蒙古文。明朝末年，滿族因為仿漢字的女真文已經不通行，借用仍然使用的畏兀兒蒙古文，後來模仿而造滿文。蒙古文字還有另一套模仿藏文、畏兀兒蒙古字

▼ 西夏文雕版印經

西夏文在當時流行的少數民族文字中十分突出。創造後，大力推行，從立國到亡國，甚至亡國後二百多年，未曾中斷使用。前後共用了四百六十多年。而且西夏雕版印刷業發達，更有利西夏文廣為流傳。

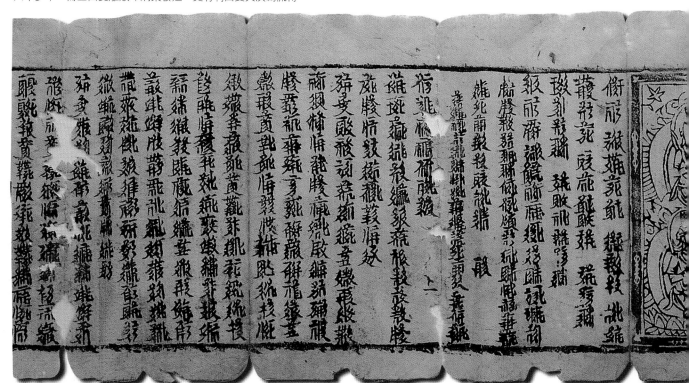

和漢字創製的蒙古文字，是直寫的，稱為八思巴文。元亡後，八思巴文不通行。

不過，北方民族王朝境內，其實仍然通行漢字，不但境內的漢人使用，官方文書也有漢文，而皇族中人不少懂得漢文漢語，文學家也有用漢語寫作詩文。

回鶻人的文化中介角色

回鶻人聚居於絲綢之路，唐朝時曾建立汗國，亡國後，向南遷徙，分成三支，分別住在河西走廊、新疆的高昌，以及今帕米爾高原以西。元朝時稱回鶻為畏兀兒，後來發展成現今的維吾爾族。河西走廊一支稱為"黃頭回鶻"，並發展成今天的裕固族。

回鶻人多經商，有自己的文字，對中亞、西域和東亞（尤其是宋、遼、元三朝）的經濟交流和文化傳播，有重要的中轉作用。

契丹文

漢字周邊文字創製時間

7 世紀	突厥文
7 世紀前後	藏文
未詳	回鶻文
9 世紀初	日文
920 年	契丹文
1036 年	西夏文
1119 年	女真文
1225 年	蒙古文
1444 年	朝鮮文
1599 年	滿文

◀ 契丹文字

契丹建國後，先後參照漢字創立了契丹大字和契丹小字。遼亡後，使用了一段時間才被金朝廢止。圖中是契丹小字。

▶ 畏兀兒蒙古文

有了蒙古文可以用來發佈命令、登記戶口、紀錄所斷案件和編集法律文書，使蒙古人的文化大大提高。1219 年，成吉思汗召集大會，重新確定了世代相傳的規範，他歷年發佈的法令和訓言，命用蒙古文記錄成卷，名為大札撒。每代大汗即位或處理重大問題，都必須依例誦讀大札撒條文，表示遵行祖制。這是內蒙古石窟的 13 世紀畏兀兒蒙古文題記。

壁畫裡的遼朝生活

唐亡之後，一千年的北方民族潮裡面，遼朝是第一個興起的北方民族王朝，對它北鄰各族有文化傳播的作用，對它以後的北方民族王朝也有先例作用。遼朝的社會和生活到底是怎樣的？由於遼人的墓裡面畫了許多壁畫，它的生活圖像比其他北方民族王朝更具象。遼的壁畫題材廣泛，以飲宴、獵歸、出行、家居生活為多，是當時貴族生活的生動寫照，而附帶又見到林木、鳥獸、羊馬等北國風情。有一個皇帝陵裡畫的四季狩獵壁畫，等於一套繪畫四季的山水畫，面積很大，可以見到遼朝的繪畫水平很高，可惜已經殘破。

壁畫和墓裡的其他文物一樣，很明顯見到唐朝的影子，畢竟契丹在唐朝時先後依附突厥、回鶻和唐，突厥、回鶻相繼衰落，遼朝建國之前，契丹和唐的來往最緊密，受唐的影響很多，連法律都近似唐律。唐和契丹都有胡漢文化交雜兼容的特色，透過兩朝的壁畫，很感受到胡漢文化混和的新鮮氣氛。

▲ **童嬉圖**
幾個孩子玩耍，躲在箱籠後面。他們的臉部和手部經過暈染，更顯逼真。髮式既有綠衣小孩剃去額髮的契丹式，也有紅衣小孩的漢式髻髮，反映出遼朝統治下漢人和契丹人雜居的情況。

◀ **貴婦圖**
壁畫中的貴婦儀態端莊，面部豐滿，有唐朝貴婦的風格。

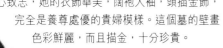

▼ 寫經的貴族婦女

遼人崇信佛教，達到狂熱的地步。抄寫佛經，傳播佛法，是一種功德。這女子在花園中抄寫佛經，專心致志，她的衣飾華美，闊袍大袖，頭插金飾，完全是養尊處優的貴婦模樣。這個墓的壁畫色彩鮮麗，而且描金，十分珍貴。

▲ 出行圖

這幅圖描寫契丹貴族出行遊獵的場景。其中一個侍從頭頂一筐飲食用具，從形狀看來，像是瓷器，把易破的瓷器帶上出行，可見生活中已滲入許多不是遊牧的因素。

▲ 奉侍圖

壁畫中描繪的是在貴族家中正在忙碌的傭僕，都穿漢式服裝，反映的是漢地遼朝貴族家中的日常生活。不過這些傭僕的衣服，不像一般下層人短衣束袖，戴的帽子也像官員。究竟是貴介官家中連僕人都衣服華美，高人一等，抑是其他原因，還可以研究。

▲ 門吏圖

契丹以武立國，得以逐鹿中原，因此尚武之風盛行。在遼朝墓葬的許多壁畫中都有手持兵器的士兵形象。這兩個畫於墓門兩側的門吏，守衛墓室。

宗教的改變

北方民族本來的宗教稱為薩滿教。薩滿教是一種原始宗教，相信萬物有靈，天地山河樹石禽獸都有神靈。薩滿巫師穿上有許多動植物裝飾的衣服，手拿大鼓，旋轉歌舞，舉行跳神儀式，驅趕邪惡的精靈。

北方民族攻掠的地方擴大，接觸到其他宗教之後，很少排斥，一般都容許這些宗教自由傳播，這種包容態度可能和他們本來的多神信仰有關。

元朝因為地域廣大，而且中西往來頻繁，因此各地的宗教傳入很多，元朝境內，佛、道、基督、伊斯蘭、猶太教並行不悖。蒙古人後來改信藏傳佛教，又稱為喇嘛教，但他們的祭祀儀式裡，保留很多薩滿教和草原生活的習尚。與蒙古族通婚的滿族，為了與蒙古聯盟進攻中原，也支持藏傳佛教，還在中原境內建了不少藏傳佛教寺廟和白塔。

以崇信其他宗教出名的還有遼朝，當時佛教興盛的程度，比中原還要厲害，到處都有佛寺，佛塔建造得很精美。又為了超越宋朝，花很大氣力刻成《大藏經》。

▲ 鎏金銀道冠

這頂遼墓出土的道冠，反映出漢人傳統的道教已經為契丹貴族所接受。道冠由十六片鎏金銀片綴合而成，另釘上二十四件鳳、鳥、花卉、火焰寶珠等銀飾件。

道教人物

▼ 八思巴觀見忽必烈壁畫

元朝從忽必烈開始，尊崇藏傳佛教的薩迦派（俗稱花教）。1252年，該派教主八思巴觀見忽必烈，深得忽必烈賞識。忽必烈成為大汗之後，封八思巴為帝師，統領全國僧人，又是西藏的行政領袖。帝師受皇帝優待，賞賜無數，忽必烈僅第一次灌頂所獻的供養為十三個萬戶；帝師在朝會時有專座；往來大都和西藏，沿途都要隆重接送。

八思巴

▲ **摩尼光佛像**

創立於波斯的摩尼教，公元7世紀傳入中國，也叫"明教"，曾產生很大的影響。位於福建泉州的摩尼教草庵是中國目前僅存的摩尼教遺址。這神像在泉州摩尼教草庵出土，背雕毫光四射紋飾，稱"摩尼光佛"。

▲ **印度寺的石柱**

元朝時各國商旅雲集泉州。泉州當時有印度寺，這個寺中的石柱帶有濃厚的印度文化色彩。

▲ **元朝景教墓頂石**

用灰白色花崗岩雕琢成。正面和側面各陰刻一個"十"字架。背面陰刻一行古敘利亞文。基督教的聶斯脱里派在唐朝已經傳入中國，被稱為"景教"；到唐朝末年在中原已湮沒無聞，但在西北地區以及蒙古、中亞，景教依然流行。

忽必烈

◀ **遼朝石雕觀音像**

遼朝帝王提倡佛教，尤其信奉觀音。遼朝的觀音像十分精美，很能代表遼朝的雕塑藝術水平。

草原之路的世界聯繫

獅子

大家熟知的絲綢之路，主要是中原王朝與西面各國來往的通道。早在這條聞名世界的絲綢之路開通之前，在北方，草原上已經有一條貿易通道。不過，商旅往來不光看道路難易，還看商品的豐足，所以絲綢之路開通之後，變成最矚目的世界性通商大道。

北方民族縱使控有中原，他們的政治中心主要在北方，其中遼和元兩個朝代，都控制了廣闊的東亞草原，國力亦盛，草原之路又變得興旺起來。尤其是遼，受阻於西夏，主要透過草原之路，與西邊的各國族貿易，輸入珍寶、兵器和細毛織品。由於遼和西域、中亞的交往密切，因此遼亡後，部分契丹人在西域建國，稱為西遼。今天俄語裡的中國，來源可能就是契丹，可見遼的貿易傳播到很遠。元朝既有草原之路，也擁有絲綢之路，滅了南宋，更繼承了海上之路，東西往來很頻繁，而

▲ **胡人馴獅琥珀飾**
獅子不是蒙古草原的動物，胡人、獅子和琥珀都是外來的，這件遼的裝飾品將三者結合在一起，是東西文化交融的實物見證。

▶ **騎駱駝俑**
這個元朝陶俑重現了外國商旅騎駱駝遠赴中國經商的情景。

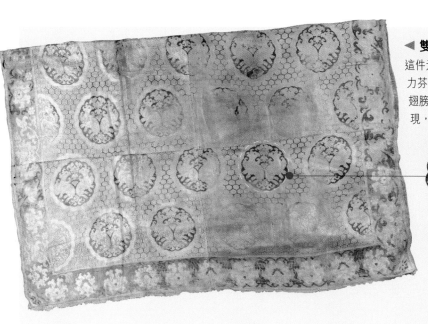

◀ **雙羊提花織錦被面**
這件元朝被面上的羊有歐洲神話的神獸"格力芬"的特徵，嘴形似鷹，並有捲雲紋的翅膀。"格力芬"形象在中國北方草原出現，是中西文化交流的具體證據。

▶ **刻花高頸玻璃瓶**
出土於遼國貴族墓中，是典型的伊斯蘭玻璃器，可能是公元10世紀末伊朗地區所製。

草原之路不似遼時興旺。不過，馬可波羅來中國，所走的也是草原上的大道。

元朝的驛站系統也很完善，雖然主要用作傳遞政府訊息，不是供商人用，但對各地的交通聯絡還是有促進。驛站系統以首都北京為中心，東北到達黑龍江口，北方去到葉尼塞河，西北去到伊兒汗國和欽察汗國，西南到西藏，而原來交通發達的中原，分佈驛站更密。

▼ 大漠中的駝隊
在一望無垠的草原和沙漠綠洲中，駱駝是主要的運輸工具，駝隊和商旅的西去東來使得這條橫貫歐亞的天然通道，成為中西文化交流的大動脈。

▶ 察合台汗國銀幣
蒙古軍隊西征後，在被征服地區建立了四大汗國，察合台汗國是其一。蒙古入主中原，四大汗國與元朝驛路相通，使節往來頻繁，帶動東西方物資和文化交流。這枚銀幣在正面壓印了庫法文和阿拉伯文，意思是"安拉"是唯一的神。

◀ 色目人俑
元朝的色目人是對蒙古以外的西北各族、西域以至歐洲各族人的統稱，他們在元朝的地位僅次於蒙古人，而高於漢族。這尊色目人俑，頭盤長辮，眉隆凸，目深陷，滿腮鬚髯，雙腳蹬靴，頗像西域色目人。

蒙古人本身不善經商理財，色目商人在元朝商品經濟領域中極為活躍，其中以回族商人為最。

蒙古高原新形勢

13世紀時，成吉思汗崛起，統一蒙古高原上各族，既是蒙古族的大事，對中華民族亦產生了極大的影響。

自古以來，蒙古高原上的遊牧民族，像匈奴、鮮卑、突厥等，強大時，高原上各族歸附，都號為其族，失敗時，紛紛瓦解。成吉思汗出自蒙古一個不算很強大的部，他先統一了蒙古各部，成為蒙古的汗，再打敗了高原上其他強大的汗，像屬於突厥系統的乃蠻，統一蒙古高原。在這統一過程中，許多經常與高原各族來往或攻戰的森林民族，也被捲入其中。蒙古不光是原來的蒙古族，還融入了這許多或降或附的蒙古高原居民。元朝滅亡，蒙古族北遷，形成東西兩大部族對立，下面再分成很多部，但蒙古仍然是北方很重要的軍事力量。

▲ 蒙古老大娘

元亡時沒有北返的蒙古人，分佈的範圍很廣，後來世代與漢族通婚，改了漢姓。有許多著名文人學者，如果不查祖源，根本認不出先世是蒙古人。

蒙古人可能從來沒有想過，他們的宗教寬容政策加上掠奪性的西征，為中華民族留下深刻的印記：中華民族從此多了一個新成員 —— 回族，並對元朝社會經濟文化產生重要影響。在現代中國，回族仍與漢、

▼ 草原與馬

草原是遊牧民族生活的大舞台，成吉思汗和他的騎兵所建立的功業就以此為起點。

滿、蒙、藏並列為中國五大民族。

蒙古民族的擴大、民族共同體的形成，以及他們西征、改奉藏傳佛教，從蒙元到清前期，深遠影響中國政治和文化，最少六百年。

◀ 摔跤

摔跤、騎馬和射箭是蒙古男性傳統的三項基本技能，孩子自小已經開始接受訓練。

▲ 成吉思汗

遊牧民族的歷史經過上千年的積累，到成吉思汗終於爆發出震驚世界的力量。

▲ 冬季遷徙

蒙古民族在今天已經過着半農半牧的生活，但由於牧畜的需要，冬季和夏季會在不同地方放牧，故此每年還有兩次較大規模的遷徙行動。

▲ 宰羊

蒙古人熱情好客，有用全羊或全牛款待貴賓的傳統禮儀。他們宰一隻羊只需幾分鐘。

▲《塞宴四事圖》宰羊場面

中華民族新成員 —— 回族

回族的祖先，主要是蒙古西征時歸附，大批東遷，組成"西域親軍"的西域和西亞居民，信伊斯蘭教；部分是循海路來元朝做官或做生意的穆斯林。當時稱為回回，在元朝色目人中人數很多，分佈很廣。他們地位高於漢人，善於經商，很多成了高官或巨商，專擅天下水陸之利，俗稱"富貴回回"。

滿族與中華民族融合

▲ 滿族男女服飾

滿族男子剃去前額頭髮，梳一條長辮在腦後，即圖中男子的髮型。他身穿圓領長袍，在腰帶上掛滿了各式小物，也是滿族人的習慣。左面婦女梳兩邊高髻，是滿族女子的時尚。她穿對襟外套，繡鞋的鞋底很高。

滿族是中國最後一個王朝的統治者，入主中原近三百年。它的崛起、民族政策，對中華民族的融合形成，影響很大。

滿族前身是女真族。金朝滅亡後，先後受蒙古和中原的明朝統治。在明朝治理期間，不斷南移，直到距明長城不遠的地方。明朝末年，女真各部統一，而且得到蒙古很多部歸附，打敗北遷的元皇室嫡裔，得到元朝的傳國玉璽，被東部蒙古各部推舉為汗。女真和東部的蒙古早已有接觸，這時結為聯盟，世代通婚，共同以入主中原為目標。

滿族既來自關外，又與蒙古結盟，進入中原後，原來抵禦關外民族的長城再不受重視。清朝還在接近北京的明長城以北，建築避暑山莊，接待入朝的蒙古各部，山莊外圍又修建很多藏傳佛教寺廟，供入朝的蒙古王公參拜，清朝本身也優禮藏傳佛教。每年秋天，清帝在山莊北面的圍場與蒙古各部圍獵。

滿族入關後，面對人數佔絕對優勢的漢人，高壓和懷柔並用。雖然圈佔土

地、迫漢人剃頭髮換服飾，引起極大反抗，但也大量用早在關外已歸附的漢人到各地做官，宣佈保持明朝制度，維持科舉，穩定人心。清朝皇族以至八旗旗民的漢化程度相當深，語言文字都已漢化。清朝滅亡後，滿族幾乎完全融入漢族之中。

清朝的多民族大一統政策，與中原傳統王朝一樣，而聯絡蒙古和藏族更加深入。自唐亡之後，北方民族一千年的南下潮，到滿族入關，各族更深融合之後，可說告一段落。

中國的民族進程，從商周的華夏族，到結合五胡的漢族，再結合蒙、滿和回、藏族的中華民族，經歷了三千年以上。

▶ 苗族

《皇清職貢圖》繪畫了清廷所轄邊疆各少數民族的歷史、地理、風俗、物產等情況，由乾隆十六年（1751）開始，花了十年完成。圖中二人是苗族人的形象。苗族分佈於西南。這對苗族男女，女的衣飾顏色和紋樣鮮艷細緻，表現了苗族的染繡藝術；男的執蘆笙，是每年跳月盛會時用的樂器。

▼ 避暑山莊普陀宗乘之廟

避暑山莊是清朝皇帝與蒙、藏族聯絡感情的重要行宮，山莊外建了多座藏傳佛教寺廟，供蒙古王公到來時參拜。普陀宗乘之廟是最大的一座，仿西藏布達拉宮。最高處的大紅台，只有最高級的王公和喇嘛才能參拜。

▲ 清帝觀看蒙古摔跤

每年秋天滿蒙的貴族、軍士齊集行圍打獵之後，清帝會接受蒙古族宴請。宴會時表演蒙古技藝助慶。圖中是乾隆帝在看摔跤表演。

▲ 新疆民族

這是新疆各地各族的朝貢者。旗上有朝貢者的名，包括新疆北部的伊犂，新疆南部的庫車、和闐、烏什、阿克蘇、葉爾羌。哈薩克和布魯特蒙古則是族名。哈薩克是遊牧族，有分佈於清朝境外的，常往來於境內外遊牧和貿易。

以宗教維繫的藏族

藏族是自蒙古入主中原而正式加入中華民族成為一員的，而其紐帶除了是政治的，還是宗教的。

西藏地區，本來部落很多，約在唐朝同時，出現兩大變化：政治方面，吐蕃王朝統一各部，是西藏高原上第一個具嚴密組織的國家；宗教方面，佛教傳入，佛教的密宗，與西藏原有的宗教結合成藏傳佛教。吐蕃之後，西藏地區長期處於分裂狀態，然而藏傳佛教信仰深入。地方家族勢力和不同的藏傳佛教宗派結合，因此教派林立。蒙古強大，西藏接受招降，首先投誠的薩迦派（俗稱花教）及相關的家族受扶植，蒙古亦改信藏傳佛教，封薩迦派教主為元朝的國師。西藏原有的政教合一狀況加強。元亡後，明清兩朝亦繼續這一政策，但明朝時花教的勢力衰落，由達賴和班禪喇嘛為首領的黃教(格魯派)，在蒙古部落支持下，成為藏傳佛教的領袖，也由蒙古部引薦給滿族皇帝，蒙藏於是成為支持滿族統治中原的力量。

▲ 藏族貴族服飾

9世紀末，吐蕃王朝滅亡後，西藏便一直處於分裂割據的局面。各地形成由貴族組成的政治集團，教派也為了本身發展而與貴族緊密結合。

▶ 掣簽所用的金奔巴壺

乾隆五十七年（1792）規定達賴、班禪和各地活佛轉世，不再由巫師作法指定，改由金瓶抽簽決定。目的是避免各派貴族賄賂巫師，選各自所推的人選。這抽簽制度今天仍然奉行。金瓶即金奔巴壺，由清政府頒發，分別藏於北京雍和宮和拉薩大昭寺。抽簽在大昭寺宗喀巴像前舉行，由清朝駐藏大臣監察，抽出名字的靈童便成為黃教活佛的繼承人。

簽上寫各地報來的轉世靈童名字

◀ 鎏金文殊菩薩像

明朝在宮內建藏傳佛教廟宇，設蓄經廠習念經籍，並製作西藏佛教造像，賜給西藏、青海等地區的宗教領袖。這些明朝廷賞賜的鎏金銅像，至今還存於西藏、內蒙等地寺院。

▶ 瑪尼石

瑪尼石本來是西藏的原始宗教 —— 苯教的崇拜物，西藏人在渡口要津、山頂等處擺上一塊石頭，同時高呼"天神必勝，惡魔必敗"，為守衛的戰神助威。佛教傳入後加以改造利用，在瑪尼石上刻佛像和六字真言。

西藏以藏傳佛教影響其他中華民族成員之外，中央王朝也在西藏推行很多穩定政治的改革工作。自元到清，中央王朝在西藏統計戶口、徵收賦稅、制訂法律，設計和改良政治制度，委派最高層官吏。其中一次極重要的改革，是在 18 世紀時，改革達賴、班禪及各級活佛的繼承制度，亦即改革轉世靈童的選擇方法。西藏的地方權貴家族經常因為選靈童而發生糾紛，清朝於是改用在黃教祖師像前抽籤的方法選出靈童。這方法一直沿用到今天。達賴負責西藏的地方行政事務也是由清帝確立的。

▶ **達賴喇嘛五世銀像**

達賴喇嘛是藏傳佛教的黃教的最高領袖。黃教因為聯合遊牧在青海的蒙古族推翻西藏的汗，成為西藏的最高宗教領袖。五世達賴（1617~1682）經蒙古的引薦，在清初率三千侍從到北京見清朝皇帝，並受冊封。這尊銀像是他獻給清帝的禮物。

◀ **琺瑯僧帽壺**

僧帽壺是藏傳佛教僧人的用器。而琺瑯技法在元朝從西亞傳入，中國仿製，明朝時極為精美。這個琺瑯壺製作講究，具宮廷風格。

▶ **不動明王緙絲唐卡**

這是宋朝後期的西藏工藝品。唐卡是指用顏料在錦緞、布帛上繪製各式圖案的卷軸畫。緙絲是漢族傳統工藝，在宋朝取得了很高的成就。

中央集權帝制加強

唐朝開創了新的政治制度後，後繼的四個王朝再沒有甚麼大創造，包括兩個北方民族王朝也是蕭規曹隨。可是中國帝制時代這最後四朝，有兩種不良發展：一是皇帝的威權越來越強，明清兩朝，相當專制了；另方面，中央的權力加強，地方受防範和限制，難有活力。

皇帝的威權是逐漸加重的，理學是個新的儒家學派，也是當時的顯學，它從哲學理論上加強了皇權的合理性。皇權侵害了臣權，尤其是最高級的宰相的權力。唐朝宰相可以坐着和皇帝議事，宋朝就只能站着，明朝最黑暗的時候，大臣被當廷杖打侮辱，甚至打死。皇權的最大膨脹，是明朝的開國皇帝廢除宰相，直接管理各部大臣，甚麼事情都由皇帝決定。事實上，中國領土大，事情多，一個人根本管不過來，決心當聖明皇帝的，也不免心勞力絀，想當享樂皇帝的，為數更多。可是皇帝再荒唐，也沒有其他權力可以制衡。

至於相對遠離皇帝的地方制度，也沒有起色。唐朝末年地方的軍事長官割據，弄致全國四分五裂，再上場的宋朝皇帝便一意加強中央的權力，不光地方軍力要限制，收得的賦稅也要交給中央。到得後來，中央推行的政策，在地方未必行得通，地方官自己變通，做成上有政策，下有對策的局面。

▲ 清帝玉璽

普天之下，只有皇帝的印章才能稱"璽"。玉璽是皇帝的信物，也是權力的象徵，凡正式公文的批審都要蓋此印鑑。這枚清帝玉璽刻有漢文和滿文兩種文字。

尚書車　　　　　　大夫車　　騎馬的文官

皇帝禮服上的政治理念

十二章圖案從周朝繼承下來，是皇帝禮服上的專用紋飾，包含了中國古老的政治理念：希望皇帝做德行高超的聖人。

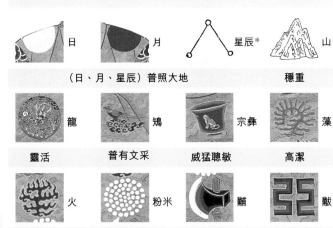

日	月	星辰* 山*
（日、月、星辰）普照大地		穩重
龍	鵰	宗彝 藻
靈活	普有文采	威猛聰敏 高潔
火	粉米	黼 黻
奮發	濟養人民	決斷 君臣和衷共濟

*繪於袍服背面的紋飾

◀ 荒唐的明朝天啟皇帝

傳統要求皇帝是聖人，可是平凡人還是多數。明朝尤其多壞皇帝，像二十多年不見大臣一面的萬曆皇帝。這個天啟皇帝穿着皇帝的禮服，禮服上繡滿代表皇帝德行的專用紋飾 —— 十二章，可是，正是他寵信乳母和宦官，使明朝徹底衰敗，在關外又大吃敗仗。繼位的末代皇帝崇禎想力挽狂瀾，亦未能成功。

▶ 四庫全書

《四庫全書》是乾隆時期編修的大型叢書，在編書過程中，大量徵集與理學相關的書籍，並禁毀那些對清廷統治不利的言論，以達到倡導理學，加強皇權的目的。

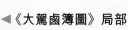

◀《大駕鹵簿圖》局部

繪畫宋朝皇帝出行的場面。皇帝出行，百官相隨，這幅圖表現了高官坐駕的氣派。

▲ 太和門廣場

紫 禁 城 的 中 軸 線

紫禁城把皇帝比作天上的紫微星（北極星），居其所，眾星都圍繞着它。作為中心的皇帝，他的辦公大殿、寢宮特別高大，而且都佈置在中軸線上。兩邊是對稱展開的建築物。廣闊的紫禁城是一首以皇帝為主題的建築交響曲。

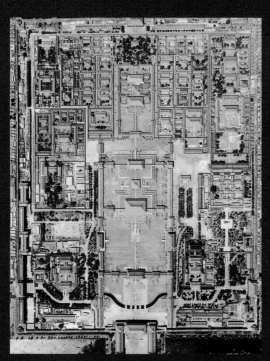

▲ 紫禁城圖

▶ 明畫中的紫禁城建築及設計者

三教合一與宋明理學

▲ 太極圖

太極這個詞最早見於《易經》，涉及宇宙發生的問題。

▶ 宋朝的太極圖

宋朝時理學家周敦頤以太極為宇宙本源，人和萬物是由於陰陽二氣、金木水火土五行互相作用而生成的。太極生成的萬物中，人最靈秀，聖人又為立人之極。這學說影響很大。

經過了魏晉南北朝胡漢民族和文化的大融合，再經隋唐五代的演進，自此中國形成儒、道、佛三家思想匯流的新文化動向。到宋以後，三教合一的思潮已深入學術的各個領域，也進入了社會文化價值和民間信仰的各方面。三教之間互相影響、互相滲透、最後成為三教合一的文化整體。儒家以自己為主，吸收了佛教和道教。佛教和道教，也緊靠儒家的綱常名教的思想。形成你中有我，我中有你的三教合一的發展。

自漢朝以來，作為中國文化主體的儒家思想，是以注疏經典的漢學為主導的。到了唐朝，儒家雖然仍舊是國家的官方教義，但活力早已喪失，不能滿足時代精神的興趣和社會需要。佛教的傳入與道家的復興，深深地影響了儒家的思想形態，而逐漸形成了追求形而上的宇宙本體論和道德價值的性命之學的

◀ 鑊湯地獄

經過佛教的渲染，民眾相信地獄裡有刀山、油鍋，壞人死後，打入地獄，受盡酷刑，才能再生投胎。父母給孩子講地獄的情況，教他們不要做壞事。宋朝的佛教藝術裡，地獄的形象很多，極力刻畫地獄殘酷淒慘的景象。

▶ 佛教水陸畫裡的道士

水陸畫是佛教舉行超度水陸一切亡靈的法會時掛的，圖上有時畫道士和儒生。這一幅明朝山西的水陸畫，題為"往古道士升霞燒丹末明眾"，畫中是道士的形象。

新儒學。新儒學的開端雖然可上溯到唐朝，但它的思想系統的明確形成，已是 11 世紀宋朝最繁榮的時期，所以新儒學亦稱宋學。

新儒學系統的開創者，最初是以經典《易傳》太極為基礎，演化出新儒學的宇宙論和心性之學。繼之而形成理學和心學兩個學派。而新儒學的集大成者，是理學派的領袖朱熹。他是一位精思、明辨、博學、多產的哲學家。理學的哲學系統到朱熹才達到頂峰，是最有影響的獨一的哲學系統，對此後中國文化的影響也是最大的。

新儒家認為《論語》、《孟子》、《大學》、《中庸》是學習最重要的課本，稱為"四書"，朱熹為"四書"傾盡心力作注解，並認為是他最重要的工作。到元朝頒令，以"四書"為國家考試的主課，以朱注為官方解釋。朱熹對其他經典的解釋，也同受官方的認可。凡是希望科舉考試獲選的，都必須遵照朱注來解釋這些經典。這種考試辦法和取向，明、清兩代一直延用，直到 1905 年廢科舉興學校為止。朱熹的理學思想主宰了中國思想界七百多年。

◀ 天壇圜丘

真正的天壇，在天壇建築群的南部，是一個三層高、漢白玉台的祭天圜壇。圓形是取天圓地方的意思。三是吉數，天壇建築以這個陽數來象徵天。台高三層，而壇面、台階、欄杆所用的石塊數目也是三的倍數。祭祀包括祭天地、祭祖、祭先農等等，在中國皇帝的工作中有極重要的地位。各種祭祀中又以祭天最隆重。

▶ 南宋皇室八卦田

南宋君主每年都在此舉行春耕禮儀，並親身耕作，這是中原的古老遺風。中國以農立國，皇帝在春天躬耕，有重要的象徵作用。

◀ "理學名家"匾額

這面"理學名家"的匾額掛在江西一個累世功名的家族的建築上，可見理學的作用。宗族若只靠血統，只能維繫而難以發展。宗法制度有了理學的依據，就具有精神感召的作用，形成穩固的宗族關係。

禪的生活哲學

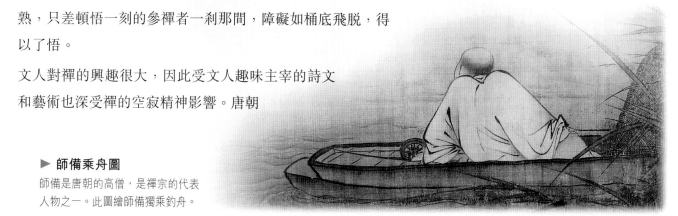

佛教傳入之後，不斷中國化，與道家哲學結合之後，在唐朝產生了禪宗。禪宗可說是最中國化的中國佛教宗派。自宋開始，禪宗一枝獨秀，對中國哲學、文學、藝術影響深遠。

禪是梵文禪那的略稱，原意是靜寂、幽玄的印度式思維。最初到中國的僧人都重視打坐、禪觀，以想明白佛理，這是印度禪，重視寂，但中國的禪宗則重視悟。禪宗說除了佛經之外，還有只以心傳的佛祖教化，是教外別傳的，不立文字。這些心傳的佛法才是最高的義蘊和真諦，是不能言說的。

這個最高的義蘊是認識"空"的真諦，禪宗把一切皆空推到極致，不光外在是空，心也是空幻，所以也就不必苦修，而重視一剎那間的頓悟。禪師喜歡講令人摸不著頭腦的謁語，因為最高真諦不能言說，這些謁語和參禪者互比機鋒的公案，成為很流行的故事；禪師又喜歡對問問題的人當頭棒喝，讓修行到成熟，只差頓悟一刻的參禪者一剎那間，障礙如桶底飛脫，得以了悟。

文人對禪的興趣很大，因此受文人趣味主宰的詩文和藝術也深受禪的空寂精神影響。唐朝

▲ 禪宗祖師弘忍

弘忍是達摩之後的第五祖，也是提倡頓悟的六祖慧能的師傅。禪宗是在弘忍之後才興起的。

▶ 師備乘舟圖

師備是唐朝的高僧，是禪宗的代表人物之一。此圖繪師備獨乘釣舟。

▼ 白居易謁鳥窠禪師

白居易是唐朝著名詩人，同時也是熱心的佛教徒。他的詩作雖然有很多描寫社會現實的作品，但充滿佛教味道的也很不少。

開始，很多詩人愛寫禪味濃厚的詩，又提倡詩要有韻外之致，要悟；宋朝開始流行的文人畫，不求神似，追求象外之象，講究意境，表現個人的心靈自由。禪還透過文人，影響那與山水自然大有關係的中國園林藝術。

禪是那麼流行，連一般民眾也滿口是參禪、逃禪、禪機、禪僧、禪寺、口頭禪、野狐禪。

▲《八高僧故事圖卷》之達摩面壁

據説當年佛祖拈花，迦葉微笑，這樣師徒以心傳心，不知多少代後傳給在南北朝時到中國的達摩。於是在少林寺坐禪面壁九年的達摩被追尊為禪宗的創始人。其實禪宗的理論背景早在佛教傳入中國後已經醞釀，追認達摩為初祖，對禪宗的興起關係不大。《八高僧故事圖卷》是南宋畫家梁楷的作品，描繪南北朝至唐朝八位禪宗高僧的故事。

▲ 充滿禪意的《瀟湘奇觀圖》

文人的水墨山水畫和禪宗意境相通。米友仁是南宋的文人畫家，同時又深受禪宗思想影響。他所畫的雲山霧靄，充分表現出千變萬化不可名狀的趣味，展示出一種物我兩空的藝術境界。在手法上用水墨橫點，再加渲染，畫面顯得迷濛無際，在當時也是水墨技法上的突破。

考生

科舉與教育

▲ 殿試試卷
科舉考試分三級，殿試是最高一級，在首都舉行，考取的成為進士，第一名稱為狀元。這份是明朝一個狀元的殿試卷。

始創於隋唐的科舉制度改變了中國選舉人才的方法，自宋至清影響很大。科舉制度用考試招納治國人才，公平競爭，使低微貧寒的人都有進身的途徑。

有了這個動力，加上印刷術使書籍大為普及，啟蒙學校開設日多，想上進的家長和孩子於是奔忙在讀書和趕考的路上。富貴人家佔了資源、環境、師資等等便宜，但是窮苦人家卻有無限憤發的動力。於是自宋開始，文人、官員、政治家三位一體，真是"滿朝朱紫貴，盡是讀書人"，"萬般皆下品，唯有讀書高"。凡是武官和不從科舉出身的文官，都自覺矮了一截。

從此，家族很重視挑選聰明孩子細心培養；有點能力的家族，務必要世代書香，保持地位；富有人家還主動和高中的讀書人結親。

不過，科舉既是選拔人才的方法，也是統一思想的手段。既然以儒術治國，因此考的是儒家的四書五經，因為朱熹的理學有助鞏固統治，皇帝規定四書五經的解釋都要跟從朱熹。全國三年一考，考了上千年，很多讀書人連老子、莊子都不認識，書肆裡考試天書充斥。明朝中期還規定考試文章的起承轉合寫法，結果束縛更甚。

在這種科舉熱之外，也有追求更高層次的學問的讀書人，到私人辦的書院跟從名師。宋明兩朝都是書院教育的興盛時代。

▲ 試場

科舉價值觀如此深刻地影響漢族，因此北方民族當政的遼、金、元、清各朝代，為了減少漢族民眾反抗，也或先或後推行科舉。這是清朝蘇州舉行地方科舉考試的情形。

書院主持人一般是有名望的學者，雖然講的也是儒家經典，但討論自由，風氣開放，成為各種文化思潮的中心，明後期還鬧成學潮，知識分子在書院抨擊敗壞的朝政，書院成為政治輿論中心，招致政府四次禁毀。

▲ 科舉考場

這是位於南京的科舉考場，考棚排得密密麻麻，應考的人每人一間房，在考試期間，吃喝起居也在裡面。

▲ 許國石坊的雕飾

牌坊是中國特有的門洞式建築，上面雕飾各種吉祥圖案。這個牌坊在屯溪（今黃山市）通衢大道上，成一立體長方形，很獨特。這牌坊的主人，科舉登第，做了大學士、大宮，顯赫榮耀，因此牌坊四面寫上大學士、恩榮等字，表現了傳統社會追求的價值。

◀ 進士題名碑

孔廟內豎立着元明清三朝的進士題名碑，合共一百九十八塊，記錄進士名單，包括姓名、籍貫和名次。孔廟既是祭祀孔子的地方，也是官學的所在。

▼ 嶽麓書院藏書樓

書院選址在名山大川，經費大多由私人捐資，後來也得到讀書人官員支持，成為半官方性質的學術機構。嶽麓書院是北宋四大書院之一，南宋重建，朱熹曾經在此講學，可謂書院中的名牌。

書院不但作育英才，而且藏書豐富，甚至出錢刻版印書，對推動學術有很大作用。

圖書與文化普及

縱使中國早就發明造紙術，但書還是要手抄，至唐朝發明印刷術，情況才有改變。印刷術對宋和以後的文化普及，產生了很大作用。雕版印刷改良和活字印刷術的出現，使出版成本大大降低，書本更便宜，流通量更廣，知識更為普及。

印刷最初主要是印佛經，及至技術普及，題材就豐富繁多了。官方刻本多數刻經史書籍，刻得很精美，不惜工本。民間刻本方面，只要有錢，就可以請人刻書，不少知識分子刻印自己或先人的詩文集，又或出錢刻印嚴肅的書籍；出自私人刻坊的，為了商業利益，多刻印唱本曲詞等通俗消閒讀物、科舉考試用書、兒童啟蒙課本。

插圖書也是一個重要新品類，明朝以雕版技術印插圖書，題材非常廣泛：如小說、戲曲、時文裡的故事情節插畫，兒童故事書的插圖，地方志書裡的山川形勢，科技的、地理的、百科全書式的工具書裡的實物圖。套印技術出現，還可以印書畫，並且引出一種全新的出版物——畫譜。

▲《十竹齋畫譜》之花石圖

這是著名的木刻畫譜，是木版水印的代表作。畫譜分兩種，一種是圖錄，一種是畫法圖解。木刻的畫譜也按傳統的路子分成這兩類。《十竹齋畫譜》屬於圖錄類。無論哪一種畫譜，印成品要像手繪作品，對雕刻藝術和彩色印刷都有很高要求。木版水印是十分複雜的工藝，一幅畫往往要刻上三四十塊版，分先後輕重印刷六七十次。通過多種色調的套印、疊印，充分體現原作的藝術風韻。明朝雕版印刷的發展，使有彩色圖的繪畫書普及，為美術教學和欣賞開闢了新局面。

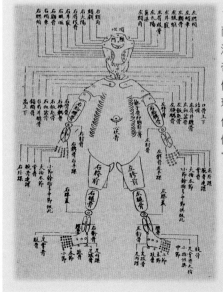

◀ 法醫書的解剖驗屍圖

南宋司法官員宋慈編撰的《洗冤集錄》，象徵法醫學成為一門獨立的學科。此書一出，皇帝立即下令頒行全國。書中講述驗屍、驗傷、中毒等各種檢驗方法，不少內容都符合現代法醫學原理。它比歐洲的第一本法醫著作早三百五十年，曾翻譯成多種文字廣為流傳。這是講驗屍的插圖，說明人體正面的"致命之處"。

▶《西遊記》圖冊

《西遊記》是中國四大古典小說之一。這本以圖畫配上簡單的情節文字，使《西遊記》不但可讀，還可以觀賞收藏。由此圖亦可以見到明末清初的彩色套印技術。

出版發達，書籍普及，一方面有助提高文化水平：書既容易得到，農村人口也能讀書，"崛起於寒微"也就有了條件，而人民整體的文化修養也相應提高。書與文化有立竿見影的關係，大才子蘇東坡的故鄉，就是宋朝的雕版印刷中心。另一方面，書也使實用知識傳播得更快更明白：農業書、機械設計書、武器書有實物和操作圖，農民工匠可以看圖複製；醫學書有經絡穴位、草藥礦物等圖，醫生可以對比檢閱；地方志有地勢圖、山川景物圖，一目了然，比千言萬語描述優勝；百科全書有附圖，民眾可以看得津津有味，增加知識。明朝對圖像很熱衷，連翻印前代的書也加入插圖呢。

◀ 明朝說唱刊本

這是戲曲的曲辭文本。上圖下文。圖以版畫製作，先由畫工繪出線條清晰、適合雕刻的畫稿，由雕刻工刻成版畫拿去印刷。這種插圖書在明朝非常受歡迎。繪圖雕刻以江南為盛，當地又畫家輩出，名畫家如陳洪綬、仇英也有為版畫繪稿的。刻工的技藝，可以做到與原畫稿亂真的地步。

◀ 國家文獻資料庫 ─── 皇史宬內景

重視出版自然重視藏書。明朝的藏書家多，藏書精，私人藏書風氣很盛，著名的如天一閣。北京的皇史宬是收藏國家文獻的書庫，用漢朝以來石室金匱藏書的形制：牆身由特製的磚砌成，厚達6米，有利防火，堪稱"石室"；兩側各開一窗，使空氣對流，有利防潮，減少溫差。明朝的皇室檔案如聖訓、玉牒、實錄等便是收藏在上百個樟木製的"金匱"內。

─── 金匱

理想的農業社會

中國文明是以家庭為基本的農業文明。自宋到清，雖然工商業發達，但農民人口仍佔了八成以上，農業是每一個朝代的經濟基礎。宋朝商業繁華，農民越來越多把裕餘產品投入市場，本來正改變自給自足的狀態。但在這初興的商品社會中，理學的引導、因抵抗北方民族而回歸漢族傳統價值的思想，也成為往相反方向牽引的力量。

在儒家的理想投射下，一家一戶男耕女織，各安其分，自給自足，個人的衣和食有了着落，國家的經濟也有了基礎。於是男耕女織，成為農村家庭的理想模式，耕種之餘，讀一下書，又有機會透過科舉進身做官。況且無論商業怎麼發達，商人的地位都在讀書人、農民、手工業者之後，所以讀書和農業結合，才是最高尚的事業。農民經讀書而做官，有了錢回鄉買地，退休時還鄉耕作，並使子孫繼續讀書，這模式得到皇帝、知識分子大力提倡。耕讀傳家的理想，開社會風氣新局面。

當時的教育也適應農業社會的情況。男孩子會受一點基本的識字教育，讀書人又花時間編了不少教科書，讓他們一邊識字，一邊長點知識，再上去就是精英教育，大部分農民不會花時間去接受不切實際的聖賢教育，他們最多再加學點特別實用的知識，因為小農式的耕作，並不要求很高的書本知識。精英教育是為成為士大夫而設的，道路漫長。只有重視科舉，又或有讀書傳統的家庭，才會叫孩子完成這個過程。以農業社會的標準來說，當時受教育的人數，算得上普及。

▲《耕織圖》之送飯

男耕女織這種農村的現象，被南宋一個留意農業生產的地方官，繪成耕織圖獻給皇帝，圖中詳細描繪耕和織的步驟，得到皇帝嘉許，開始成為宮廷畫的題材，以後歷代帝王多次摹繪耕織圖，以反覆提倡男耕女織的價值觀。這幅《耕織圖》是出自清朝的摹本。

▶《耕織圖》之進倉

◀《耕織圖》之織機

"織織復織織"，中國婦女勤勞精巧，支持家庭，連女英雄花木蘭也不例外。家庭紡織是每家農戶的重要副業，很多家庭紡織品是用來交納租稅的，對缺少土地的農戶，家庭紡織業對維持生計，有重要作用。有些女性迫於環境，例如丈夫去世或不顧家，甚至憑雙手辛勤來養活全家。

▶《耕織圖》之捲布

圖中三個婦女在捲布，孩子在地上玩耍。紡織任務由家中婦女承擔，連小女孩和老太太都可以參加，晚上也可以進行。絲織要求的技術和資金較多，但作坊也主要是家庭式。

◀ **寺廟學堂**

讓不讓孩子讀書不完全看經濟，還看家風。窮孩子不是沒有讀書機會。宗族會在祠堂提供義務教育給族中貧寒的孩子，同村的異姓孩子有時也可以入讀。此外還有其他慈善團體辦學，像這家學校就以寺廟為校舍。

▶ **兒童課本《千字文》**

《千字文》用一千個淺易的字，組成一篇有文采的文章，而且沒有一個字重覆。這本書出現於6世紀（南朝），到清朝還有人讀，是流傳時間最長的啟蒙識字課本。

養活上億人

▲ 太湖圍田
圍湖做田，向海爭地，都是開發新耕地的方法。江南是中國的糧倉，太湖地區又是江南的精華，較早開發在低窪地方築堤建閘，以控制水量的圩田，北宋時圩田數目已經以千計。

中國長期發展，農業高度發達，糧食豐足，醫療和科技水平比較高，雖然也常常有戰亂，但是人口還是反覆上升。北宋人口已經超過一億，清朝時達到三億。人口多，人均耕地面積越來越少，社會容易不穩定，剩餘人口也要謀發展。

為了保證社會穩定，自宋到清，不管甚麼民族主政，都很重視農業，勤修水利，治理河道，保證灌溉，又阻擋海潮，保護農田。

在農業作物方面，一千年裡發生了兩次革命。一次是在宋朝初年，引入成長期短，抗旱力強的越南占城稻，使一年內可以收成兩次，大幅增加每單元土地的收穫量。另一次是明朝後期，歐洲人殖民美洲，使美洲四大作物：馬鈴薯、玉米、花生、甘薯傳到歐洲，後來再輾轉傳入中國，這些農作物適應性強，可種植在很多地方，發揮了養活更多人口的效果。

中國的農業一直向精耕細作發展，自宋到清，還是再進一步精耕細作，增加中間環節的工序，務求細緻，又把邊邊塊塊的可用土地都加以開墾；人煙稀少的地區，大量人口湧去開荒。

►《耕織圖》之農家

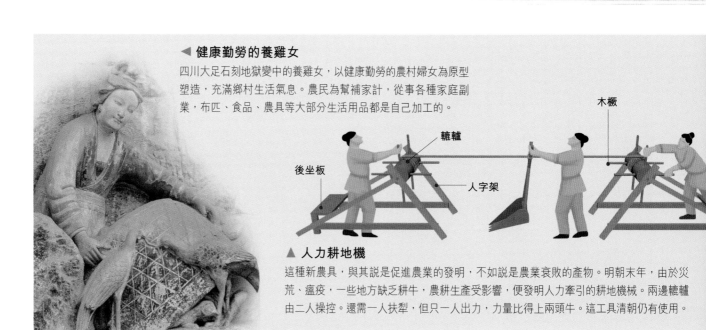

◄ 健康勤勞的養雞女
四川大足石刻地獄變中的養雞女，以健康勤勞的農村婦女為原型塑造，充滿鄉村生活氣息。農民為幫補家計，從事各種家庭副業，布匹、食品、農具等大部分生活用品都是自己加工的。

後坐板　轆轤　人字架　木橛

▲ 人力耕地機
這種新農具，與其說是促進農業的發明，不如說是農業衰敗的產物。明朝末年，由於災荒、瘟疫，一些地方缺乏耕牛，農耕生產受影響，便發明人力牽引的耕地機械。兩邊轆轤由二人操控。還需一人扶犁，但只一人出力，力量比得上兩頭牛。這工具清朝仍有使用。

中國農民以最勤奮的態度，最精巧的手藝，經營他們能夠耕作的小片土地，以最多樣的農業品種，博取世界最高的畝產量，以養活一家。雖然不富裕，但能夠溫飽，善良的中國農民就滿足了。如果宋元兩朝，中國的農業還在黃金時代，到了明清，農業生產力已達到它的極限，開始停滯不前。這種經濟結構耗盡了農民的精力，窩藏了許多剩餘勞動力，直到矛盾尖銳化，才爆發出災難性的結果。

▼ 牧牛的農民

農具經過唐、宋、元的高度發展，已經足夠滿足傳統農業的需要，明清兩朝除零星發明外，沒有重大突破。由於人口多，人力資源充足，生產方法主要還是以人力和畜力拼命精耕細作。

▶ 魚鱗清冊

《魚鱗圖冊》是明初為丈量登記全國土地而繪製的土地冊，因為狀似魚鱗而得名。萬曆九年（1581），為了增加政府收入，清查隱匿的土地，再次清丈全國土地，此圖即該次清丈土地的記錄之一。

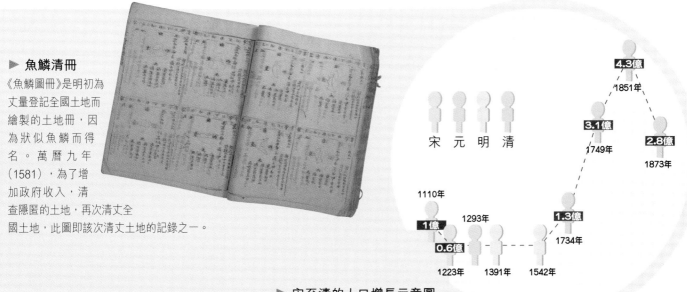

▶ 宋至清的人口增長示意圖

宗族復興

祖先在中國有特殊的生命力。本來宗法制度隨着上古的制度崩潰，唐朝又有意打破大家族的勢力，到宋朝前期，一般民眾都不重視家族宗法觀念，更不講究家族源流。可是宋朝知識分子卻大力提倡一種新的宗族組織，影響一直到近代中國社會。

宋朝士大夫復興宗族組織，不是為了再建門閥，壟斷參政權，而是為了實踐儒家理想，他們意識到家族是社會的基本單位，家庭秩序穩定，社會容易安穩。於是便鼓吹重建家族制度，甚至身體力行，建立典型的家族組織模式。新的宗族制度下，出現祠堂、族譜、族規、族田、族長制等完整的制度。

供奉祖先的祠堂是一族的中心。透過隆重的祭祖儀式，喚起族人同根同源的意識。祠堂也是宗族的活動中心，族內大事如選族長、平息族人爭訟和執行家法等，都在祠堂進行，族人學校也常常建在祠堂裡。

宗族裡行為規範的中心思想是尊敬長輩、勤儉持家及息滅爭訟等儒家的倫常道德觀。

▲ 族譜

族譜是一個宗族的家世和血緣記錄，知識分子認為透過族譜可以 "敬宗收族"，即追敬祖先，團結家族的功能。凡是男性，不分貧富，都收入族譜中。族譜裡有世系圖、家規、家儀等。定期修族譜以更新資料，是宗族的大事。

這是江西流坑村董氏的族譜。宋朝時董氏很多人做大官。

▲ 宗祠前舉行的驅邪儀式

流坑村至今保留了古老的儺舞驅邪儀式，在宗族祠堂前表演者戴起各種面具，跳起充滿神秘色彩的舞蹈，這類儀式同時也是凝聚族人的活動。

宗族制度還起了社會保障的作用。有能力的族人購置田地作為族產，族人不得私自佔有。所得的田租撥作族人的福利費用，生活不繼的族人可以得到接濟，失學的貧苦子弟可以到族學上學。地方的修橋修路事業，也常常由宗族主持。

鄉村聚族而居，也有不少流弊，長輩受尊敬，後輩必須服從，後來很受人詬病。同族內也有階級，有些分支世代顯貴，有些長期是一介平民，並不完全和諧。而且常常有排斥異姓和新來人戶的情況，械鬥也時有所聞。

◀ 聚族而居的村落

宗族以血緣關係維持，維繫的最好方法就是聚族而居，因此同一祖先的男性子孫世代居住在一個或相鄰的幾個村落。然而，因為人丁繁衍，同族之間也有親疏之別。如果人口成百上千，宗族內還會分出各支，由族長來管理。

◀ 進士的祠堂

本來只有皇室及少數特許的高級官員，能建立家廟來祭祀祖先。為了推廣敬拜先人的傳統，南宋理學家提倡建立祠堂。每個宗族都有一個大祠堂，並視乎分支而有幾個小祠堂。特別的族人也享有另建祠堂供奉的殊榮。這是山西流坑村董氏為紀念該姓在宋朝的第一位進士建造的祠堂。

▶ 徽州棠樾牌坊群

表示紀念和表彰，歐洲愛塑像，南宋以來中國愛建牌坊。受理學禮教影響，牌坊以表揚孝行、義行及節烈等為主，有的由朝廷頒賜，有的是後人追念先人德行而興建，它在宗族制度中，起了鞏固價值、團結族人的作用，和祠堂同樣重要。這一連串牌坊屬於一個家族，樹立在由祠堂通往聚居村落的路上，都是表揚孝義、貞節、功名等等。

文人雅趣

文人對宋朝以後的中國影響很大。他們是科舉培養出來的新興精英階層，人數比以往大增，興味容易接近。加上宋朝重文輕武，士大夫得到朝廷的優待，經濟優裕，飽讀詩書。由於本身的學養，他們日常的活動傾向高雅，這風氣對當時的市民和後世的文人，發揮影響。論宋朝以後的藝術和生活風尚，文人都有領導作用。

士大夫也有經世致用，愛好科學的一面，宋朝在科學、技術和學術領域上的進步，跟士大夫的熱衷求知有很大關係。但他們整體共通的趣味則是文學、哲學、歷史。消閒活動包括寫詩填詞、書法繪畫、彈琴喝茶，由追尋古代歷史進而收藏古董做研究。他們又講究生活藝術，宋朝的瓷器、明朝的家具，都受他們愛雅致簡潔的影響，部分文人還親自參與園林設計。

商業繁華，市民階層興起，雖然是文人趣味的競爭者，但是市民大眾也推崇讀書人，模仿他們的趣味，像飲茶就是文人帶動起來的高尚活動。皇帝經常以各地進貢的上好茶葉，款待王公大臣；太學生、士大夫也經常舉行茶會；就連一般市民飲茶時，也不忘附庸風雅一番，宋朝茶坊遍佈城鎮，大都佈置幽雅，茶具精美，張掛名人書畫，又有樂師、歌女賣藝。文人參與，使飲茶的品味大大提高。

▲《杏園雅集圖卷》的明朝文官

唐朝的新科進士在杏園飲宴，從此文人官員的聚會就雅稱為杏園的集會。這是明朝的大學士和內閣閣員聚會，與會者都穿着明朝文官的衣服：烏紗帽、團領衫、補子及革帶。衣長垂地，袖長過手，可以想見文官那一派儒雅風流，不事勞動的形象。

▶ 黑釉木葉紋茶盞

飲茶成為宋人優雅生活的重要部分。他們對茶的要求很高，連用哪處的水來煮茶也有講究。三五知己一起品茶之餘，還互相比拼煮茶的工夫，煮成的茶面以有鮮白泡沫為佳。為了襯托出茶湯的白，多會選用深色的茶具。這件紋飾素雅的黑釉茶盞，在當時應該大受歡迎。

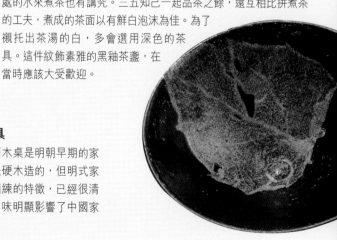

◀ 明朝家具

這件朱漆石面木桌是明朝早期的家具，雖然不是硬木造的，但明式家具那種造型簡練的特徵，已經很清楚。文人的口味明顯影響了中國家具的風格。

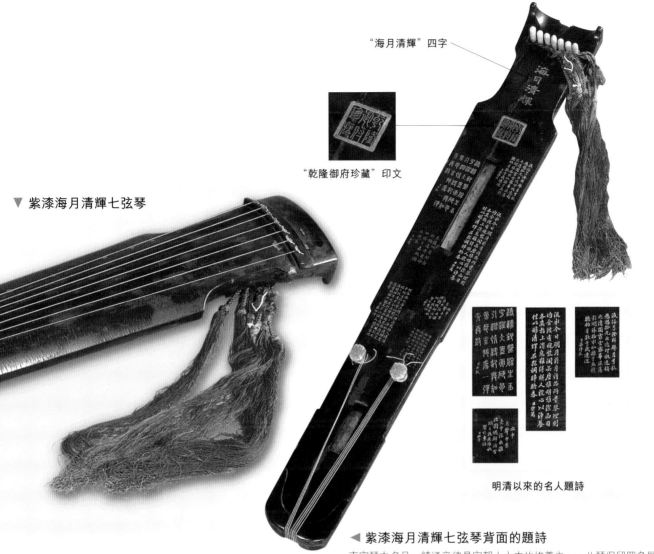

"海月清輝"四字

"乾隆御府珍藏"印文

明清以來的名人題詩

▼ 紫漆海月清輝七弦琴

◀ 紫漆海月清輝七弦琴背面的題詩

南宋琴中名品。精通音律是宋朝士大夫的修養之一，此琴保留眾多題詩，表現了士大夫追求的音律與書畫、詩詞融會貫通的深奧意境。

◀ 鈞窰玫瑰紫釉尊

　鈞窰瓷器以難以控制的釉色變化聞名，這瓷器上部天藍，下部玫瑰紫色，充分表現了窰變釉色的美妙。

宋瓷沒有唐朝瓷器那樣仿金銀器的裝飾，也不在外型奇巧繁複上做工夫，但特別重視雅致耐看的效果。窰變、冰裂，青瓷如美玉的質感，白瓷上繪水墨畫，黑釉瓷的深沉溫潤，都不誇張、不炫耀，而境界自高。這種水平，是宋朝整體的文化藝術氣氛造就的。

▶ 玉印

這個印用名貴的田黃石為材料，玉印上雕了犀牛望月，作為印鈕。這種形式的印是南宋官員或士大夫私印的代表。

文人和山水畫

文人不是為錢，也不是受人之命去創作藝術，他們喜歡抒發自己的情懷。寫作詩文固然這樣，寫字作畫也重視寄託自己的意興。他們輕視形似，提倡神似，強調書畫不是講求法則、技巧的"技藝"，於是開創了文人畫，而書法也轉而重視個人意趣。

文人意氣飛揚的宋朝之後，來了個一百八十度轉變，換上輕視文人的蒙古人王朝。元朝歧視漢人，漢人知識分子的地位很低，又長期停辦科舉，文人的苦悶和彷徨，只有到藝術中去排解，促成了元朝文人畫的劃時代作品。尤其是山水畫的成就，引領着後世文人畫的路向。

文人紛紛隱逸於山林，寄情自然造化，使山水景色成為元朝畫家的經常題材。

▲ 月夜秋聲圖頁

這是南宋的作品，畫在扇面上。文人畫追求意興，不求畫工細緻。圖中人物、河流的線條，是隨心所欲地勾畫出來，並不細膩逼真，跟精細的宮廷"院體畫"有很大差別。

風格上故意簡率，強調神韻，不少作品瀰漫冷寂的氣氛，情懷落寞，時代氣息明顯影響畫家心境。畫家既然強調個人風格，作品的面貌亦因人而異。還有一個影響很大的做法，是詩、書、畫、印結合。畫家都能畫善

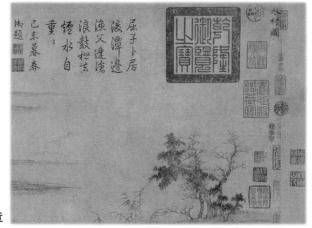

► 畫上的書法和印章

書，題款洋洋灑灑，既表現書法，又表現文
才，最後還蓋上精心雕刻的印章，把文人的
多種藝術修養匯合在畫作上，對後世影響
頗大。

後世的文人畫仍然強調個性，但是時代有
變，商品市場大有發展，市民富裕，買畫成
風，又受文人的趣味引導，愛好文人書畫。
文人未必能在官場上一帆風順，往往賣字賣
畫為生，畫壇以受市民文藝影響的文人畫為
主，職業的文人畫家應運而生，富庶地區出
現許多著名畫派。他們已不是為個人而創
作，但是仍然在理念上推崇神似、尚意的文
人趣味。

▲ 墨竹圖卷

北宋文人畫家的作品。竹是文人畫的主要題材，不少士大夫都藉畫竹來抒
發自己的情懷，他們認為竹節正好寓意文人的氣節。

◀ 梧竹秀石圖軸

元朝四大畫家之一倪瓚的作品。高高
的梧桐樹，葉子用闊筆濕墨畫成。竹
葉的墨色有濃有淡。太湖石用濃墨
皴，有石質感，又有湖石皺、秀、漏
的特點。石旁還有畫家題的字和一首
詩。詩畫結合，文人本色。

▼ 水村圖卷

這幅水村圖畫江南水村景色。清淡的水墨畫，細看遠山披
麻皴的線條、近處有繁有簡的樹木蘆草線條，平遠的意
境，是元朝山水畫的代表作。畫家趙孟頫主張以書法入
畫，"石如飛白木如籀"，影響了元朝及以後的中國畫。

濃淡墨色的竹葉

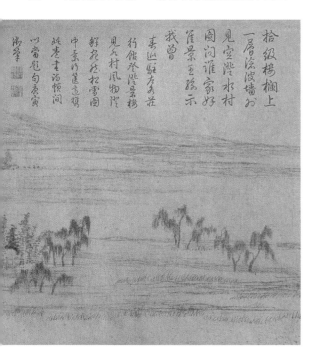

具質感的湖石

▶ 墨梅圖軸

梅在中國文人心目中，是高潔的
象徵。梅蘭菊竹合稱為四君子，
松竹梅又稱為歲寒三友。因此梅
成為畫家喜愛的題材。畫家王冕
考科舉未中，賣畫為生，擅長畫
梅花、竹石。畫上題詩："明潔
眾所忌，難與群芳時，貞貞歲寒
心，唯有天地知"，表達了畫家
的思想。

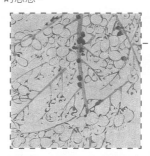

仿自然的園林藝術

▲ 留園的葉形窗景

在花園的粉牆上做出各種形狀的門和窗，為色彩淡雅的園林增加趣味。透過窗去看透出的景，又有裁圖聚焦的作用。

宋明兩朝，文人士大夫崇尚山水的雅興，及造園遊園的熱潮，加上社會富裕，令中國園林建築進入高潮，並且建立了一套理念，留下不少園林實例。

宋明兩朝的園林很多，皇族有大型園林，士大夫和富商有私人園林，宋朝連政府辦公的建築物裡也有園林，除了給辦公人員休憩，還經常開放供人遊覽。

這時文人士大夫的趣味主宰時尚，他們發展出不少造園的理念，中心思想是師法自然。選址佈局、建屋造橋、種花引水雖然都有人工，但要不顯得修飾造作，而又像自然般有變化無窮的趣味。文人還參與造園，指點工匠，把他們的審美觀在私人園林中大加發揮。

他們重視空間和景物的變化，在有限的地方生出無限的感覺。要求大園不能一覽無遺，小園要不覺侷促，總要因應本來的地形，高低錯落，左右曲折，利用牆、廊遮隔空間，再用門窗透見另一個空間的景物，做到一步一景，風光隨人變化。

細節處又要流露自然的氣氛。山石和水邊駁岸都盡量不加人工切削，甚至水上沒有橋，只放踏石；花木要因應季節栽種，使園林裡四季分明。連窗戶也不要方形，造成多邊形、扇形、花形、葉形等等。

▶ 黑漆彩螺鈿樓閣仕女屏風

屏風上鑲嵌了一幅彩螺鈿人物仕女遊樂圖，圖內八十五名仕女在亭台樓閣及山水之間遊玩。這件漆屏風是明朝一位分封藩王的隨葬品，鑲嵌得極為精細。

◀《四景山水圖》的住宅園林

為了追求自然的趣味，宋朝官員、富豪的住宅，常常建有園林，這些園林打破傳統規整對稱的房屋佈局，參差錯落，依山傍水。

園林裡的建築物都用素雅的顏色，使建築融入畫圖之中。所掛的匾額楹聯，都是詩文精妙、書法美觀的藝術品，詩情畫意，完全配合文人氣味。

中國園林的技術和藝術，此時都已十分成熟，在江南發展最出神入化，連向來追求瑰麗的皇家園林，也受到影響，清朝皇帝乾脆把南巡時見到的美麗園林景物，在離宮別苑中照抄一個呢。

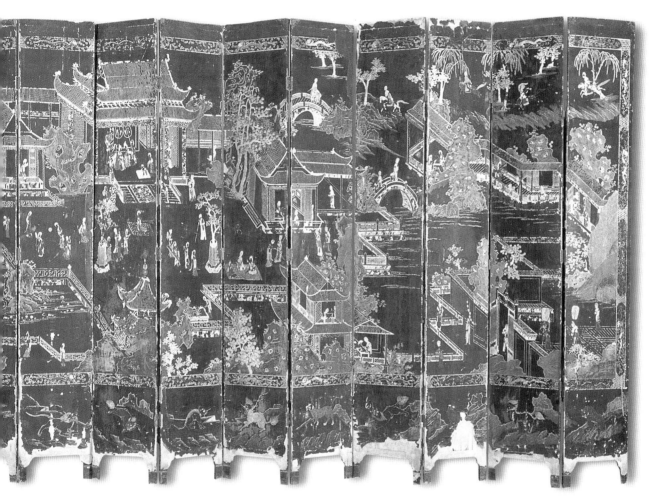

▶ **江南的寄暢園**
樓台依水而建，小橋石岸，花木扶疏，雖是人為的山水，卻有自然的美。

龍船

◀ **皇家園林**
造園不僅在士大夫階層成為熱潮，就連清朝的皇帝也在北京城的西郊建造多處園林，為方便皇帝處理政務，園中設有辦公的地方。皇帝后妃在這兒遊玩飲宴，舉行特別節目，如放煙花、賽龍舟、釣魚等。這幅畫描繪了一次端午節的龍舟盛會。

繁華的商業社會

▲ 象牙算盤

算盤最早出現在元朝，到明朝已是商業貿易必要的用具。最遲在萬曆年間，已經形成完整的珠算運算法則和口訣。漢語單音節的特徵，令中國的心算很方便，但未有阿拉伯數目字之前，以中國數目字計數很麻煩，算盤對減輕筆算的麻煩大有幫助。

宋朝以來的商業大發展，使社會面貌為之一新。

最突出的是城市的發展，全國城市數目和非農業人口都急速增加。龐大的城市人口要消費，帶動農村的商業活動。農民多種經濟作物，明朝時，京郊的農民專門種花種菜，供應給京城，冬天也有暖室種植的黃瓜和鮮花供應，農業的商品化可見一斑。農產品和家庭手工產品同時為市場提供充裕的原料，使私人手工業從城市興起。政府收農民的田稅也因時而變，不再收糧食，連力役也折算做錢銀，實行單一稅法。

城市裡工商業者紛紛組成"行會"。商人賺了大錢，社會地位提升，影響力也明顯加強。宋朝時，甚至有士大夫抨擊抑商政策。商人團體在明清時發展出以同鄉結合，在城市裡設會館互相支援的商幫。商幫很現代，用集團方式經營；實行股份制；重視員工的培訓。但商幫也重科舉、講宗族。賺到錢就帶回家鄉，又援引族中子弟到城市發展；又或者發展家鄉教育，謀取功名。

明清時商業繁華到奢侈的程度，拜金思想流行，因此時常爭論應不應禁奢，但奢侈消費養活更多人，在上億人的國家，不失為紓緩失業的方法，因此也有不少人反對傳統禁奢的思想。

商業稅收是宋元兩朝政府的重要財政收入，可是明清兩朝，財政稅收制度反而倒退，商稅不受重視。政府怕社會不穩，又不敢隨意加田畝稅收，遇到戰爭、治河、慶典等，只好向商人攤派，乾隆時，商人動輒捐助數以百萬兩。結果農民負擔沒減輕，商人也得不到正常地位，使中國的經濟不能朝向正途發展。

◄ 牌子金

這種純金牌經常被皇帝用來賞賜臣下，但製造者卻是普通的商人，上面往往刻有製造的地名、鋪號、姓氏、成色。

► 鎏金花瓣形銀盞

宋人重視飲食，同時也注重飲食器具的精雅，從這件手工精細的銀器食具便可以得到證實。
宋朝的達官富商喜歡用金銀器來炫耀財富，高級的酒樓妓館，使用銀製食具。因此社會對金銀器的需求很大。北宋首都一家酒樓，兩人對坐飲酒，便用了銀製餐具近一百兩。

▼ **蘇州的商業場面**

蘇州是明清時代中國最繁榮、最富裕的水鄉城市。畫中所見的是清朝最鼎盛時期，在蘇州一道橋上擠滿了擺地攤的小販。

▶ **魚翅、燕窩**

今日中國人仍視為高級食物的魚翅、燕窩，是明朝時從東南亞傳入的。明中後期還輸入許多珍貴硬木木材，做成講究的明朝硬木家具。

◀ **財神婆**

宋朝商品經濟大潮甚至衝擊到佛門淨土。佛教石窟中出現財神婆的形象。

新型商業城市

▲ 元宵燈節
取消宵禁，開夜市，使市民的晚間生活充滿樂趣。元宵節時，市民都到街上賞花燈，並且欣賞煙花。《明憲宗行樂圖》描繪了1485年的宮廷元宵燈節。殿前台階上放了好幾層高的牌坊燈，鼓樂齊鳴，煙花齊放，還有各種雜技表演助興。

城市化是宋以來商業興盛的標誌。商業發展使政治性城市的經濟功能不斷加強，規模不斷擴大，宋朝首都開封和杭州就是最繁榮的商業城市，明清的商業城市就更多了。

隨着商業發展，宋以前保安嚴密的都城管理面目，不得不打破，宋朝推倒坊牆就是這種巨變的象徵。唐朝的大城市是封閉性的，城市最明顯的面目是劃分為坊，每個坊有坊牆、坊門，商業交易在規定的市進行，城市實行宵禁。唐朝以開放見稱，最有規劃的長安城，最熱鬧的東西市，也是這樣管理。

宋朝商業十分活躍，城市人口急速增長，首都開封的人口，達到一百萬以上。如果仍然把全城的龐大商業活動，限制在市中進行，根本沒法應付。於是不少大城市的商戶為了增加營商空間，都拆掉坊牆，將房舍改成面向大街的鋪位。街道兩旁是密密麻麻的商店、食肆和酒樓。於是，市民的活動不再局限於封閉的坊市之中，商業活動滲透到城中每一個角落。

商販和市民都要求延長營業時間，宵禁制度因而受到衝擊，宵禁取消之後，市民

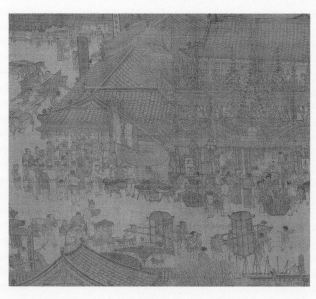

◀ 開封市井百態
《清明上河圖》繪畫北宋首都開封在清明節時，漕船把南方物資運到首都的熱鬧情景。圖中的城市內再沒有坊牆，都是臨街開鋪，擺滿了各式貨物，還結了綵樓。

▶ 開封的水井
這口水井位於鬧市區這是一口大井，鋪了田字形的井欄，四個井口均可取水。

不必聽見鼓聲就急着出入城門。城內各式各樣的夜市興旺起來，有些通宵營業，令市民的生活更多采多姿。宋朝這種城市發展，影響到遼朝的城市，遼的皇帝受夜市吸引，還偷偷跑去遊逛。

城市人口形成了龐大的市民階層，使社會出現了一股市肆風俗的文化。

◀ 北京皇城前的商販

明朝商人的生意做到皇宮前的街道上來。這是大明門前的棋盤街，小商販遍地。從有頂棚、桌子的攤販，到地攤都有。所售貨物紛陳。大明門已拆除，位置在今天天安門廣場上。

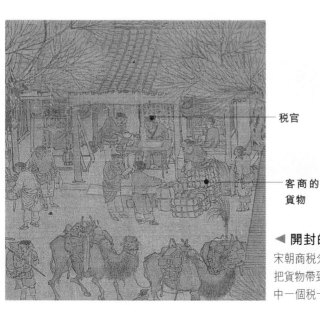

稅官

客商的貨物

◀ 開封的稅務機構

宋朝商稅分"過稅"和"住稅"兩種，所謂"過稅"就是流通稅，是商人把貨物帶到其他地方販賣時，經過關卡所納的稅。圖中所見應為開封的其中一個稅卡。

◀ 開封的乞丐

在城樓外的街道上，坐着一個正向路人乞討的殘疾人士。開封城內的乞丐相當多，每遇大寒，他們會被強制性地"拘收"在福田院，立春之後才能離開。

乞丐

精美的手工業商品

▲ 時大彬款紫砂胎剔紅壺

明朝在各個工藝領域均出現專業工匠，風格獨特，技藝高超，猶如個人品牌。此壺底刻 "時大彬" 的款，時大彬是明朝萬曆年間的著名製壺工匠，尤其是製作紫砂壺。這件雕漆器便是以時大彬製器為胎，上髹紅漆而成。

宋到清仍是手工業高峰期，精美的手工業產品使中國對外貿易長期出超，但國內市場更大，龐大的人口，製造了一個大需求的國內市場。

這時候的手工業技術和品種仍然有大發展，新興的陶瓷業的日新月異姑且不論，古老的絲綢業活力不減：宋朝的絹細、密和輕薄，比唐和元都好，亳州生產的輕紗仿如無物，裁做衣服，像一層煙霧；緙絲有新突破，可以織出多種顏色的花草禽獸。元朝的蒙古貴族喜歡金，大批擅長織金技術的西域工匠東來，令絲綢織金技術空前發展。織金是用金箔切成的金線織花，使織物呈現金屬光澤。明清的絲織品也名目繁多。

商業競爭也引發了品牌意識。宋朝金銀器主要由私人作坊生產，大城市有不少金銀鋪，小城市中有流動的金銀工匠。現存的宋朝金銀器，不少都刻上金銀鋪的商號或工匠名稱，反映當時的金銀器

▶ 手工染布

紡織業發達，紡織原料的種植趨於專業化，其中以種植棉、桑及印染原料為主，並且出現了種植地區的分工，為紡織業發展奠定了良好的基礎。

◀ 樓閣人物金髮飾

這支金釵是利用花絲工藝編成的，不但營造了立體效果，更有如微型雕塑品。工藝之精細，令人嘖嘖稱奇。明朝的髮釵式樣新穎，可在小小的髮釵上雕出 "仙人樓閣圖"，圖案細緻，工藝複雜；除了髮釵以外，婦女也喜歡穿戴金銀首飾，採用花絲工藝，以幼細的金銀絲編織首飾，是金銀飾物製作的一大躍進。

▶ 張四郎款銀碟

宋朝的達官富商，很喜歡用金銀器來炫耀財富，社會對金銀器的需求很大。當時的金銀器主要由私人作坊生產，並且都打印了金銀鋪的商號或工匠名稱，這是一套銀器中的一件。

已出現了品牌競爭。元明時有不少著名工匠,名字刻寫在產品上,有這標記,肯定更受歡迎。

這時候代表手工業最高水平的,前期仍然是官營作坊。商業發展雖然催生農民分工發展,宋朝已有全職種桑養蠶或者從事絲織的農民,後來城市裡更出現絲織作坊,僱用專業工匠,但是手工業還未脫離家庭副業。

明朝後期,支持官營作坊的古老工匠制度瓦解。因為工匠按古老的服役制度,義務為皇家和政府服務時,消極怠工,甚至逃亡,明政府終於容許工匠交納銀兩代替服役,政府再拿這些錢請私人手工業者代役。數以十萬計的官營作坊工匠紛紛以錢代役,私營手工業作坊、民間全職手工業工匠湧現,各種手工業蓬勃發展。除了少數產品之外,從規模而論,私人手工業已成為支柱。

◀ 織了"朱克柔印"的緙絲

緙絲是用橫向的緯線織花,宋朝的緙絲可以織成畫一樣。這一幅由南宋緙絲名家朱克柔製作,盛開的三朵山茶花引來飛舞的蛺蝶,蟲咬的葉子像真的一樣。朱克柔的緙絲被譽為緙絲技藝的高峰。

▼ 工匠

宋元以來,隨着城市經濟的發展,行業分工越來越明確,這是元朝的土木工匠。

現存最早的廣告

宋朝商業競爭激烈,商鋪為爭取生意,紛紛以廣告宣傳。目前遺留下來最早的廣告實物,這是一間造針店鋪的廣告印版,印版上標明店鋪的名字 ——"濟南劉家功夫針鋪";又印上白兔搗藥圖,注明"認門前白兔兒為記",頗有現代宣傳品的風格。

店鋪的名字

市民趣味

城市化的結果形成了強大的市民階層，這階層品流複雜，有官宦、富豪、士兵、各行業的平民，連寄生人口也不少。

市民的生活方式與農民有異，品味又跟士大夫不同。他們人數多，有消費能力，於是針對他們的口味，出現了形式較為通俗，講求刺激，不少以城市生活為題材的娛樂和商品。市民趣味深深影響了中國許多娛樂藝術形式。

城市的娛樂活動，最常見的是聽故事、看戲曲、看百戲、逛集市。

聽說唱故事從唐朝佛寺流行開來，這時已不再是佛經故事的變化了。許多以當時生活為背景的小故事，專以曲折離奇號召，不出鬼怪、偵探、男女情愛題材，像白蛇傳等等，後來匯集成短篇的話本——近似廣播劇本。歷史故事十分流行：三國英雄、玄奘取經、宋朝造反的梁山好漢、破金兵的岳飛等等，全部編成動聽的故事，後來就成為長篇古典小說。表演這些說唱故事的，是專業的藝人，他們以生動的口語，繪聲繪色，又講又唱，講到關節處，故意賣關子，好讓聽眾付錢。

這些藝人在街頭巷尾或者專門的娛樂場所（稱"瓦舍勾欄"）演出。大型勾欄可容納數

▲ 瞎子說唱

聽說唱故事是市民大眾的普遍娛樂。畫中描繪一位失明的說唱人，一邊敲擊，一邊繪聲繪色地說故事。

▲ 嬰戲圖

南宋民間畫工蘇漢臣的作品，是一幅描繪兒童的市肆風俗畫，具有濃厚的生活情趣。蘇漢臣畫藝出眾，後來進入宮廷，成為宮廷畫家。

▼ 孩童垂釣枕

磁州窰以平民階層為主要銷售對象，花紋圖案也較多民俗生活題材，這件瓷枕就以孩童垂釣為主題，繪有一個額前留劉海髮、身穿緊袖長衣的宋朝小童形象。

千人，集中各種的表演藝人，除了曲藝、説書，還有雜技、魔術、摔角、馬戲，為市民增添無限歡樂。

市民大眾又有自己喜歡的繪畫商品，大都是描繪城市生活和民間風俗，像貨郎圖描繪走街串巷的小商販，嬰戲圖則是以兒童為主角的喜慶風俗畫。這些畫由民間畫家繪畫出售，他們有自己的行會。受歡迎的畫工會把畫稿畫成幾百幅出售，以滿足市場需要，又防止別人模仿競爭。後來有了雕版印畫的技術，又印成充滿吉祥寓意的年畫，以迎合大眾講意頭、討口彩的心理。

踩高蹺的迎神隊伍

雜技藝人

◀ 迎神賽會的情景

民眾的娛樂往往和宗教節慶連在一起，圖中一隊踩着高蹺扮成陰間鬼物形象的迎神演出者正繞行山間，表演雜技的人則剛經過鬧市。沿途有觀眾或坐在屋前或站在路邊觀看。這種出會情景很可能是迎神賽會，表演者可能是專業藝人，也可能是各行會的職員，但表演水平很高。迎神賽會可説是全城全鄉的節日活動，觀者萬人空巷。

◀ 烹茶畫像磚

一女子正在用火箸撥着火爐中的燃料煮茶。宋朝城市生活奢華，普通人家每生女，則"愛護如捧璧擎珠"，因為長大之後可以教以各種技藝，其中廚娘雖然地位很低，但"非極富貴家不可用"。

▶ 雜耍圖

這是一幅清朝的畫卷，所繪的包羅萬有：説書、聽曲、看相、木偶戲以及各式各樣的雜技表演。

大眾的娛樂 —— 戲曲

市民愛聽的說唱故事加上舞蹈、扮演，在宋朝發展出有複雜情節的戲劇，由於唱的成分重，稱為戲曲，是結合了唱、做、唸、打的綜合舞台藝術。戲曲出現後，以後幾個朝代高潮迭起，把貴人到平民都迷得如痴如醉。

第一個高潮在元朝，這時文人地位低，迥不同於"唯有讀書高"的宋朝。他們苦悶無出路，生活於社會低層，用活潑的口語創作了很多反映社會黑暗面的戲曲，很受市民歡迎。劇中人以第一身來表達，不像宋朝用敘事的方式，在藝術上價值更高。這些戲曲作家大多是北方人，以首都北京為活動中心。不過元朝末年，恢復科舉，文人都去考功名，創作的人大減。

元朝之後，南方的戲曲憑着江南的文化程度、經濟能力、商業城市多，掀起新熱潮，明劇各種地方風格中，發源於蘇州附近的戲曲，最受文人青睞，加以改革後，就是現在所稱的昆曲。蘇州是明清兩朝最富有的城市，又是出產最多狀元的地方，因此昆曲與元劇那種硬朗作風不同，溫婉細膩，能入大雅之堂。到清朝，昆曲仍然是文人的雅興，而有地方戲色彩的安徽戲班入北京，成為新的大眾戲曲，無論滿漢，甚至連皇帝，都成了京戲迷。

戲曲的熱潮由城市帶起，深入到大大小小的村落。每年農閒的節慶，就請來戲班臨時搭台演出，有些戲一連演上十天半月。大人小孩都盼着這個熱鬧日子。

▲ **丁都賽磚雕**

這是宋朝建築物上的磚雕。磚上刻畫北宋後期著名的雜劇藝人丁都賽表演的情景。

▶ **臨時戲台和觀眾**

在民間節日活動中，演戲是很吸引的娛樂。除了大城市可以常常演戲，有固定的戲台之外，城外及一般鄉鎮每年可能只演出幾次，因此戲班要巡迴表演，戲台也是臨時搭建。很多觀眾就圍在戲台前的空地觀看。

圖中的戲台用木搭成，應該是一個臨時戲台。

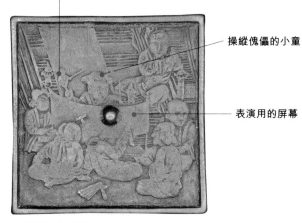

傀儡

操縱傀儡的小童

表演用的屏幕

▲ 傀儡戲畫像鏡

這面銅鏡表現的是傀儡戲的演出情景。傀儡戲是用木偶進行表演的戲劇，現在通稱木偶戲，有布袋、提線、杖頭木偶等形式。宋朝市民喜歡欣賞傀儡戲。

▲ 到皇宮表演的藝人

明清時代，不少皇帝也是戲迷。這隊穿上各式戲服的表演者正準備入宮表演。

▶ 吹口哨俑

隨着元朝曲藝的發達，出現各式各樣的民間藝人。在元朝墓葬中也出土了許多藝人形象的陶俑。

三大發明：火藥、羅盤、印刷術

▲ 金朝印鈔票的銅鈔版

銅版印刷的質量高，銅版又能長久保存，適合印製精細的紙幣和商標等小型印刷品。宋朝這種印刷改進新技術很快就傳到其他地方，金朝也用銅版印鈔票。這是金朝後期 —— 貞祐時期（1213～1217）的印鈔票銅版。

所謂中國四大發明：造紙、火藥、羅盤和印刷術，除了造紙早在公元前後就有，其他三種是唐宋以來的新發明，自宋開始，發揮了很大影響。

火藥的情況，在熱兵器部分已經提過，宋人也用火藥來製造煙花和爆竹。這裡集中介紹印刷術和羅盤。

中國發明的印刷術有兩種：雕版和活字。雕版在唐朝後期已經有，宋朝改良，用銅版代替木版。

北宋的新發明是泥活字印刷，元明兩朝又創木、銅、錫、鉛等活字，發明了轉輪排字方法。活字印刷節省工夫，比雕版印刷靈活方便，又能夠再用。近代印刷術是活字印刷發展而成的。但是漢字不是拼音文字，做字模並不比雕版省工夫，印出的書又沒有雕版印刷的精美，何況雕版印刷可以印圖，因此沒有被活字印刷取代。活字印刷雖然也使用，但多用於印族譜等。

羅盤是把指南針加上有方位的底盤。指南針在戰國就有，宋朝改良了製造和使用方法，把以磁石磨針鋒，改成利用地磁感應來製作。放置磁針的方法，熱衷於指南針研究的科學家沈括，記載了漂浮式及縷懸式指南針，認為比較穩定。這兩種指南針後來分別演變成"水羅盤"和"旱羅盤"。沈括又發現磁針常常微偏東，這是世界上首次記載磁偏角現象。

◀ 山東濰坊明清古版

雕刻印版是把翻轉上版的黑色線條浮雕出來，而雕版的效果優劣往往是插畫書的成敗關鍵。雕刻繪畫作品，絕不容易，要用鋒利的刻刀配合雕版師的嫻熟手藝，方能製作出精細的雕版。

至於應用到航海事業上，北宋後期的書(1119)
已記載水手日間觀日，晚間觀星，陰天時觀指
南針。元朝指南針使用方法不斷改良，又繪成
由羅盤測定的航線圖。元朝遠洋航運發達，與
熟練運用指南針是分不開的。1180年左右，指
南針經阿拉伯人傳入歐洲。

最早的印刷品

現存最早的印刷品，據研究，是在南韓慶州佛塔裡出
土的《陀羅尼經》，印成於公元751年或以前，是在
中國還是在朝鮮印，還未清楚。最早有紀年的印刷
品，則是敦煌藏經洞出土的《金剛經》，是公元868年
的印刷品。

▲ 使用轉輪排字盤的情況

轉輪排字是由活字印刷衍生出來的技術。木活字按照音韻分類排列在
排字盤上，一人讀稿，另一人坐在兩個轉動的排字盤中間，轉動排字
盤，依照稿本挑選出所需要的木活字，排於書版之上。印刷完畢，重
新將木活字按照原來的位置歸放到排字盤上。

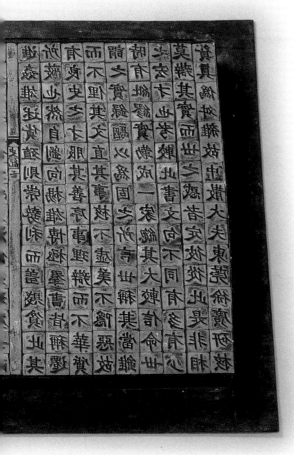

◀ 泥活字版模型

北宋平民畢昇以膠泥刻字，用火燒硬。排版時，在鐵盤內鋪放一層松脂、蠟及細紙
灰等，在盤上排滿一版字後，將鐵盤放在火上烤熔松脂、蠟，用平板把字壓平，松
脂、蠟冷卻後，便會跟泥字黏連，即可印刷。印刷後，再把松脂加熱，便可取下泥
活字再用。泥活字印刷術估計出現在慶曆年間（1041~1048），是近代活字印刷
術的先驅。

▶ 縷懸式指南針

將蠶絲繫於木架上，蠶絲下端用蠟
黏接磁針中部，再在木架下裝上方
位盤。磁針在地磁場的作用下，即可
指示方向。後來發展成旱羅盤。中國
在明朝正式出現旱羅盤。

▲ 支撐式的指南儀器 —— 指南龜

元朝出現的支撐式指南工具，在民間很流行。把木
龜腹部挖空，嵌入磁體，再放在竹製的尖柱上，木
龜的首尾自然指向南北。磁針加上固定支點這做
法，和旱羅盤相似，西方的旱羅盤比中國早，恐怕
與指南龜西傳阿拉伯後改良有關。

磁石
針
黃蠟
木板
竹針
木龜

◀ 漂浮式指南針

將磁針貫穿燈芯草，放入盛水的瓷碗內，磁
針浮於水面，指示南北。這種指南浮針最先
用於航海導航。後來發展成水羅盤。

用紙做錢

用紙來做錢是宋元時代的一大發明，也是人類歷史上首次用鈔票的大試驗。馬可波羅在遊記裡講到這種新貨幣，感到十分神奇，紙幣因此在歐洲很受注目。

馬可波羅知道的紙幣不是最早的，元朝之前，宋、遼、金都發行過紙幣。這時候商業繁榮，紙幣是針對當時經濟形勢採取的對策。中國一向主要用銅錢，但是宋以來商業極為繁榮，銅錢面值小，大宗交易用不上，何況銅錢也常常欠缺，四川還要用鐵錢。針對缺錢和攜帶不便的情況，信用制度開始發展，宋朝時四川的商人收取客人的鐵錢，向他們發出一張等於活期存款單的證明，保證可以換回錢，這單據叫做交子。這種方法被政府接收，成為一種法定貨幣，和鐵錢

▲ "天祿通寶" 銅錢

中國的貨幣系統並不先進，主要是用銅錢。銅錢面值小，難以應付大額的交易，又重，不好攜帶，何況常常被人拿去收藏、熔了做銅器或者改鑄做劣質偽幣，加上商業發達，唐朝後期已出現流通錢幣不足的情況。這是遼朝鑄造的銅錢。遼宋兩朝南北對峙，都限制銅錢流到對方的地區。但是遼朝鑄錢有限，為了緩解通貨不足，努力通過貿易吸引銅錢入境，出現了宋錢滾滾北流，宋朝陷入錢荒的情況。

一同通行，紙幣於是正式出現，所以後來的鈔票也叫"交鈔"。此後紙幣的歷史還有一點反覆，到元朝最有實效。

紙幣的使用到元朝時已經累積了很多經驗。發行時，有儲備金，使人對紙幣有信心；推廣使用紙幣，規定可以用來交某些稅；真鈔蓋上官員和皇帝的印，防止鈔票作偽，偽做鈔票罰得很嚴。

不過，政府雖然明白濫發是紙幣的死敵，但是到了財用不足的時候，總是抵受不住多印鈔票的引誘。結果元朝的紙幣和宋遼金各朝紙幣的命運一樣，因為通貨膨脹而大失人心，鈔票制度崩潰。明初，中國繼續發行紙幣，但人民對紙幣沒有信心，很快就出現通貨膨脹，於是先鋒性的紙幣制度到此結束。中國重新用銅錢，加上一錠錠的銀元寶，以應付日益發達的商業交易。

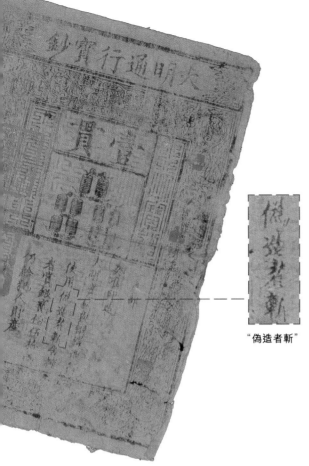

"偽造者斬"

▲ **大明通行寶鈔**

這是明初通行的主要貨幣，由首都南京的寶鈔局督印。這種一貫的寶鈔，面額最大。長約30厘米，是中國歷史上最大的紙幣。可是，由於政府濫發紙幣，導致貶值，大家不肯用來交易，嘉靖元年（1522）正式廢止。

十個銅錢圖案，代表面值十文

"中書省奏准印造中統元寶交鈔"
說明中書省參與發行

◀ **元朝最早的紙幣**

這是忽必烈中統元年（1260）頒行的中統元寶交鈔，長16.3厘米，寬9.5厘米，桑麻紙質。面額從十文至兩貫文不等。馬可波羅記載的紙幣，可能就是它。馬可波羅來中國時，是元朝發鈔正常的時候，他驚訝於忽必烈汗用桑樹皮做的紙就可以買到天下的寶藏，每年可以印無數鈔票，不花一點錢，稱它為大汗的點金術。當時馬可波羅似乎還不明白發行紙幣的道理。

◀ **印刷南宋紙幣的銅版**

這是南宋政府印刷會子的銅版，會子出現在交子之後。這個銅版最下一行有"行在會子"幾個字，說明這是政府在1160年頒佈法例之後發行的，是正式的紙幣印版。會子最初發行時，只有一種面值，其後增加了幾種面額。

▼ **金花銀**

明朝把稅糧折收的銀兩稱為金花銀，表示足色的上好銀兩。明初為了推行紙幣，嚴禁民間用金銀交易，但收效不大。後來政府放寬了禁令，白銀變成主要貨幣。及到交田賦也收白銀，白銀的使用更普及。江南田賦是最早折銀徵收的。地方政府將收到的散碎銀兩鑄成銀錠，上繳中央。這錠金花銀是福建上繳的五十兩銀錠，凹面刻了地名、稅別、重量、內耗、有關官員和銀匠的姓名等。

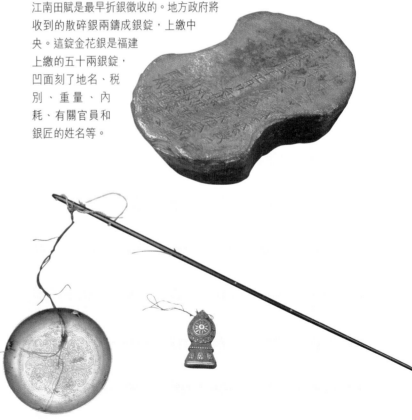

▲ **戥子**

戥子是用來稱量金、銀等貴重物品的小型衡器。這戥子的最小稱量單位是二分，最大稱量單位是二十兩。

棉的影響

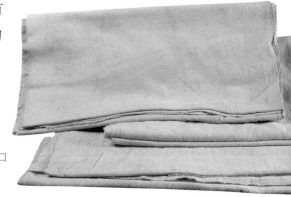

絲、麻、葛是中國傳統的紡織材料，絲昂貴，平民百姓只能穿麻葛織的布衣。棉在宋朝開始廣泛種植，改變了以後幾百年的平民衣料。

棉產於印度，很早就由南北兩個途徑傳到中國，但是推廣不開，只在新疆、雲南等邊疆地區種植。因為棉布最初是一種高級衣料，而中國早已有絲綢，絲織技術又非常好，棉布與絲綢相比，敗下陣來。宋末，棉花和棉紡織發展到長江下游，這是中國的經濟重心地區。由於品種改變，去籽和彈棉花工具傳入，經濟效益提高很多，又何況棉布溫暖，比麻布適合北方天氣，於是奪得平價衣料的市場。加上元朝和明朝政府用政策獎勵種棉，棉的種植範圍大了很多。棉和棉布的需求量很大，連士兵的軍服都用棉做，又曾經用來與邊疆地區的少數民族換馬。

棉業推廣，卻也做成一個意想不到的後果：紡織棉布既有經濟收益，又可以一個人完成，成為農村重要的家庭副業。家家戶戶都紡織棉布，竟然令棉紡手工工廠沒有發展出來，不但這樣，還使絲織技術裡一些很先進的機器被淘

▲ 南宋棉毯
這是至今發現唯一的古代棉毯。它的織工精細均勻，說明宋朝的棉紡織已經達到一定的水平。

▶ 白坯布
白坯布即是原色布，經染整加工後可製成色布、印花布等。中國家庭手工織的棉布，可以極為均勻細密，不光自用，還曾經出口外銷。尤其是今天上海郊區的松江，因為是最先輸入海南製棉先進工具的地方，從元朝以來就是棉織業中心，產的棉布最有名，行銷全國。清末開放通商初期，開放的口岸雖然流行進口的機織棉布，內地還是穿用手工棉布。直到19世紀七八十年代，才因洋布售價降低，布幅又比手工織的闊，於是普及內地，農民開始穿洋布。

▲ 腳踏軋棉花車
棉花加工先要去掉棉籽。人手去籽很花時間，效益不高，直到軋棉機器出現，問題才得以解決。這種軋棉工具在14世紀已經使用，以手轉動曲柄，腳踏動車下踏條使另一軸向反方向轉，兩軸互相輾軋，便可令餵入的棉英排擠出棉籽。有了這工具，軋棉工作可以一個人獨力處理，適合家庭副業。

▲ 彈棉花
軋去棉籽的棉花，要經過彈鬆才能用來紡紗，稱為彈棉，過程中也能去除一些雜質。這種以一根竹竿懸掛起來的彈弓，在宋朝已開始應用了。

汰，像大紡車和水力紡車。結果，棉紡織業在英國是工業革命的先鋒，在中國卻成了鞏固小農經濟的因素。鴉片戰爭後，中國開放通商口岸，但是英國的機織棉布卻沒有預期的好銷，當時英國人想了很多原因，用了很多方法，包括迫中國減稅等等。他們沒有想過，這些棉布是婦女、兒童和老婦，在農閒和晚上織的，沒有甚麼人力成本，但收入再微薄，也可以幫補家計。男耕女織的傳統，令手工棉布的生命力，出奇地大。

▼ 棉甲的結構
銅釘固定布面、棉襯和鐵片

布面　　棉絮等內襯　　銅釘

釘綴甲片的線　　布襯裡　　鐵甲片

◀ 穿棉甲的明朝軍官
棉在明朝的產量很大。明初已經用棉花製戰衣、戰襖，明朝中後期大量使用布面的軟甲，取代鐵鎧甲，內塞棉花或者縫鐵片，重量大為減輕，稱為棉甲。製法是把棉花放入水中浸透，然後鋪在地上，捶打踩實，直到成為不胖脹的薄氈，曬乾後即可縫在棉布內。棉甲使士兵動作靈活，見雨不重，被鳥銃所擊也不會大傷，是熱兵器出現後的新式鎧甲。

▶ 19 世紀末的紡織廠
18 世紀蒸汽機的發明並用於棉紡織業，引發了西方的工業革命；到了 19 世紀，中國亦邁出了工業化的步伐，紡織業由家庭式人力為主的小規模生產，進入工廠式的大規模生產。採用機器紡紗織布的紡織廠逐漸增多。

◀ 紡織廠使用的粗紗機
發展機器棉紡織業，要有機器和新式技術。這台粗紗機，是把纖維條製成粗紗，並捲繞成卷裝，這樣才能繼續下一個紡細紗的工序。粗紗機在 19 世紀初出現，而圖中的粗紗機則是在 19 世紀末成立的一家上海紡織廠使用的款式。

海上貿易大興

與北方民族潮同樣關涉中國長久命運的，是海上貿易潮。

海上貿易在唐朝已見端倪，到宋元兩朝，一發不可收拾，是海上貿易最興旺的時期，高峰期時與中國有海上貿易關係的國家和地區達到一百四十多個，遠涉西亞和非洲。明清兩朝，中國仍然是東亞最富有、航海技術最先進的國家，但卻經常實行海禁，只容許官方作有限度的貿易。

海上貿易能夠急速冒起，一方面因為西北方常常受軍事紛擾，宋時受阻於遼、西夏、金，元朝則受阻於諸王叛亂，絲綢之路不是時常暢通；另一方面海道貿易便捷、運量大、地域廣，加上人類的航海和造船技術漸漸成熟，海運取代陸運已經是大勢所趨。

宋元兩朝的海上貿易不僅規模大，更有可觀的經濟收益，有時甚至成為國家的重要財源，如南宋建國時，一度佔政府全年財政收入的15%。對這重要財源，宋元政府都在重要港口設了市舶司，負責管理、接待和抽稅。最多時在七個港口設市舶司，其中福建泉州一直是第一大港，馬可波羅說它"是世界上最大的港口之一，大批商人雲集，商貨寶石珍珠輸入之多，不可思議。"

蓬勃的海上貿易，到明清時卻經常被禁，對沿海居民的生計影響很大，海上貿易稅收也不再受政府重視。然而以有限的孔道和不穩的貿易情況，明清兩朝卻仍然有大量出超。由於中國的手工業領先世界水平，又有茶、瓷器、絲綢幾項獨家產品，各地對中國商品需求極殷。這種貿易順差的局面，一直維持到1820年代。18世紀是手工業產品領先工業文明的最後一個輝煌時期。

▲ **海船紋銅鏡**

這個宋朝的鏡，背面是一艘在波濤洶湧的大海中揚帆航行的海船。以航海為題材的工藝品，在宋朝並不罕見，說明當時的海上交通和貿易相當繁榮。

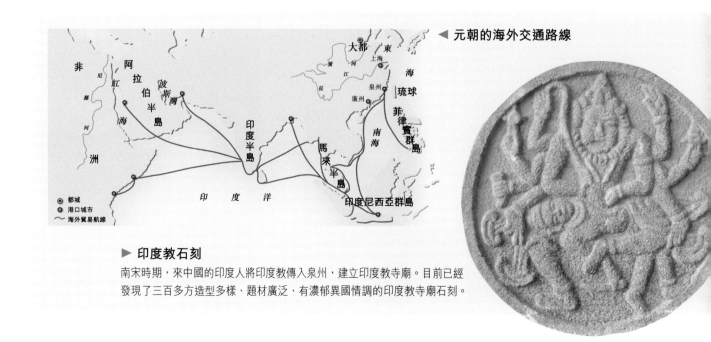

◀ **元朝的海外交通路線**

▶ **印度教石刻**

南宋時期，來中國的印度人將印度教傳入泉州，建立印度教寺廟。目前已經發現了三百多方造型多樣、題材廣泛、有濃郁異國情調的印度教寺廟石刻。

◀ 祈風送舶石刻

泉州城西 7 公里晉江北岸的九日山上，"山中無石不刻字"。現存的十方宋朝祈風送舶石刻尤為珍貴，石刻記錄了宋朝泉州郡守和市舶司官員為祈求"蕃船"一帆風順，往來平安，向海神通遠王祈禱的史實。

◀ 榜葛剌進麒麟圖

明朝經常實行海禁，只容許有限度的官方貿易，名叫"朝貢貿易"。榜葛剌在印度東北部，是與明朝有朝貢關係的國家，榜葛剌國王於 1414 年和 1438 年兩次來中國進獻長頸鹿，由於從未見過這種生活在熱帶的動物，當時有些中國人就把牠視為瑞獸麒麟。

▼ "蕃客墓"局部

用阿拉伯文和漢文書寫"蕃客墓"三字。

▶ "蕃客墓"墓碑

泉州至今保存許多宋元時代伊斯蘭教徒的墓，這些人大多是來中國經商的商人或傳教的信徒，死後安葬在一起，形成保存完好的伊斯蘭教墓地，被稱為"蕃客墓"。

造海船下西洋

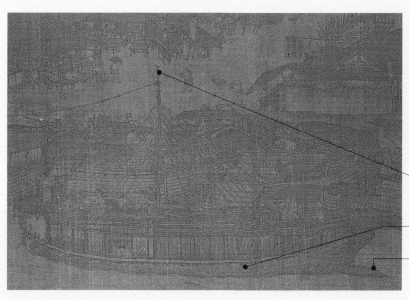

▲ 鄭和寶船模型

根據記載，鄭和下西洋早於西方的哥倫布、麥哲倫八十七年和一百一十六年，而規模比他們大得多。寶船是鄭和的指揮船，是船隊中最重要和最大的船種，出土的寶船的舵桿，用鐵力木製造，高度是一般人的七倍。寶船的體積和外觀仍有爭論，但它是當時世界最大的木帆船，則無可懷疑。旗艦的船型應是短寬型的，船寬則速度較慢，但相對平穩。

由宋到明，中國的造船業相當發達，可以造多種和極大的船，採用隔艙設計（用隔板將船艙分為若干個互不相通的空間），減低船艙入水沉沒的危險。而且裝備了指南針，中國航海事業因而居於世界領導地位。船舵技術亦有創新，例如"開孔舵"是在舵葉上開許多孔，減少水的阻力。

遠洋航行上的突破是去到印度洋以西。雖然唐朝的海外貿易繁盛，但遠洋航行卻由阿拉伯商船壟斷；宋朝中國船隻去到印度，但再往西去，則要換乘阿拉伯船；元朝船隻則在非洲各大港口來往穿梭了。由於具備了指南針導航、船尾舵控制航向、有效利用風力等遠洋航行的必要條件，元朝的航海業享譽世界，經常有三至十二帆的大型帆船行駛在印度洋上。

宋元的海船，大的可以容納數百到上千人，有幾層甲板，船員有明確的分工。泉州出土的一艘宋朝海船上有許多表明身分的木牌簽，反映船員有嚴密組織。遠洋船上儲存了大量生活必需品，糧食充足，還養豬、狗、羊等動物；有儲水的水櫃，連酒也不缺。

明朝初年，中國維持技術領先的優勢，速度和作戰性能還比宋元提高。從1405年開始，明政府在二十九年裡七次派大船隊下西洋，領隊的是宦官鄭和。這支遠洋船隊的規模在當時是世界最大的，最多的一次有二百艘船，二萬七千人，在世界航海史上未有前例。可以想像，為這些下西洋活動，要投入大量人力、物力，作長期準備。而這時葡萄牙亦開始向海洋探索。

◀《清明上河圖》中的船

宋朝的造船技術，在當時很先進。圖中航行在河中的貨船，在桅桿下使用了轉軸，能調整帆的角度，以迎合風向；船尾使用了平衡舵，這種宋初已經發明的技術，將部分舵面，分佈在舵柱的前方，以縮短舵壓力中心與舵軸的距離，操作更加輕便靈活；船身有成排的釘帽顯露在外面，說明造船時使用了"釘接榫合"的技術。

可以轉動的桅桿

平衡舵

使用了"釘接榫合"技術的釘帽

但在這種領先的情況下，明朝出現了一個奇怪的轉折。明政府並不大力推動海上貿易以爭取外貿收入，反而滿足於朝貢貿易，而回贈往往比貢品還多，是虧本的官方行為。鄭和之後，明朝再沒有大規模的航海活動，後來還實行海禁。到清朝重開海禁時，航海世界已是另一種局面了。

何處是西洋？

西洋的意義隨着來往的範圍而擴展。鄭和下西洋時，西洋是指南中國海以西的海洋和沿海地方，這是自南宋以來的稱呼。歐洲興起，東來中國大搞貿易後，西洋就變成歐美。

龍骨

◀《唐船之圖》之寧波船

中國船在日本稱為"唐船"，明末清初往日本貿易的中國商船絡繹不絕。由日本人繪製的《唐船之圖》中可見十一種帆船，均是當時來自中國及東南亞港口的船隻類型。這艘寧波船屬福船類，船底尖，有龍骨。船身各部位還註明船的名稱及尺寸，是非常珍貴的資料。

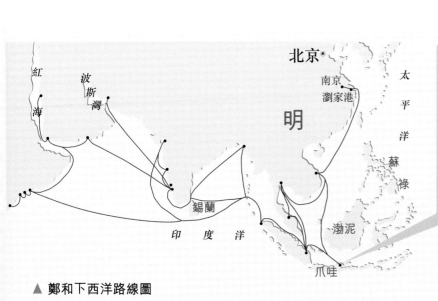

▲ 鄭和下西洋路線圖
鄭和七次遠洋航行，前三次船隊抵達印度半島西南海岸，後四次遠及波斯灣和東非。

▲ 印尼爪哇島三保廟
位於印度尼西亞爪哇島三寶壟市的三保廟，是當年華僑和當地印尼人為紀念鄭和而修建的，坐落在鄭和登陸的地方。廟內有一"三保洞"，供奉了一尊鄭和的全身塑像。

熱銷商品 —— 瓷器

來往於頻繁海道上的商船，搶購的是幾種世界性熱銷商品。從海外輸入中國的，宋元時以香料最矚目，佔了相當比例，所以宋朝的海外貿易又稱為"香藥貿易"。至於輸出的商品，早在陸路交通時，絲綢已蜚聲國際，從宋到清，絲綢之外，有兩種商品冒起，一是瓷器，一是茶葉。茶葉是元朝時開始從海路輸出的，在18、19世紀歐洲風行喝茶時銷量很大，甚至牽動美國獨立戰爭：1773年波士頓人民把茶葉倒進海裡，抗議英國的轉售厚利。然而，瓷器出口更早，在宋朝就成為出口貨的新星，直到清朝，沒有中斷，宋朝以來的海上貿易之路，被稱為"陶瓷之路"。

▲ **白釉黑花嬰戲圖罐**
這件元朝磁州窯的罐是從元朝沉船中打撈上來的，可見瓷器是當時海外貿易的大宗商品。

▶ **青花八楞瓷罐**
瓷罐器型端莊，裝飾紋樣藍白相間、淡雅勻潤，是罕見的元朝青花珍品。青花是以含鈷的礦物顏料在瓷坯上繪畫，然後上釉燒製。唐朝工匠已經知道使用鈷藍作為彩繪原料。伊斯蘭國家亦早在9世紀前後已經能燒製青花瓷器，但技術較低。西亞的青花原料比中國的呈色鮮艷，傳入中國以後，元朝在唐的基礎上，燒製出精美亮麗的青花瓷器，遠銷海外，直到清朝仍是外銷的熱門瓷器。

瓷器發展的歷程

	商	東漢	魏晉南北朝	隋唐	宋
	原始青瓷	正式青瓷	青瓷成熟，出現褐斑點彩，白瓷初創	白瓷成熟花釉產生	釉色大發展，冰裂紋、窯變等盛行

▲ 青釉弦紋尊

▼ 青瓷罐

▲ 青釉褐斑雞首壺

▼ 綠彩枕

◀ 窯變色彩

▲ 冰裂紋

瓷器在中國有悠久歷史，宋朝時達到高峰，雖然未有彩繪瓷器，但宋瓷的造型簡潔，在色的處理上尤其令人讚嘆，青瓷可以做到玉一樣溫潤。

宋以後，瓷器仍不斷創新，尤其是在瓷器上繪畫，每朝都有新變：元朝青花瓷成熟，五彩瓷初露頭角；明朝把青花和釉上繪畫結合，創出鬥彩；清朝又創出琺瑯彩和粉彩，前者有油畫效果，後者屬粉色系，能表現暈染的立體效果。

這個時候瓷器的創新熱潮裡面，善於利用外來的物料的情況很值得注意，像青花的鈷料，中國也有出產，但不及西亞的好，對外貿易發達使西亞鈷料大量傳入中國；琺瑯彩把銅器上的琺瑯技術與瓷器結合，而銅胎琺瑯是元朝時從西亞輸入的；琺瑯彩和粉彩的顏料是仿造和改良輸入的琺瑯顏料。中國的手工業工人心靈手巧，又有了新的元素和原料，加上貿易的熱潮，於是出現長期的瓷器藝術高峰。

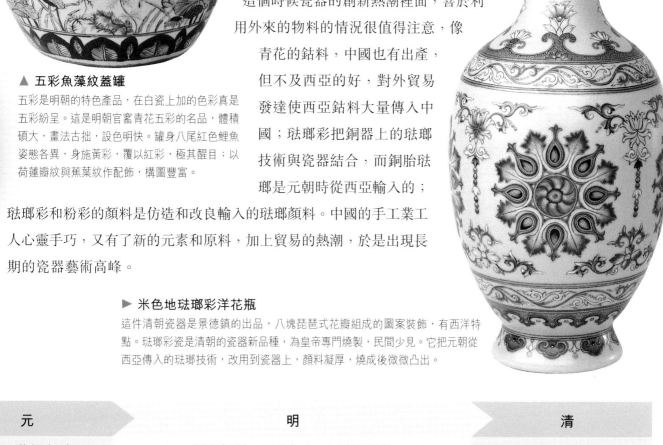

▲ 五彩魚藻紋蓋罐

五彩是明朝的特色產品，在白瓷上加的色彩真是五彩紛呈。這是明朝官窰青花五彩的名品，體積碩大，畫法古拙，設色明快。罐身八尾紅色鯉魚姿態各異，身施黃彩，覆以紅彩，極其醒目；以荷蓮瓣紋與蕉葉紋作配飾，構圖豐富。

▶ 米色地琺瑯彩洋花瓶

這件清朝瓷器是景德鎮的出品，八塊琵琶式花瓣組成的圖案裝飾，有西洋特點。琺瑯彩瓷是清朝的瓷器新品種，為皇帝專門燒製，民間少見。它把元朝從西亞傳入的琺瑯技術，改用到瓷器上，顏料凝厚，燒成後微微凸出。

元	明	清
青花、釉裡紅大盛，五彩初創	鬥彩新創，五彩大盛，色釉瓷豐富	琺瑯彩、粉彩新創

▲ 釉裡紅玉壺春瓶

▲ 鬥彩

▲ 霽藍釉

▲ 翠綠釉

▲ 紅釉

▲ 黃釉

▲ 粉彩花卉盤

海禁三百年

▲ 倭寇

倭寇是當時對日本海盜的叫法。元末，日本政局混亂，失業和破產的人到中國沿海搶掠。明政府頒佈海禁，修整海防，大敗日本海盜，令形勢較為平靜。明朝中期，海防廢弛，日本的局勢亦更亂，海盜越多，這時的海盜有日本南方的藩國支持，又有中國人參與。

從世界的角度來看中國歷史，明朝實在是一個大轉折。這個派出龐大艦隊下西洋的王朝，卻又受制於日本海盜為患，實行海禁，只容許朝貢貿易。在歐洲剛進入地理大發現的時候，強大的明朝卻自我封鎖在重重海防後面。

海禁法令從明朝開國（1368）第一次頒佈，到1684年撤消，三百多年間不許私人造船下海貿易，令中國遠離了海洋世界。

海禁可能起於日本海盜搶掠沿海地區。日本海盜在元末已經出現，明後期變得嚴重，前後困擾中國達三百年。明政府在沿海重重佈防，部署兵力數十萬，投入最先進的戰船，建防衛的堡寨關隘，像守長城一樣。於是中國在北方的長城之外，又有一條沿海的"長城"，明朝就龜縮在這兩條長城之內。

明朝禁止私人出洋貿易，實行朝貢貿易，境外的國家或部落來進貢，明政府再回贈禮物。這種官方貿易對明政府沒有經濟利益，又滿足不了境外對貿易的需要，結果走私風行，海盜問題更嚴重。

清朝繼明而起，由北方民族入主。這時海盜問題已解決，但是清朝不擅長水戰，為了削弱沿海和台灣的抗清力量，繼續海禁，還迫沿海居民內遷，燒掉民居和船隻。直到收復台灣，才撤消海禁。但是航運和造船業仍然不能正常發展：清政府對大船有戒心，限定出海的船的樑寬，船桅不得超過兩支，而且不可以帶武器。元朝時可以開到非洲的中國帆船，海禁之後只集中在東亞海域。

另一邊廂，1600年英國設立東印度公司，以國家的武力開拓海外貿易。18世紀時，歐洲的木船已經在船底夾了銅板，而且有火器和先進的導航設施；英國經過工業革命，所造的船也越來越大。18世紀末，中國帆船連東南亞的航運領導權亦喪失，讓出了最後一片遠航的海洋。

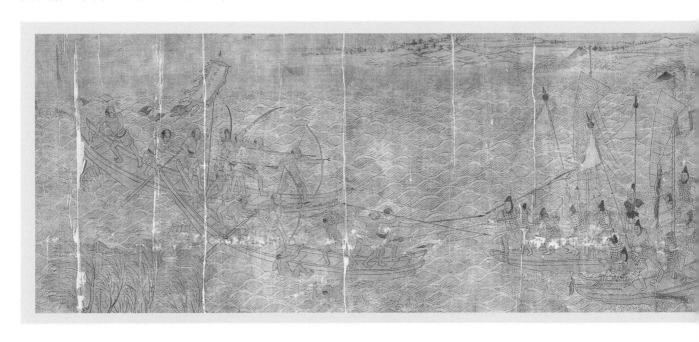

▼ 蓬萊水城山上的炮台

山東的蓬萊水城又名備倭城，是現存唯一完好的明朝海防要塞。這是水城的西北面城牆和炮台，位於丹崖山上，是這一帶的制高點，若有敵人來犯，可觀察及控制海面情況。在此築炮台，又可與水城東面的炮台形成夾角之勢，利於防守。

闊 12 米的炮台城城牆

▶ 廣東戰船模型

清朝雖然開放海禁，但對船隻有很多規限，例如不能做三桅的船，故在 19 世紀初，與西方的造船業的差距越來越大。清朝水師戰船很多取自民船模式，可乘載八十至一百人，都只適用於江河緝匪。這隻以廣東米艇改良的大兵船，兩桅，以杉木造，體積大，吃水不深。

◀ 明水軍與倭寇激戰

明末繪的《倭寇圖卷》描繪嘉靖時倭寇船侵入浙江沿海，登陸、探查地形、掠奪、防火、百姓避難、明軍出戰、獲勝的全過程。這段是官軍與倭寇激戰的情況。

納入世界商業體系

當中國取消海禁時，英國早已打敗西班牙無敵艦隊，繼葡萄牙和西班牙之後，在美洲佔據殖民地；印度莫臥兒帝國衰落，歐洲各個殖民國家又從沿海蠶食印度。一個以歐洲為中心，連結歐洲在亞洲、非洲和美洲殖民地的世界商業體系逐漸形成，正靠近東亞的中國。

富裕的中國是歐洲殖民擴張運動餘下的最後目標，而且是自馬可波羅遊記流行以來，一直吸引着歐洲人的目的地。

中國這時雖然國力強大，但內部問題仍然不少。清朝制度遵從明朝，對外貿易也像明朝一樣被動消極，加上滿族是入主的北方民族，擔心外商和漢人接觸，因此對外貿抱防範態度。乾隆自滿地說中國自給自足，不需要對外貿易，可沒料到歐洲主宰的世界商業體系早

▲ **西班牙銀元 —— 雙柱**

明朝後期，中國的銀礦已開採近於枯竭，雖然每年流入以百萬計的外國銀元，但是當時儲蓄和信貸機構未發達，民間把大量白銀埋入地下作為儲蓄，使貿易得來的銀元從流通領域消失，因此，中國對吸收國際的白銀的意欲很大。西班牙銀元是最早流入中國的外國銀元，是機製幣，多在墨西哥鑄。鴉片戰爭前後在外國銀元中佔主導地位。這種銀元背面是直布羅陀海峽的格格立斯雙柱。

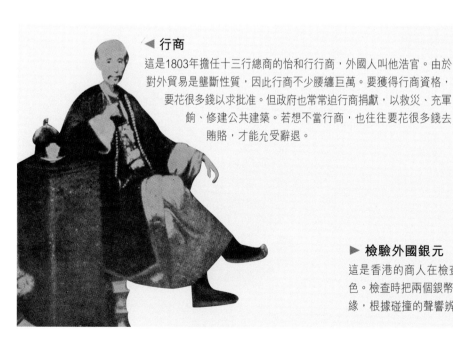

◀ **行商**

這是1803年擔任十三行總商的怡和行行商，外國人叫他浩官。由於對外貿易是壟斷性質，因此行商不少腰纏巨萬。要獲得行商資格，要花很多錢以求批准。但政府也常常迫行商捐獻，以救災、充軍餉、修建公共建築。若想不當行商，也往往要花很多錢去賄賂，才能允受辭退。

▶ **檢驗外國銀元**

這是香港的商人在檢查銀元的真偽和成色。檢查時把兩個銀幣拿在手上，敲擊邊緣，根據碰撞的聲響辨別真偽。

已影響到中國，而線索是銀元。

明朝商品經濟發展，白銀成為正式貨幣。由於中國缺銀，美洲新開採的銀礦，被歐洲殖民國家鑄成銀元，經由貿易，在明朝後期大量流入中國。機鑄的銀元不必剪下稱量，比中國的銀兩方便，廣受歡迎。這銀元大潮到清朝重開對外貿易時越益巨大，流通地區已深入內陸。

這場白銀流向中國潮歷時近三個世紀。怎樣使巨量的白銀從中國流出，成為殖民國家的關心點。17～18世紀初，歐洲流行重商主義，認為金銀多國家才富強，重視從外國輸入金銀。可是同期英國東印度公司來中國的貨船中，白銀卻佔了90%。直到1820年代末或30年代中，中國才因大量鴉片走私進口，由白銀進口逆轉為白銀出口國。

▶ **廣州十三行**
清朝乾隆時定廣州為唯一對外通商口岸，又頒佈了限制外商的瑣細條文。外商不得與中國商人直接貿易，也不能直接交稅給海關，而必須經過特許的對外貿易商，習稱為十三行。十三行的行商也負責管理約束外商，為外商的不守法行為負責。外商到廣州不能和中國人雜居，必須住在十三行的夷館。夷館都是西式洋房，下層作倉庫、中國僱員辦公室、僕役室等，上層作帳房、客飯廳，再上面作臥室。

▶ **從美洲傳入中國的辣椒、蕃茄、馬鈴薯**
除了美洲鑄的銀元之外，歐洲在美洲殖民，把美洲物產品運到各地貿易，使辣椒、蕃茄、馬鈴薯這些美洲特有的農作物傳入中國。辣椒成為許多地方祛寒去濕氣的佐餐食物。如果說蕃茄改變了意大利菜，那麼辣椒也使四川菜變了個樣，辣椒和原有的花椒結合，變成四川菜今天的麻辣風味。

初遇歐洲

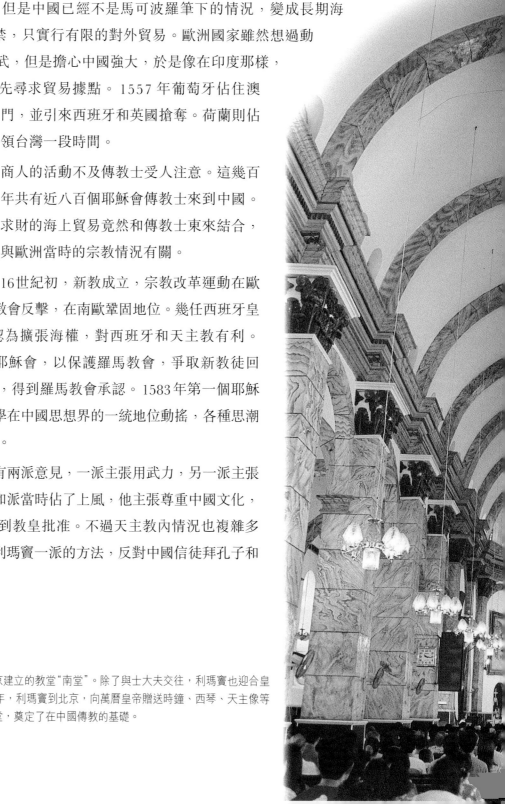

▲ 利瑪竇(左)與徐光啟(右)

傳教士利瑪竇試過直接宣傳天主教、打扮成和尚傳教，都不成功。後來他明白在科舉主宰的中國，要以讀書人面目出現，才能獲得尊重，終於成功打入士大夫圈子。徐光啟是明末的大官，熱衷西洋科技，接受天主教義，利瑪竇和他合作譯出歐幾里得的《幾何原本》。

大約在鄭和下西洋的同時，歐洲人被馬可波羅描寫的富庶東方世界吸引，努力探求到東方的新航路。16世紀，葡萄牙、西班牙終於來到中國。從西班牙治下獨立的荷蘭，以及與西班牙競爭的英國也接踵而來。它們透過國家支持的商人和傳教士，與中國展開第一階段的接觸，長達三個世紀。

但是中國已經不是馬可波羅筆下的情況，變成長期海禁，只實行有限的對外貿易。歐洲國家雖然想過動武，但是擔心中國強大，於是像在印度那樣，先尋求貿易據點。1557年葡萄牙佔住澳門，並引來西班牙和英國搶奪。荷蘭則佔領台灣一段時間。

商人的活動不及傳教士受人注意。這幾百年共有近八百個耶穌會傳教士來到中國。求財的海上貿易竟然和傳教士東來結合，與歐洲當時的宗教情況有關。

16世紀初，新教成立，宗教改革運動在歐洲中部如火如荼。羅馬天主教會反擊，在南歐鞏固地位。幾任西班牙皇帝都厲行清除異端，並且認為擴張海權，對西班牙和天主教有利。1534年一個西班牙人創立耶穌會，以保護羅馬教會，爭取新教徒回歸，向異教地區傳教為目的，得到羅馬教會承認。1583年第一個耶穌會士來到中國。剛巧當時理學在中國思想界的一統地位動搖，各種思潮活躍，有利於天主教的發展。

耶穌會對如何向中國傳教，有兩派意見，一派主張用武力，另一派主張溫和傳教。利瑪竇代表的溫和派當時佔了上風，他主張尊重中國文化，以西方科學吸引士大夫，得到教皇批准。不過天主教內情況也複雜多變，後來羅馬教皇不再贊成利瑪竇一派的方法，反對中國信徒拜孔子和祭祖，導致清朝禁教。

▶ 南堂內景

這是利瑪竇獲得明朝皇帝准許，在北京建立的教堂"南堂"。除了與士大夫交往，利瑪竇也迎合皇帝對歐洲科技和藝術的好奇心。1601年，利瑪竇到北京，向萬曆皇帝贈送時鐘、西琴、天主像等西洋珍寶，獲准在北京傳教，建立教堂，奠定了在中國傳教的基礎。

16～18世紀的中西交往相對和平。然而歐洲內部，正從中世紀轉向近代化，對外擴張已經開始，加上中國鎖國，衝突正在醞釀。只是地理阻隔，加上中、西的國力消長還不明顯，所以未致於全面衝突而已。

牌坊、塔、亭、絲綢、瓷器等中國事物成為插畫的內容

▲《英使謁見乾隆紀實》

英商對限於廣州通商及貨物不暢銷嘖有煩言，為了擴大通商，1793年，英使馬戛爾尼以祝壽為名，獲乾隆接見。馬戛爾尼不肯跪，乾隆沒有強迫，而英國的通商要求亦被拒。隨團的秘書司當東把這次經過寫成本書。

指羅馬教皇不瞭解中國文化，不應批評中國禮教

▶ 康熙致羅馬關係文書

耶穌會士曾經得到教廷認可，不反對中國祭祖。17世紀後期，這種傳教方式受到非難。1705年，教皇派特使到中國，命令入教者不能祭孔子祀祖。康熙接見特使並說明中國情況，凡傳教士願守中國法度的可留下來，不願守的回國。康熙多次致函羅馬教廷，教皇一再重申禁令。於是康熙亦下令禁教，此後數朝皇帝多次重申禁令。

▼ 澳門大三巴

葡萄牙人為了通商和傳教，積極經營澳門。葡萄牙在澳門設立澳門聖保祿學院，培養熟悉中國的傳教士，學院被焚燬後殘存的前壁，就是今日澳門的大三巴牌坊。

大三巴

東西方文明互相試探

▲ 傳教士墓碑

耶穌會由西班牙一個軍人創立，成為耶穌會傳教士，要立誓終身服從。耶穌會把世界分成許多教區，向中國教區傳教是其中一項重要任務。傳教士被派到中國，不少終生未回去歐洲。他們的墓碑上既有龍紋，又有耶穌會的徽號。

耶穌會士來中國時，歐洲已經從中世紀邁入近代，文明程度上了一個台階。相反，中國的發展已停滯，雖然政治和經濟仍然有優勢，但是天文學、地理測繪、機械和火炮製造等都已經落後。

東來的耶穌會士，發覺用科技知識最能吸引士大夫甚至皇帝，因此請求教會派更多擅長科技的傳教士來。那時當傳教士除了要懂神學，還要對科學、藝術、機械、語文有相當修養，可說是歐洲的精英。於是東來的傳教士成了文明傳播者，把文藝復興之後的西方文明傳播到東方，他們帶來發明不久的望遠鏡和各種測繪量度儀器，編修新曆取代元朝以來的回回曆，繪製世界地圖、中國全境地圖，在中國的士大夫幫助下，譯出歐幾里得《幾何原本》、《人體解剖學》。當然，他們傳來的學說也有局限，教會反對的，像伽利略的地球繞太陽轉的學說，就不敢傳入。

另一方面，傳教士也把中國的情況告訴教會和歐洲朋友。由於他們交往的都是歐洲知識界，他們對中國的描述：像利瑪竇稱讚中國文人政治制度；清初

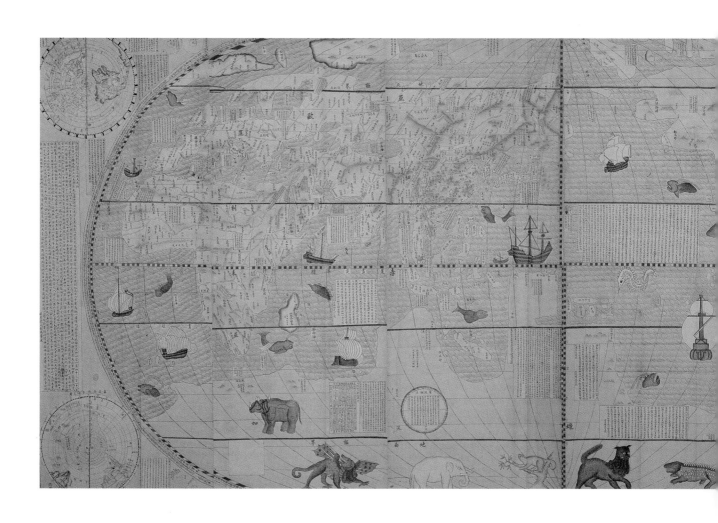

傳教士對康熙的明君的稱譽等等，在歐洲引起不少反響，啟蒙運動思想家用這些觀點來攻擊歐洲舊制度。王致誠記述圓明園的藝術特色，亦令圓明園在歐洲獲得極高聲譽。

在東西方未大通的時候，傳教士以平等和尊重的態度，對溝通兩方面的文明，起了很好的作用。

不過，耶穌會士在中國的交往範圍以上層為主。明末時還結識了一班追求新學問的士大夫，使新文明影響知識界；清初時在宮廷裡為皇帝做事，影響不出皇宮範圍，對他們自己、對中國吸收新文明，都是遺憾。

—— 準星及照門，可調整射擊角度

▲ 紅夷炮

紅夷炮的長度是口徑的二十倍以上，炮壁厚，是射程遠、殺傷力大的火炮。彈丸是從炮口裝填的。紅夷炮是明末時由中國主動傳入，是英國火炮，當時誤以為是荷蘭的，所以稱為紅夷。明清易代的戰爭中普遍使用，尤其是在寧遠之役，是袁崇煥勝清軍的重要武器。明朝在1621年開始仿製，後來清軍俘獲明軍紅夷炮，也大量仿製。

▼ 《坤輿萬國全圖》

利瑪竇帶來一幅世界地圖獻給明朝皇帝，這幅地圖表現的地球是圓的，各大洲都有，只欠了澳洲。利瑪竇後來以那幅圖為藍本，摹繪、修訂成好幾種版本，其中 1602 年的《坤輿萬國全圖》資料最詳備。

▲ 圓明園的水法

水法，亦即噴泉。圓明園內東北角有多組宏偉的西洋建築，以噴泉為主題，用機械推動，是在清廷供職的傳教士按乾隆的要求建造的。用十三年時間全部完成。這組西洋庭園建築，以各種形式的噴泉和水池景為主題。

▲ 望遠鏡使用情況

這是康熙的《古今圖書集成》裡使用有支架的望遠鏡的情況。望遠鏡發明不久就傳入中國。

以鴉片為商品的戰爭

▲ 賣吸鴉片的用品

1842 年是中國歷史的分水嶺，古老的農業帝國與新興的工業帝國打了一場仗，中國戰敗。這個戰果當時震動中國，而起因於鴉片，卻令世代中國人長久不能釋懷。

戰勝者英國，1588年打敗西班牙無敵艦隊，成為海上霸主。為了搶奪葡萄牙、西班牙的東方貿易財富，以及不再貴價買入東方產品，促使英國積極東來。這個新興霸主與葡、西、荷蘭等老牌殖民國家有一點不同，它不光販賣從殖民地得到的產品，1760 年代，英國發生工業革命，生產力大幅提升。它有大量工業產品要找出路。

18世紀時，英國已成為中國外貿的最主要國家，可是它的產品像毛呢和棉布卻打不入中國市場，反而因為愛上喝茶，要用巨額白銀大量買入中國茶葉。當時重商主義流行，金銀被視為國家財富的基礎，白銀長期大量流入中國的問題必須解決。正途的解決辦法，是派使節到中國要求擴大通商，東印度公司的解決辦法，卻是走私鴉片入中國。

1793年英國使節到來時，正當清朝盛世後期，在文治和武功都自認有建樹的乾隆皇帝八十三歲，為治下的富足和安定很自豪，對祖上傳下來的朝貢貿易不覺得要改變，對中國社會自給自足的想法認為理所當然。英國使節無功而還。老皇帝並不知道，早在 1767 年，

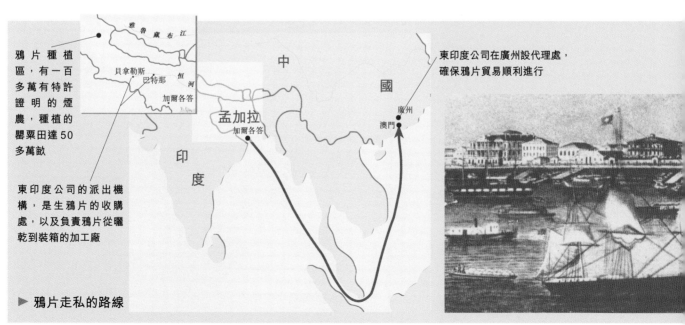

鴉片種植區，有一百多萬有特許證明的煙農，種植的罌粟田達 50 多萬畝

東印度公司的派出機構，是生鴉片的收購處，以及負責鴉片從曬乾到裝箱的加工廠

東印度公司在廣州設代理處，確保鴉片貿易順利進行

▶ 鴉片走私的路線

鴉片走私已大升，他拒絕開放商貿時，鴉片已經泛濫。延續一個半世紀的清朝盛世已近尾聲。

東印度公司在印度種鴉片，通過分銷商人運到中國沿海，走私入境。1829年底英商用新出現的快速帆船運鴉片到中國，航行時間短，走私的鴉片更多。不久，中國就變成白銀出口國。

由於毒害嚴重，中國下令商人交出鴉片銷毀。英國傳言領事受辱，商務受威脅，決定出兵。鴉片戰爭是三百年來歐洲以武力迫使中國通商言論的總爆發，也是中國由閉關到落後的可悲結果。不過將鴉片稱為商品，聲稱是貿易戰爭，中國人卻不會同意。

▼ 南京條約簽署情況

中國在鴉片戰爭戰敗，1842年欽差大臣耆英赴南京議和，8月29日中英代表在英國戰艦上正式簽署《南京條約》，中國賠款二千一百萬兩，割讓香港，並開放五個口岸城市通商。

割讓香港

香港是鴉片戰爭後割讓給英國的，當時香港是指香港島。現在講的香港，則包括了後來割讓的九龍半島和租借的新界。由於新界是租借的，1997年到期，因此出現1997年香港歸還中國的事情。

中方代表耆英　　英方代表璞鼎查

▶ 中英印的三角關係

中國

英國

印度

鴉片

茶葉　　白銀

棉織物

棉花

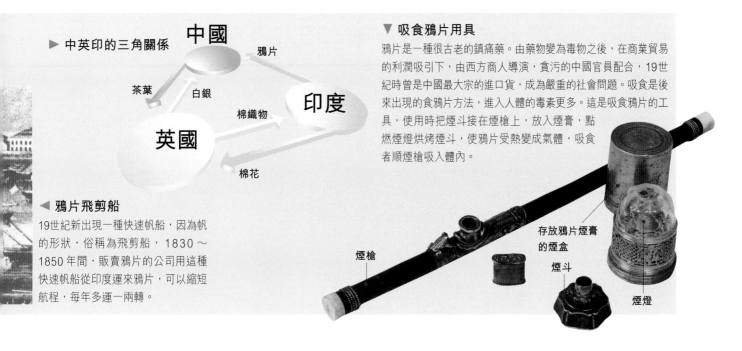

◀ 鴉片飛剪船

19世紀新出現一種快速帆船，因為帆的形狀，俗稱為飛剪船，1830～1850年間，販賣鴉片的公司用這種快速帆船從印度運來鴉片，可以縮短航程，每年多運一兩轉。

▼ 吸食鴉片用具

鴉片是一種很古老的鎮痛藥。由藥物變為毒物之後，在商業貿易的利潤吸引下，由西方商人導演，貪污的中國官員配合，19世紀時曾是中國最大宗的進口貨，成為嚴重的社會問題。吸食是後來出現的食鴉片方法，進入人體的毒素更多。這是吸食鴉片的工具，使用時把煙斗接在煙槍上，放入煙膏，點燃煙燈烘烤煙斗，使鴉片受熱變成氣體，吸食者順煙槍吸入體內。

存放鴉片煙膏的煙盒

煙槍

煙斗

煙燈

中國的徹底挫敗

▲ 青島和膠州灣景

中國敗於日本後，各國爭相迫中國借出港口，德國迫借膠州灣九十九年。膠州灣在山東半島南邊，灣內航道水深，水流平穩，潮差不大，常年不凍，是一個半封閉的天然良港。德國在租得的地界內建青島市和港口，作為軍港和商港；建造船所；開闢國際及中國沿海航線。青島是德國在遠東最大的商業和工業中心。第一次世界大戰後，日本佔領青島，強迫中國承認日本繼承德國在山東的權益。

鴉片戰爭雖然令中國震驚，但是這個古老文明沒有立即認識到自己落後。以後六十年，中國走上屢戰屢敗，幾乎亡國的地步。標誌性的幾次戰敗包括：

1860 年再敗於英國和法國聯軍，而且首都陷落，皇帝出逃，圓明園被搶掠和焚燒。

1894 年經過三十年建設的海軍，被新興的日本殲滅。

1900 年主動向八個國家宣戰，首都再次陷落，圓明園再次被焚，無法恢復。

要想串起中國衰落的圖像，那麼還要補入一些重要環節：鴉片戰爭後，鴉片公然進入中國，毒禍和白銀流出更厲害；而戰敗賠款攤到民間，受白銀升值和鴉片毒害的農民，再加了負擔，社會騷動在醞釀；戰敗使清朝的威信下降，社會下層的反清秘密團

萬園之園 —— 圓明園

圓明園是清朝盛世以無量財富建設起來的皇家園林，在北京西北，佔地 5 千多畝。集中了中國各地園林精華，是中國自宋以來園林建造的最華麗體現。法國作家雨果沒有到過中國，他憑在歐洲聽到的對圓明園的稱譽，稱它為人類夢幻藝術的典範，是屬於全人類的成就。對英法聯軍焚燒圓明園，大感憤怒。

▲ 傳教士

晚清天主教和基督教爭相派傳教士向中國傳教，而且深入內地。傳教士對中國的教育和醫療等均有建樹，但整體來説，中國人普遍憎恨炮艦保護下的傳教士，再加上有糾紛時，傳教士往往保護教民，又歧視中國風俗，更增加兩者間的芥蒂。

體紛紛活動。戰後不到十年，清朝最大的內部動亂從最南方發起，席捲江南，使這個經濟精華地區擾動。

與日本戰爭之前的三十年，環境相對平穩，中國在努力加強軍備，以為從此可以不再受侵略，誰料在深切厚望裡，全軍覆沒。中國的國際地位一落千丈，各國唯恐落後，爭相迫中國租借土地，又私自劃分勢力範圍。短短幾年間，中國幾乎被瓜分。亡國的危機引起另一次大亂：農民因為貧窮破產，本來已極度不安。外國人在中國特權很多，外國傳教士恃着本國的武力，偏袒教徒，鄙視中國習俗，令農民積聚的怒火，結合民間的秘密宗教，終於出現迷信用神力可以抵擋刀槍的義和團，以殺傳教士和外國人為號召。

上個世紀還稱盛世的清朝，這時被一個無知的太后操縱，竟然相信義和團有神力，主動向外國宣戰，終於又以割地、賠款收場。

中國已經敗無可敗了，革命的呼聲逐漸受到支持。

▼ 破敗的圓明園大水法

圓明園的西洋建築以水法，亦即噴泉為中心。大水法又是各西洋噴泉的中心，對面設有皇帝觀賞水法的御座。當大水法所有蓄水池都供水時，聲音極大，對面不相聞。圓明園被焚，大水法的雕花巨石成為引人注目的遺跡。

◀ 八國聯軍入北京

聯軍入京後，分區佔領。德國佔領區的情況最殘酷，凡中國人，不分男女老幼，格殺勿論。本來不曾逃走的極少數中國人，也爭相逃離德國佔領區。

▶ 義和團團民

在中國北方農村爆發的義和團運動，最初稱為義和拳，參加者迷信傳統武術加上神力降身，可以刀槍不入，為了貫徹滅洋的宗旨，只用傳統刀槍，不用洋槍。義和團的來源複雜，有說是民間秘密宗教組織的支派，也有說是民間保護家園、習武自衛的組織。

現代化的艱難之路

▲ 以海軍軍費修建的頤和園

中日甲午戰爭之前，日本天皇以內帑支援海軍，中國的慈禧太后卻用各種名義佔用海軍經費，修建頤和園和紫禁城的北海、中海、南海御苑。

中國是逐步認識自己落後的，因此它尋求改變也是漸進的。像巨石擊出水波，一層一層推開去。改革明顯分成幾個重要階段，每個階段的內容、提倡的人都不同。

1842年鴉片戰爭之敗，震動了在江南受戰禍，又或在沿海得風氣之先的少數士大夫。但是他們人數少，地位不高，只能用文字鼓吹，他們是先行者，但是數少力弱。

十多年後，中國又敗於英法聯軍，震動了清廷一些軍政重臣，其中一些在江南與太平天國軍隊作戰時，已體會過洋槍洋船的威力。這些軍政重臣不分滿漢，他們抵擋着朝中的守舊者，努力造船炮，想建設一個船堅炮利的中國，不再吃敗仗。但在他們心目中，中國的制度和文化仍然是優良的，西方的威力只是在技術上。

三十多年後與日本戰爭之敗，震動整個士紳階層，鄉紳之家奔走相告。他們不明白三十年的軍備建設怎麼能在幾個月裡灰飛煙滅，不明白日本以相似的基礎，國力還要小得多，怎麼能一舉打敗中國。他們開始懷疑，開始想徹底了解西方文明。面對各國瓜分中國的危局，他們不斷上書要求改革，要求推行仿效西方的新政。他們得到年輕皇帝重用，但被年老的太后視為奪權。改革變成權力之爭，太后發動流血政變，軟禁皇帝還不甘心，兩年後還心理變態地想靠義和團殺外國人。政治上的改革，無可奈何地受制於滿族想維持統治的思想，夾雜了複雜的元素。

眼見政局不可為，在民間和商界，西化已自動展開，但是民間的改革不免受政治左右，19世紀幾乎沒有任何中國民間推動的改革能遇到好環境去發展。直到1900年敗於八國聯軍，太后一黨知道再阻撓改革是自找死路，現代化才算較為順利和全面地開展。

▲ 首批出洋留學的幼童

為培養興辦洋務的人材，清廷在1872年曾挑選幼童赴美留學。後來，這批幼童因為剪辮以至信教，與清朝的管理委員發生衝突，1881年全部返回中國。

▼ 舉人上書

1894年中國敗於日本後，各地讀書人對割讓台灣極為激憤。本圖繪畫了當時各省在京準備考試的舉人，上書洋洋千言。到1895年，發生最哄動的舉人上書事件，更引起年青的光緒皇帝重視，結合這些舉人，推行新政。可惜以流血政變告終。

▼ 購自德國的大炮

1860 年代開始的洋務運動，以模仿西方達到船堅炮利為目的。這是洋務運動期間，從德國克虜伯兵工廠買入的 280 毫米口徑大炮，當時德國的船炮相當先進。可是西方的武器競賽日日出新，甲午戰爭前，英國發明的速射炮趕過德國，日本針對中國海軍設施，買入速射炮安裝到艦上。

◀ 北京大學的前身 —— 京師大學堂

年輕皇帝光緒頒佈的一連串新法，推行不算理想，真正落實的只是 1898 年設立了京師大學堂。1912 年易名為北京大學。

▶ 貼有大龍郵票的明信片

郵局是由西方引入的，取代了中國民間的信局，算是中國政府推動的改革之一。中國郵局在1878年發行郵票，以江山雲龍為圖案，標誌中國近代郵政的開始。當年海關試辦郵政，五處海關收寄公眾信件，並由上海海關印製郵票。清朝的郵政從一創辦就由海關經營，而海關則由外國人主持。

國中之國的生活

▲ **華人大律師**
大律師資格要在英國考取。在香港生活的華人要逐步改善自己的地位，包括考取各種英國資格，要求有代表參加議會。這是第一個考得大律師資格的華人，他後來還爭取到進入香港立法局，又在推翻滿清後參與民國外交部工作。

西方文明究竟是怎樣的？中國幾億人裡，除了使臣、留學生、少量出洋的商人和悲慘地離國的販運人口，更多人只能在中國土地上接觸西方。西方的武力和文明再強大，也難以一下滲透到內地，所以又多是在被外國人佔住的中國領土上接觸，其中以上海和香港最有代表性。

香港是割讓的殖民地，由英國人直接管治；上海是最早的租界，中國的主權被外國逐步侵蝕。外國人在這裡做生意，包括賣鴉片；他們互相競爭，爭着鋪設電話線、電報線，以便更快知道歐洲市場需求，決定中國商品的收購價；又開銀行，自己發行鈔票，決定匯兌牌價，幾乎代替了中國銀行；傳教士拼命建教堂、發展信徒，同時又辦學校、醫院和各種慈善團體，幫助傳教。

無論是上海還是香港，最初都是華洋分住的，但是中國多次戰亂，一批一批難民避入租界或香港，只好華洋雜處。

▲ **上海的外國巡捕**
巡捕就是警察。上海本來只聘請歐洲人任巡捕，1880年代才開始用華人巡捕。上海租界的巡捕還有印度、日本、越南人等。印度當時是英國殖民地，越南是法國的殖民地。

代表起訴一方的租界巡捕　　外國主審官　　中國主審官

從壞的方面講，中國人生活在外國人控制的地方，他們有治外法權，有軍隊和警察，遇有衝突，外國人常受袒護；在管治機構裡，沒有中國人的位置；而且罪惡橫行，有許多豬仔館，不少中國人被拐騙出國，俗稱"賣豬仔"。中國人忍氣吞聲地生活，逐步爭取地位。

從好的方面講，透過長期接觸，感受新式城市管理，使用各種新式城市設施，使謀求現代化的中國人得到很多新見聞。

租界和殖民地的華人生活到底是好是壞？若與禍亂相尋的中國內地居民比較，有方便、自由、先進的地方，但在趾高氣揚的外國人下面生活，又不免受壓和自卑。

ANNUAL FESTIVAL IN SHANGHAI.

◀ 慶祝法國國慶
每逢西方的節慶，各國外僑都按自己的方式慶祝一番。這是上海法國租界內張燈結綵，慶祝法國國慶的情況。

◀ 德國德華銀行發行的鈔票
外國銀行在中國發行的紙幣以中國貨幣或它們本國貨幣為單位。發行額不受中國控制。有些可以兌換，有些不可以。

◀ 上海會審公廨
會審即是由中國人和外國人一起審理案件。理論上，這是中國的司法機關，主審官是中國官員，全權審理租界內華人的案件，涉及洋人時，外方參與會審，是一種中外混合的司法機關。實際執行時，租界巡捕捉到華人罪犯，領事都參與會審。

▲ 看熱鬧
在華洋雜處的上海，華人和洋人互相接觸，在街頭看對方的活動，往往覺得新奇。一隊中國儀仗隊伍出現，洋人都在路邊看熱鬧。

西化城市

▲ 法租界通行有軌電車

1908年，上海法國租界和公共租界都通行電車。電車到20世紀初才在大城市出現，距世界第一條電車線的出現約有二十年。這新鮮事物雖然有中國人在外國坐過，搬到中國來，仍然令慣見新鮮事物的城市中國人驚奇，曾經怕觸電而不敢輕易嘗試。

自從電車等出現後，初次到大城市的，又不光看上個世紀的自來水、電燈了，看了電車、汽車，無不覺得新奇。

歐洲的新式城市是應工業化而生的，一切市政要滿足工業的需要，例如有清潔的自來水，有電力推動機器，要解決工人上下班的交通問題。衛生、消防、街道照明、水電煤氣的供給、市內交通道路，都是衡量城市管理水平的指標。

外僑初來中國時只是貿易，不是設廠，但他們慣了歐美城市的自來水、電力供應，一旦在中國獲得土地，也想維持同樣的生活享受。辦市政要巨額資金，於是有稅收。上海租界和香港對市政建設的經濟規劃很仔細，用商業化方法經營，招標承包。期間一次次戰亂使大批中國人避入租界和香港，房地產漲價，房地產稅收大增，市政建設的經費也大增。

經過長時間建設，上海租界和香港的馬路寬闊，鋪碎石或鐵力木，下雨時不會一片泥濘，有煤氣、洋油燈、電燈、自來水、電車，五光十色，喧囂而有序，內地鄉鎮居民去到上海和香港，都有大開眼界的感覺。這兩個城市的市政，對中國的現代市政建設起了示範作用，甚至影響了中國改革者。孫中山說，他的革命思想和新思想的發源，和香港市政有關。他在香港讀書時，閒步市街，見秩序整齊，建築閎美，工作進步不斷，與他那個只在80公里外的故鄉香山迥異，留下很深的印象。他是由研究市政進而研究政治的。

▲ 灑馬路

灑水在馬路，可以防止塵土飛揚。

▶ 清潔人員為疫區消毒

衛生是市政的重要一環。1894年，香港發生瘟疫，醫務人員、警員、英軍等就組成潔淨隊到疫區進行防疫消毒。

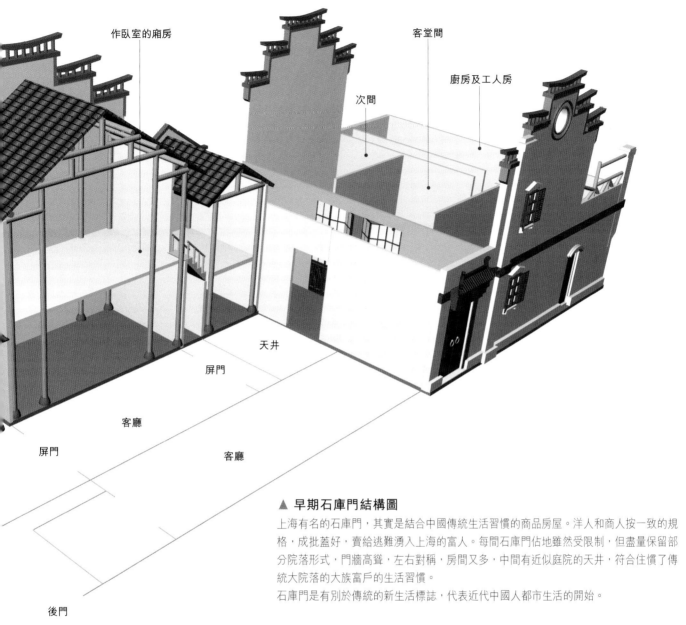

作臥室的廂房

客堂間

次間

廚房及工人房

天井

屏門

客廳

屏門

客廳

後門

▲ 早期石庫門結構圖

上海有名的石庫門,其實是結合中國傳統生活習慣的商品房屋。洋人和商人按一致的規格,成批蓋好,賣給逃難湧入上海的富人。每間石庫門佔地雖然受限制,但盡量保留部分院落形式,門牆高聳,左右對稱,房間又多,中間有近似庭院的天井,符合住慣了傳統大院落的大族富戶的生活習慣。

石庫門是有別於傳統的新生活標誌,代表近代中國人都市生活的開始。

◀ 消防救火

中國傳統城市也很重視救火,但只能是儲水救火。新式城市的救火從地下水管取得水源,救的可能是高樓火災。上海的消防隊最初由外國僑民義務擔當,後來因租界範圍太大,才聘請專職消防員。圖中是上海消防隊在灌救外灘的中國通商銀行大樓。

▶ 租界市容

兩岸分別是英租界和法租界。街道寬廣,市容整潔,是租界比華界吸引的地方。

通訊和交通的變化

現代訊息交流的威力在速度和孔道。19世紀歐美的科技還在高速發展，新發明火車、輪船、電報、電話、無線電，有些發明不久已傳入中國。世界變動的步伐越來越緊張，已經不是以世紀，而是以年計算了。

為了加快取得訊息，賺更多錢，歐洲人在租界和香港引入許多新事物，像電報和電話。比如用連接海底電纜的電報，了解歐洲的訂單，來決定收購中國的絲和茶的價錢，不再根據中國生產情況決定。各種新通訊方法，影響中國的政治、軍事和商業。

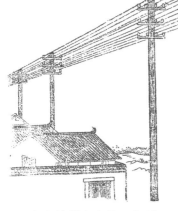

▲ 清末教科書上的電報線

有線的電報以電碼傳達訊息。1860年代西方列強已想在中國設電報，中國反對。1870年丹麥和英國的公司違反中國意向，設電報線。了解電報作用的中國官員，也加緊鋪設電報線，80年代已鋪設在沿海地方，90年代已遍及中國，包括邊遠地區。

其中對民眾影響最大的是報刊。中國早期的報刊是外國人辦的，他們掌握先進印刷技術，也更認識報刊的作用。傳教士為了傳教，又拼命做字模，代中國人攻破了中文活字印刷的難關。中國人見識了這些工具，又迫於被瓜分的危亡感，終於在19及20世紀之交，無論沿海或內陸省會，紛紛辦報，建印刷廠，發揮訊息傳播的爆炸性作用。一時間各種改良以至革命主張競相宣傳。民間思想活躍，成為推翻帝制的一大動力。

長途交通滲入內陸的能力，可以和報刊相提並論。用蒸汽和機械動力的交通工具，19世紀中期傳入中國，火車和鐵路是歐洲國家奪取沿線礦產開採權的工具，蒸汽艦在英法聯軍戰役中成為主力，外國輪船則大量來到中國做航運生意，把傳統帆船航運驅趕入支流。巨變迫使中國官方和民間應付競爭，自辦鐵路和輪船公司。

火車和輪船影響人心，動搖了許多傳統觀念。在鐵路沿線的農村，大人小孩爭看飛馳過的火車。青年人已不限於赴京考試，還坐輪船漂洋過海去留學。廣大的中國土地上，更多人嗅到時代氣息了，雖然在幾億人裡，還只是一個小數目。

見聞增廣，是中國人整體改變的推動力。

▼ 電話局接線員

電話在 1876 年發明，1881 年美國設立第　家電話公司。電話出現後，幾乎同時就引入中國。70年代上海或天津已有電話，1881 年上海有丹麥公司設電話服務。

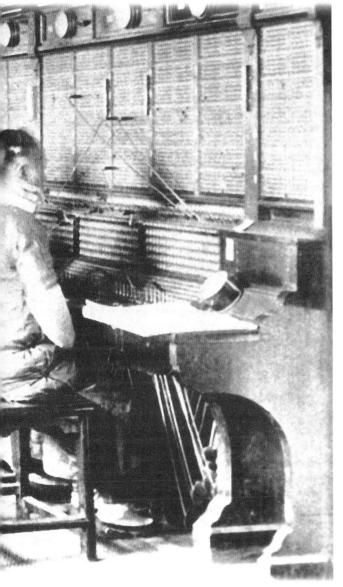

▲ 中國第一條鐵路

1825 年英國第一次通火車，掀起歐美各國修築鐵路的熱潮。四十年後，鐵路和火車出現在中國，是英商在北京修築的，只 1.6 公里長，被清朝拆毀。有人認為這不能算是中國第一條鐵路。1876年由賣鴉片到中國的怡和洋行建成由上海到吳淞的鐵路，長約15公里，被視為中國第一條鐵路，圖中可見洋人、中國工人和火車頭。但這條鐵路又被反對者買回權利後拆毀。不過，主張學歐洲造船炮的官員明白鐵路的重要性，因此四年之後，就出現第一條中國人辦的鐵路了。

▶ 教科書上的輪船和火車

清末的教科書對西方傳來的新生事物已經有概括的介紹，這是國文教科書中有關輪船和火車的內容。

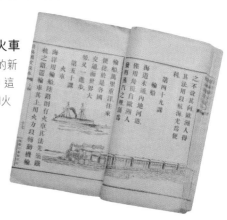

◀ 飛船圖

1884年上海出現中國最早的畫報，創辦人是英商美查。畫報以畫為主，畫上有說明，介紹當時大事、中外新鮮事物、民情風俗，甚至下層市井人物等，是知識普及的有效工具。最能向中國人傳播新知的是介紹西方的最新發明，例如熱氣球、潛水艇、各種飛行實驗等。這是美國一次飛船試飛的報導。

▼ 1908 年的字林西報排字間

《字林西報》是英國人在上海租界辦的英文報紙，1864 年出版。

大變下的中國人

▲ 最新國文教科書
1905年廢除科舉之後，教學內容由儒家哲理轉向科學知識，這本清朝末年的國文書有各種彩印的魚作插圖。

宗族、農村、科舉是中國社會的基礎，在城市化和西方思想衝擊的大變局面前，動搖了。

由於農村經濟破產和戰亂，無論農民或富戶，都紛紛湧入租界或香港。雖然城市裡有宗親會、同鄉會，但是不能聚族而居，也難以執行族規。在西化的城市裡，外僑的體育風尚，跳舞、賽馬等娛樂活動，成了中國新潮城市居民的時髦玩意。而光學和機械發展，又帶來電影和機動遊樂設施，娛樂生活更見多采。西式的城市沒有城牆和門禁，電燈照明，夜夜笙歌，夜生活更顯得自由甚至放縱。戲無益、勤儉持家、黎明即起、祖宗法度統統和新式生活格格不入。

民生日用方面的改變就更容易了，化學工業發展，使火柴、肥皂、煤油、橡膠製品大量進口，取代了原有的產品，擠去不少人的生計。除了煤油易惹火災，曾被人抗拒之外，其他新鮮的生活用品既方便又價廉，大部分與傳統生活習慣沒有牴觸，因此很快被接受。唯有西方醫學雖然有不少進步，包括麻醉、外科手術、無菌操作，以至改良明朝傳去歐洲的人痘接種為牛痘接種。不過中國民眾基於隔膜，又不滿傳教士欺壓非教民，對教會醫院和西方醫術有許多謠傳，後來才逐漸接受。

被麻醉的女病人　　正進行切割手術的女西醫　　會診的上海西醫

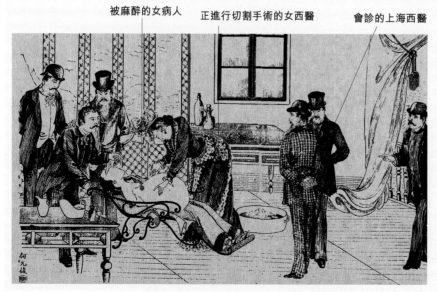

◀ 割瘤手術
這是畫報上一次有關西醫手術的報導。女西醫替胸前長腫瘤的女病人做手術，病人後來康復。報導又指，由於西方未曾見過類似病例，故西醫把切割下來的腫瘤寄回本國研究。

在追求文明和西化生活的影響下，中國的改革摻有不少西方思想，像主張婦女解放，女子也可以讀書，反對三妻四妾，尤其反對纏足。廢棄科舉制度和私塾，設大中小學，加入許多新課程，連音樂、手工和體育也大受重視。抱著工商業救國的希望，耕讀不再是知識分子的唯一理想，不少科舉出身的精英做實業家、辦現代企業。舊精英——科舉士人，和新精英——留學生一同摸索中國的現代化之路。

◀ 撐竿跳

運動、習武，並不在私塾學生的課程內。眼看中國接連戰敗，吸鴉片成風，有輿論認為中國人體質不佳、體育不振，因此新式學校都很重視體育課，男女學生一律穿上體操衣，許多人圍看體操課，認為是一種新時尚。受日本影響，男學生的體操課還有教兵操和學開槍的。學校還舉行運動會。這是清末上海田徑賽的撐竿跳情景。

◀ 外僑的板球隊

外國僑民喜歡划艇和各式球類活動，足球、板球、網球、棒球比賽紛紛舉行。

▶ 乞丐

鴉片戰爭之後，農村經濟破產，大量農民湧入城市出賣勞力，或成了乞丐。1850~1870年代，農民被哄騙或拐賣出洋，頂替了全球奴隸解放後的勞動力缺乏，許多死在異鄉。

畸型的美 —— 纏足

纏足以追求走路時搖擺的美態，可能是漢族在宋朝時興起的風俗，明朝宮眷不纏，民間婦女已普遍纏足。清朝時，纏足已經成了社會上扭曲的審美觀，婦女的美醜，第一是看腳小不小。因此，為了女兒嫁得出，母親要狠心把幼女的腳骨扭斷。這種畸型的美是清末提倡婦女解放的顯著改革對象。

革帝制的命不革民族的命

▲ 五色旗
旗上的五種顏色代表漢、滿、蒙、藏、回五族。中國的民族有幾十個，這五個族人數比較多，在清末民初時政治影響力也比較大。五族共和，是民國成立提出的理想。

中國邁向近代的兩個大挑戰：一‧與北方民族的融合；二‧西歐新文明的東來，最後以 1911 年推翻滿族王朝、結束帝制告終。

1911年革命成功後，沒有大規模殺戮或驅逐滿族。革命黨人立刻提出以漢、滿、蒙、回、藏五族為代表的多民族合作，建立民主共和體制的政治理念。提出這新理念，雖然有照顧、調和政治和社會現實的因素。但是，中國歷史長久形成以漢民族和漢文化為主體，兼融其他多元文化和民族的歷史性格，也是能迅速揭示新民族和新政治理念的重要基礎。另一方面，近代多民族國家的政治理念的輸入，也是重要的因素。

共和政體出現，標誌中國維持了二千年的帝國體制告一段落。自公元前221年到公元1911年，無論分裂或統一，漢族或少數民族統治，治域大小，國家盛衰，中國歷史都遵從朝代興替模式，維持中央集權帝國的體制。清末革命雖

▶ 國民革命成功
1911年革命成功，帝制結束，揭開中國歷史的新一頁。民國的建立，曾經為不少人帶來希望。

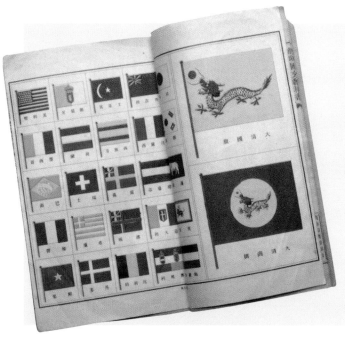

▶ 掛上旗幟的太和殿
太和殿是明清皇帝的金鑾大殿，革命成功後，革命軍受制於掌握清朝軍隊的軍閥袁世凱，臨時大總統孫中山被迫退位，袁世凱就在太和殿登位為中華民國第一任大總統。1916年，他又想在太和殿登基做皇帝，最終失敗。

◀ 教科書上的大清國旗
清朝的國旗以龍為主題，隨着清朝的覆亡，龍旗也被中華民國的國旗取代。

然有內部叛變和統治民族更替的性質，但由於主導革命的是一群由傳統士大夫蛻變而成的現代型知識分子，受過西方傳入的民主思想和政治理論的洗禮，因此能跳出朝代興替的傳統，而有近代政治革命的性質。中國歷史在西歐新文明所開示的政體中，走上新的階段。

不過，革命的成功，出於突然，及後軍閥割據，亂象叢生，而外國入侵的壓力沒有消失，新生的中華民族和共和體制仍然要經歷長久的考驗。

青天白日旗，是19世紀末革命期間使用的旗幟。

五色旗，是中華民國南京臨時政府成立時的國旗

▶ 孫中山祭明太祖

孫中山1894年成立革命團體的目標，包括“驅除韃虜，恢復中華”，因此革命成功後，在南京明太祖陵墓前，拜祭清朝以前的漢族王朝開國者。孫中山領導革命時，曾依賴民間秘密團體的武力，這些團體大都主張“反清復明”。但是革命成功後，立即轉到五族共和為目標，驅除韃虜已經不重要。

由帝國到民國的大轉折

公元前 221 年	秦始皇建立中央集權王朝帝國體制
公元 439 年	北方民族拓跋鮮卑成為第一個統治半個中國的少數民族王朝
公元 581 年	融合漢族和北方民族的隋王朝成立
公元 1271 年	北方民族蒙古入主，建立第一個少數民族統一王朝
公元 1644 年	北方民族滿族入主，建立第二個少數民族統一王朝
公元 1911 年	推翻滿清，五族共和，成立民國

滿族末代皇帝

中國最後一個皇帝是滿族人，他三歲登位，六歲下台，但沒有被殺，還在紫禁城裡維持一個小朝廷，長達十三年。但像所有末代皇帝那樣，他命途坎坷，被各方面的勢力擺佈。日本侵略中國時，做過日本的偽滿洲國傀儡皇帝，戰後變成戰犯，出獄後當園丁。他寫過一本自傳，生動地描述自己前半生的生活。這就是穿起朝服的末代皇帝溥儀。

服飾裡的多元民族和文化

▲ 新髮型配漢裝的民國女性

漢族女性上衣下裳，這是名詩人徐志摩的太太陸小曼，著名的新潮人物，以西式剪短的髮型，配漢族的上衣下裳服飾。亦可見民國時期服飾的多元和混合。

在西化潮流和現代生活的影響下，很多中國人的衣着都已全盤西化，偶然才會穿民族服裝。現在公認代表中華民族的國服，是蛻變自滿族女服的旗袍。所謂"旗"，就是滿族八旗制度。

服飾問題，在古代中國是改朝換代的大文章。滿族剛入主中原時，以統治者身份，強迫全國男性遵從東北民族的習俗，薙髮梳辮，當時引起嚴重的滿漢衝突。最後有不成文規條：男從女不從，漢族婦女不必嚴格穿用滿族服飾。而可能出自反抗心理，明朝時宮眷不纏足，清朝時有地位的漢族婦女卻大力推行纏足。清末國力衰落，男性薙髮梳辮這種在清朝盛世時沒有受到西方

收腰

來者譏笑的民族服飾習尚，和漢族女性的纏足一樣，被視為古怪落後，受到歧視。天足運動也如火如荼，而推翻滿清後，亦正式取消薙髮留辮制。

推翻滿清之後十多年，漢族女性卻一改千年來上衣下裳的服飾，穿起滿族的旗袍。三十年代還由上海這個西化先鋒城市領導其風，把旗袍發展成時裝，變成展示曲線體態的現代服飾。旗袍幾乎完全脫離原來樣子，再配以西化髮飾、高跟鞋、手袋，與西化的城市生活並存不悖。

中華民族服飾以出人意表的方式，結束了近三百年的滿漢文化、百多年的中國和西歐文化衝突和融合的歷程。

◄ 穿長衫馬褂的新潮人物

圖中四人都是北京大學著名人物。左起是蔣夢麟和蔡元培，先後做北京大學校長，蔡元培開創的北京大學精神直到今天還受人推崇。右起是李大釗和胡適，五四新文化運動的積極參與者，李大釗還是中國共產黨始創者之一。照片攝於 1920 年，四人穿着清朝男性的服飾，當時要求從文化上改革的五四新文化運動已展開。事實上長衫馬褂是當時男性的日常衣着，也是出席盛典的正式衣服。

◀ **新式旗袍**

民國之後新式的旗袍花樣多端，加了立領，衣身收窄，配上有跟皮鞋，成了婦女展現搖曳風姿的時裝，已無法想像與關外生活的關係了。這是穿旗袍的名演員阮玲玉。

衣袖變窄，袖口改短

鑲邊變窄或不鑲邊

袖寬人

粗大花邊

寬身剪裁

▶ **滿族旗袍**

滿族婦女多穿袍服，因為八旗制度，滿人又稱旗人，所以滿族婦女的袍服也稱旗袍。未入關前兩邊開裾，方便騎馬，入關後有取消開裾的。衣和領分開，衣服是圓領，天冷或隆重場合可以裝一條圍在脖子上的假領，假領的一頭垂在胸前。

◀ **剪辮穿西裝的留學生**

清末留學美國的學生早已剪去辮子。這一群留學康奈爾大學的中國學生拿着代表清朝的龍旗拍照。

▶ **高爾夫球的裝束**

圖中男的穿西服，女的穿西服或新式旗袍，打高爾夫球，中西共冶一爐，有點叫現代人意想不到。

索引

索引